Eric Gee

ENTSCHLÜSSLE DEINE PERSÖNLICHKEIT

Wie du mit 16 Tier-Archetypen deine Stärken, Fähigkeiten, Fehler erkennst – und die der anderen!

mvgverlag

Bibliografische Information der Deutschen Nationalbibliothek
Die Deutsche Nationalbibliothek verzeichnet diese Publikation in der Deutschen Nationalbibliografie. Detaillierte bibliografische Daten sind im Internet über http://dnb.d-nb.de abrufbar.

Für Fragen und Anregungen
info@m-vg.de

Wichtiger Hinweis
Ausschließlich zum Zweck der besseren Lesbarkeit wurde auf eine genderspezifische Schreibweise sowie eine Mehrfachbezeichnung verzichtet. Alle personenbezogenen Bezeichnungen sind somit geschlechtsneutral zu verstehen.

1. Auflage 2024

Türkenstraße 89
80799 München
Tel.: 089 651285-0

Die englische Originalausgabe erschien 2024 bei Prometheus Books, einem Imprint von Globe Pequot, The Rowman & Littlefield Publishing Group, Inc. unter dem Titel *The Power of Personality*

Übersetzung: Simone Fischer
Redaktion: Petra Holzmann
Umschlaggestaltung: Manuela Amode
Umschlagabbildung: Adobe Stock/Galina/Formatoriginal
Abbildungen Innenteil: Adobe Stock/public/lyaf/denis08131/iconicbestiary/Happypictures/zolotons/sangidan/PurpleShine/PurpleShine/PurpleShine/PlutusART/artnovielysa/Rino/AdyZakaria
Satz: inpunkt[w]o, Wilnsdorf (www. inpunktwo.de)
Druck: GGP Media GmbH, Pößneck
Printed in Germany

ISBN Print 978-3-7474-0566-6
ISBN E-Book (PDF) 978-3-96121-652-9
ISBN E-Book (EPUB, Mobi) 978-3-96121-651-2

INHALT

VORWORT

~~Theorie~~

Heutzutage ist jeder ein Experte. Egal, ob es um Politik, Sport oder Innenarchitektur aus der Mitte des Jahrhunderts geht – kein Thema ist davor gefeit, im Internet von irgendwelchen Leuten mit einem Computer, WLAN-Zugang und einer Meinung erörtert zu werden. Bei der Persönlichkeitstheorie ist das nicht anders. Es gibt Bücher, die dir sagen, wie deine Orientierung ist – nein, nicht diese Art von Orientierung. Und es gibt Tests, die dir versprechen, deine Stärken herauszufinden, während sie deine Schwächen praktischerweise ausblenden. Ich weiß, ich weiß, jeder hat ein Recht auf seine Vorstellung von der Persönlichkeitstypisierung. Doch was unterscheidet meine Persönlichkeitstypisierung von den Tausenden anderen, die im Internet verbreitet sind?

Zunächst einmal unterrichte und coache ich seit mehr als 20 Jahren zum Thema Persönlichkeitstheorien. Persönlich. Mit echten, lebenden Menschen. Ich habe nicht einfach nur das Buch *Gifts Differing* – Isabel Myers' bahnbrechendes Werk über die Persönlichkeitstheorie – gelesen und es dabei bewenden lassen. Ich habe ein Bildungsunternehmen gegründet und über zehn Jahre lang geleitet, das mehr als 20 000 Schüler*innen, Eltern und Lehrer*innen typisiert hat. Ich schätze, dass ich im Laufe meines Lebens mehr als 50 000 Menschen typisiert habe. Sind das mehr, als jeder andere Mensch auf diesem Planeten analysiert hat? Nein. Aber es sind wahrscheinlich mehr Menschen, als 99,99999 Prozent der

Bevölkerung typisiert haben. Genau deswegen empfehle ich dir, meinen Rat zur Persönlichkeitstheorie oder den von etwa 780 anderen Menschen mit der nötigen Erfahrung und Expertise zu befolgen, statt auf einen »Experten« auf Reddit zu hören, der Persönlichkeitsmemes über Katzen erstellt (wobei ich nichts gegen Memes über Katzen habe).

Zunächst einmal sollten wir aufhören, das Wort »Theorie« zu verwenden. Theorie bedeutet, dass etwas wissenschaftlich bewiesen werden kann, sodass es allgemein als Tatsache akzeptiert wird. Unabhängig davon, wie effektiv ein Persönlichkeits-Typisierungssystem ist, gibt es keine Möglichkeit, es mit einer wissenschaftlichen Methode zu beweisen. Vielleicht wird es in Zukunft Forschungen geben, die beweisen, dass negative Ionen oder Gehirnwellen – ich glaube, es gibt eine aktuelle Studie, die diesen Ansatz verfolgt – oder die Größe der Hypophyse eines 35-Jährigen den Persönlichkeitstyp eines Menschen bestimmen. Aber so weit sind wir noch nicht. Und selbst wenn es so wäre, ist das wirklich wichtig? Ich denke, dass es nicht unbedingt darauf ankommt, wie etwas funktioniert, sondern wie es uns helfen kann, ein glücklicheres und erfüllteres Leben zu führen.

Und genau so sehe ich die Aufgabe der Persönlichkeitstypisierung: Sie soll uns dabei helfen, uns selbst und andere besser zu verstehen. Dazu braucht man ein gutes Auge für Details und die Fähigkeit zu erkennen, wie diese Details zu dem Ganzen beitragen, das uns als Menschen ausmacht. Und mit jeder neuen Beobachtung eröffnen sich neue Wege der Entdeckung und Erfahrung.

Aus diesem Grund basiert *Entschlüssle deine Persönlichkeit*, kurz *EdP*, nicht auf einer Theorie. Sie basiert auf einer Methode – einer Methode, mit der du dich selbst und andere besser verstehen kannst, in der Hoffnung, dass dadurch eine bessere Gesellschaft entsteht oder zumindest verhindert wird, dass gesellschaftliche Konflikte so weit ausufern, dass es kein Zurück mehr gibt (in diesem Fall hoffe ich, dass du deine Überlebensfähigkeiten für die Zombie-Apokalypse gut trainiert hast). Die Persönlichkeitstypisierung ist *keine* Wissenschaft. Sie ist ein Handwerk, so wie das Kochen oder das Erzählen einer guten Geschichte. Und genau wie diese Handwerkskünste auf einer Grundlage von Rezepten, Drei-Akt-Strukturen, Messerfertigkeiten und erzählerischen Elementen aufgebaut sind, verfügt die *EdP*-Methode der Persönlichkeitstypisierung über eine solide Basis von Struktur und Technik.

Struktur

Die unterschiedlichen Persönlichkeiten der Weltbevölkerung lassen sich in vier Hauptgruppen einteilen. Innerhalb dieser Gruppen gibt es vier Untergruppen, sodass es insgesamt 16 verschiedene Persönlichkeitstypen gibt, die von Tieren repräsentiert werden. Im Folgenden findest du eine Liste der Tiere und ihrer Stereotypen auf Grundschulniveau (eine ausführlichere und weniger flapsige Beschreibung folgt später, versprochen):

1. **Der Hirsch:** Der herrische Gruppenanführer
2. **Der Biber:** Der Regelbefolger/Die Petze
3. **Der Elefant:** Der freundliche Missachter des persönlichen Raums
4. **Der Bär:** Der Ruhige, der dem Lehrer immer freiwillig hilft
5. **Der Fuchs:** Das coole, aber manchmal hinterlistige Kind
6. **Der Hai:** Der furchterregende Sportler
7. **Der Pfau:** Die laute Diva/Tänzerin
8. **Der Schmetterling:** Der sanfte Zeichenkünstler
9. **Der Delfin:** Der beliebte Weltverbesserer
10. **Der Panda:** Der zurückhaltende Bücherwurm und heimliche Lästerer
11. **Der Pavian:** Der Klassenclown und heimliche *Magic: The Gathering*-Spieler
12. **Der Buckelwal:** Der Tagträumer
13. **Der Killerwal:** Der Abschiedsredner, der die Weltherrschaft anstrebt
14. **Die Spinne:** Der »Erwachsene« im Raum
15. **Der Schimpanse:** Der coole Nerd
16. **Die Eule:** Die Streberin

Technik

Jeder Typ weist zahlreiche Unterscheidungsmerkmale auf, und die Art und Weise, wie sie sich äußern, kann entweder leicht zu beobachten oder ohne einen zusätzlichen Anreiz durch den Beobachter kaum zu entschlüsseln sein. In diesem Buch gehe ich auf viele Techniken ein, die ich im Laufe der Jahre entdeckt habe. Mit ihnen kannst du die Informationen gewinnen, die du brauchst, um jemanden zu typisieren – auch dich selbst.

Für wen ist dieses Buch eigentlich gedacht? Für jemanden, der offen dafür ist, Menschen auf neue und andere Art kennenzulernen, und vor allem für jemanden, der tiefer in sich selbst hineinschauen möchte. Vielleicht bist du mit deiner aktuellen Lebenssituation unzufrieden. Vielleicht gibt es Konflikte in deinen Beziehungen, die du gerne ohne ein riesiges Tamtam lösen würdest. Vielleicht bist du auch superglücklich und möchtest einfach nur Kommentare zu deiner Lebensleistung lesen, während du deine Siegesrunde drehst. Was auch immer der Grund ist, du bist jemand, der bereit ist, in den Spiegel zu schauen und sich selbst zu analysieren, was nicht immer schmerzfrei ist. In erster Linie ist dieses Buch aber eine Erinnerung daran, dass wir alle auf unsere ganz eigene Weise besonders sind und dass es immer noch Raum zum Wachsen gibt.

Natürlich wäre jede Beschreibung, für wen *Entschlüssle deine Persönlichkeit* ist, ohne eine Information, für wen das Buch nicht ist, nachlässig. Ein Zyniker könnte die folgenden Darstellungen als einen Präventivschlag gegen alle potenziellen Andersdenkenden bezeichnen. Ich ziehe es vor, sie als einen kurzen Versuch zu betrachten, diejenigen zu verstehen, die sich durch die Inhalte dieses Buches beleidigt, provoziert und in einen allgemeinen Zustand des Unbehagens versetzt fühlen könnten. Daher ist dieses Buch eigentlich *genau* für diese Menschen bestimmt. Und in einem Buch, das sich mit Persönlichkeitstypen befasst, scheint es nur angemessen, dass diese Skeptiker in drei Kategorien eingeteilt werden.

Hater, Faschisten im Schafspelz und Meister des Persönlichkeitsuniversums

Hater

Hater brüsten sich gerne damit, die Klügsten im Raum zu sein. Diese grundlos rebellierenden Forumsteilnehmer verbreiten ihre hitzigen Kommentare nur zum Selbstzweck. Als Tastatur-Gangster und Herrscher über den Kommentarbereich, den sie für besonders trollwürdig halten, gehören sie zu den wenigen Menschen, denen ich ohne Umschweife sagen kann: »*Hör auf* zu lesen.« Die Bücher, die sie lesen, dienen nur dazu, ihre erfundenen Argumente zu untermauern. Wenn sie eine Hochschule besucht haben, dann haben sie wahrscheinlich eine harte Wissenschaft studiert, wie Ingenieurwesen oder Informatik, oder etwas, das mit Geld zu tun hat, wie Wirtschaft oder Finanzen. Wenn sie nicht studiert haben, arbeiten sie wahrscheinlich in einem praktischen Bereich, zum Beispiel auf dem Bau oder in der Hauswartung – obwohl die praktische Arbeit in einem solchen Bereich vielleicht unter ihrer Würde ist.

Hater betrachten die Persönlichkeitstypisierung oft als Schwindel und ziehen es vor, sich an die »Wissenschaft« zu halten, die in Wirklichkeit nur ihre Methode ist, an den Glaubenssätzen der Vergangenheit festzuhalten und diese als Fortschritt zu verkleiden. Hater verweisen auch gerne auf Theorien, die das menschliche Verhalten mit dem von Tieren oder alten Versionen von uns selbst vergleichen. Das kennt man ja: Bücher, in denen empfohlen wird, zu den Gewohnheiten der Höhlenmenschen zurückzukehren oder patriarchalische Geschlechternormen zu rechtfertigen, indem man sie mit dem Verhalten von Tieren in Verbindung bringt. Ich habe die Logik in diesen Vergleichen noch nie verstanden. Natürlich sind wir technisch gesehen auch Tiere, aber Darwin hat die Evolutionstheorie nicht nur zum Spaß geschrieben. Der Mensch ist eine weitaus komplexere Spezies als jede andere auf diesem Planeten – oder hast du schon mal einen Orang-Utan gesehen, der eine Personalabteilung für seine vom Job deprimierten Artgenossen gegründet hat? Dass wir zurückblicken, ist genau das: rückständig. Und ich will jetzt auch keinen Satz hören wie: »Tiere benutzen auch Werkzeuge!« Zu sagen, ein Otter benutze Werkzeuge wie ein Mensch, ist so, als würde ich behaupten, mein neunjähriger Neffe benutze einen Baseballschläger wie Juan Soto. »Wie« ist dabei ein relativierender Begriff – und ein nettes kleines Wortspiel.

Was die Höhlenmenschen-Nostalgie angeht: Sollten wir unsere heutigen Werte und Verhaltensweisen wirklich auf die niedersten Instinkte unseres evolutionären Wachstumsprozesses stützen? Wie ist das bei unseren Vorfahren gelaufen? Es gibt so etwas wie Fortschritt. Wann hast du das letzte Mal jemanden sagen hören: »Ich finde das neue [hochkomplexe] *Madden*-Spiel toll, aber es wäre echt klasse, wenn das gute alte [einfach gestrickte] *Pong* wieder veröffentlicht würde.« Hater lieben es auch, widersprüchlich zu sein. Damit versuchen sie nicht nur, sich besonders zu fühlen, sondern es zeigt auch eine Form des Misstrauens, hinter dem sich oft eine tief sitzende Unsicherheit verbirgt. Sie haben das Gefühl, dass sie, wenn sie sich wirklich öffnen und verletzlich zeigen, von anderen genauso wahrgenommen werden, wie sie sich selbst wahrnehmen: hässlich und dumm. Das ist eine Schande, denn Hater haben viel zur Welt beizutragen und sind ziemlich klug – nur nicht so klug, wie sie glauben.

Faschisten im Schafspelz

Das sind die wohlmeinenden Leute, die gegen Persönlichkeitstypisierungen wettern, weil sie das Gefühl haben, dass dadurch Menschen in feste Schubladen gesteckt werden. Natürlich sind sie sich in der Regel nicht bewusst, dass sie es selbst auch tun:

- »Oh, du kennst doch die Art. Sie ist unordentlich.«
- »Er hat diese Typ-A-Persönlichkeit.«
- »Sie mag starke, stille Typen.«

Sie können nicht anders. Ihre Sicht auf die Welt basiert ebenfalls auf Beobachtung und Kategorisierung. Deshalb ist es für sie gar nicht so, dass die *EdP*-Methode den freien Willen und die Individualität behindert; sie verstehen nur nicht, wie das funktioniert.

Ich bezeichne sie als Faschisten im Schafspelz, weil sie die Ersten sind, die andere für ihr Anderssein geißeln, und das unter dem Deckmantel der Offenheit und des Potenzials. Ich habe früher eine Jugend-Basketballmannschaft trainiert und erinnere mich an ein Gespräch zwischen einem meiner Spieler und seinem Vater. Der Vater war der Meinung, er sei auf dem Spielfeld nicht aggressiv, was auch stimmte, und bat mich, das aus ihm herauszuholen.

Ich sagte dem Vater: »Schau, so ist er nun mal. Er ist ein sanftes Kind. Er ist uneigennützig, liebt es, seine Mitspieler zu unterstützen, und trifft immer die richtige Entscheidung. Und kein Spieler ist so trainierbar wie er.«

»Ja, aber ich bin es leid zu sehen, wie er herumgeschubst wird.«

Er warf mir vor, dass mein Trainingsstil seinen Sohn einschränke, und bestand darauf, dass sein Sohn mit dem richtigen Training ein großartiger Spieler werden könnte. Er war nicht in der Lage, sich von seiner begrenzten Vorstellung zu lösen, was einen guten Spieler ausmacht. Bedauerlicherweise hat er nie gesagt, dass er sich wünscht, dass sein Sohn ein großartiger Mensch wird, aber das ist hier wohl nicht der Punkt. Wenn zu dir also das nächste Mal jemand sagt: »Jeder kann alles sein, was er will«, solltest du wissen, dass er damit im Grunde sagen will: »Jeder kann so sein, wie ich es von ihm will.«

Meister des Persönlichkeitsuniversums

Im Film *Good Will Hunting* gibt es eine Szene, in der ein herablassender Harvard-Student versucht, den aus der Arbeiterklasse stammenden Chuckie (gespielt von Ben Affleck aus der Zeit vor *Gigli*) in Verlegenheit zu bringen, der sich als Harvard-Student ausgibt, um ein paar Studentinnen in einer Bar zu beeindrucken. Der Student macht sich über Chuckies »elementare« Bildung lustig, indem er etwas von sich gibt, was man salopp als intellektuellen Selbstbefriedigungsquatsch bezeichnen kann. Er käut im Grunde die letzte Geschichtsvorlesung wieder, die er besucht hat, was Will (gespielt von Matt Damon aus der Zeit vor *The Great Wall*), einem Hausmeister bei Tag und einem Genie bei Nacht, nicht entgeht. Will beschuldigt ihn des Plagiierens: »Du kommst hier abends in eine Bar, lernst vorher irgendeinen obskuren Text auswendig und gibst damit mächtig an, nur um irgendwelche Frauen aufzureißen und meinen Freund lächerlich zu machen.« (Van Sant, 1997)

Leider hat diese Szene mehr als nur eine starke Ähnlichkeit mit Elementen der Persönlichkeitstypisierungs-Community: »Experten« im Internet, die 100 Jahre alte Theorien predigen, als wären es ihre eigenen. Es ist wie in dem Film *Yesterday*, in dem jeder vergisst, dass es die Beatles gibt, bis auf einen strauchelnden Musiker, der plötzlich auftaucht und die Songs der Beatles als seine eigenen ausgibt (Boyle, 2019). Und genau wie bei den Beatles nimmt jeder das Originalmaterial als unfehlbar an. Ich liebe *While My Guitar Gently Weeps* und finde das Songwriting der Beatles verdammt genial, aber seien wir mal ehrlich, ein Großteil der Produktion der Songs ist so, als würde man ein Mayonnaise-Sandwich essen. Es gibt einen Grund, warum ihre Songs so oft gecovert werden. (Bobby Womacks Version von *And I Love Her* ist übrigens überirdisch.)

Die Meister des Persönlichkeitsuniversums lesen alle die gleichen Bücher, lernen die gleichen Informationen auswendig und reden im gleichen Jargon. Niemand macht sich die Mühe, eigene Beobachtungen anzustellen oder eigene Erkenntnisse zu gewinnen, denn diese Leute sind Sklaven des Bestätigungsverhaltens und zu sehr damit beschäftigt, die Welt durch das Prisma der wenigen bahnbrechenden Werke zur Persönlichkeitstheorie zu sehen. Sie hängen so sehr an den Theorien, dass sie sich von der eigentlichen Bedeutung lösen – wie ein Anhänger, der glaubt, es reiche aus, ein Mantra ständig zu wiederholen, um es zu verstehen. Was ihnen an tiefem Verständnis fehlt, machen sie durch Bestimmtheit wieder wett. Sie haben immer recht, und wenn du nicht mit ihnen übereinstimmst, sind sie mehr als bereit zu beweisen, dass deine Erkenntnisse falsch und verlogen sind, indem sie die Ideen einer anderen Person als ihre eigenen ausgeben.

Das Sieben-Punkte-Credo von *Entschlüssle deine Persönlichkeit*

Es ist vielleicht unnötig, dieses Vorwort mit einer Liste von Gründen zu beenden, warum dieses Buch anders (also besser) ist als andere Bücher über Persönlichkeit. Schließlich hast du es ja schon gekauft. Ich schiebe es auf meine fast schon zwanghafte Angewohnheit, Unterscheidungen zu treffen, was bei der Persönlichkeitstypisierung nützlich ist, aber auch als übermäßig kritisch erscheinen kann. Ganz im Sinne von Jalen Rose, einem Profi-Basketballspieler, der auf die Frage, warum er Kobe Bryant nicht zu Boden schlug, als dieser auf dem Weg war, 81 Punkte gegen Roses Toronto Raptors zu erzielen, einmal sagte: »Ich wollte kein Hater sein.« (Rose, 2006) Deshalb ist das Folgende keine Auflistung all dessen, was *Entschlüssle deine Persönlichkeit* nicht ist, sondern vielmehr eine Erklärung all dessen, wofür die Methode steht – ein Sieben-Punkte-Credo, wenn du so willst.

1. **Die Persönlichkeitstypisierung ist keine Wissenschaft.** Vergiss das nicht, egal, wie oft jemand versucht, dich davon zu überzeugen, dass kognitive Funktionen existieren. Sie sind lediglich die Keule, mit der die »Persönlichkeitstheorie ist eine Wissenschaft«-Verfechter den Leuten auf den Kopf schlagen, während sie Carl Jung zitieren. Sicher, vor 100 Jahren war das eine bahnbrechende Theorie, aber das galt auch für die Vorstellung, dass man mit Elektrotherapie Kinderlähmung heilen kann.

2. **Intuition:** Trainiere deine Intuition, dann vertraue ihr. Wenn wir uns auf die »Wissenschaft« verlassen, vernachlässigen wir unsere eigenen natürlichen Gaben. Jeder Mensch hat jahrelange Erfahrung in der Beobachtung von Menschen in seinem Unterbewusstsein gespeichert. Wir sollten also den Computer ausschalten, diesen Wissensschatz anzapfen, den Todesstern in die Luft jagen und nach Hause gehen. Natürlich kann auch keine noch so große Anzahl an gelesenen Büchern – auch nicht dieses – die gute, altmodische Praxis der Intuition übertreffen. Typisiere deine Eltern. Und deine Freunde. Typisiere den unheimlichen Typen auf der Party, dessen Nummer du gerade widerwillig entgegengenommen hast, obwohl du genau weißt, dass du sie später wieder löschst. Und am allerwichtigsten: Typisiere dich selbst.
3. **Tests sind unzuverlässig.** Jeder Persönlichkeitstest ist ein grobes Instrument. Diese Tests sind einfach, leicht auszuwerten und lassen daher viel von der Komplexität und der menschlichen Note vermissen, die nötig sind, um einen Menschen richtig zu typisieren. Sich an einen Algorithmus zu halten, mag bei Spotify funktionieren, aber um die Gründe für die Entscheidungen, die du oder andere im Leben getroffen haben, zu verstehen, muss man schon etwas neugieriger sein, als zu fragen, ob du eher gesprächig oder eher schüchtern bist.
4. **Leg dich ins Zeug.** Jeder will wissen, wer er ist und was das bedeutet und ob das seine Existenz rechtfertigt. Das ist schön und gut, aber vergessen wir nicht die Stunden der Innenschau und Beobachtung, die nötig sind, um an diesen Punkt zu gelangen. Eine Behandlung ist immer nur so gut wie die Diagnose. Einstein soll gesagt haben (das Zitat ist umstritten, aber ich liebe es, deshalb verwende ich es trotzdem): »Wenn ich eine Stunde Zeit hätte, um ein Problem zu lösen, würde ich 55 Minuten damit verbringen, über das Problem nachzudenken, und fünf Minuten über die Lösung.« Die Erkenntnis, dass du als bestimmter Persönlichkeitstyp aufgrund von X, Y und Z eher zu A, B und C neigst, ist nur dann sinnvoll, wenn es sich um deinen tatsächlichen Persönlichkeitstyp handelt. Alles andere ist nur ein Persönlichkeits-Cosplay.
5. **Scheue dich nicht vor einer Neubewertung.** Ich werde oft gefragt, ob es möglich ist, dass sich der Typ eines Menschen ändert. Meine übliche Antwort? Nein. Aber es *ist* sehr wahrscheinlich, dass sich dein Verständnis für

die betreffende Person vertieft hat und sich daher aus deiner Sicht ihr Typus verändert hat. Neue Informationen können zu einer neuen Diagnose führen. Wenn wir ein Leben lang etwas über Physik oder Fantasy Football lernen können, dann können wir auch ein Leben lang etwas über die Menschen lernen, mit denen wir uns täglich umgeben. Das gilt auch für die Leute, die wir auf der Straße treffen, schon allein aus dem Grund, weil wir mit ihnen auf diesem Planeten festsitzen.

6. **Hab Spaß!** Ich habe schon mehr als ein paar Seiten damit verbracht, auf die Bedeutung der Persönlichkeitstypisierung hinzuweisen. Es ist mir nun ein Bedürfnis, dich mit mehr als nur ein paar Zeilen daran zu erinnern, dass du den Typisierungsprozess nicht zu ernst nehmen solltest. Diese beiden Wahrheiten schließen sich nicht gegenseitig aus. Deshalb wirst du in diesem Buch ziemlich viele popkulturelle Anspielungen, persönliche Anekdoten und halbherzige Verweise auf Themen wie Nietzsches Relativismus und Depeche Mode bis hin zu Skatologie und den Paarungsgewohnheiten der Bananenschnecke finden. Wenn wir untersuchen, wie unsere Persönlichkeit mit anderen zusammenhängt, funktioniert das am besten durch ein Prisma der Vertrautheit. Persönlichkeit *sollte* etwas Persönliches sein. Und so wie lockere Muskeln die Flexibilität und Stärke erhöhen können, verhindert eine lockere Herangehensweise an die Typisierung anderer Menschen Unbeweglichkeit und schärft die Sinne.
7. **Ich bin der Test.** Das habe ich in meinem Leben schon mehr als ein paar Mal gesagt, immer als Antwort auf jemanden, der behauptet hat, dass seine Testergebnisse anders ausfielen als die Ergebnisse meiner persönlichen Typisierung von ihm. Fairerweise sollte man erwähnen, dass ich nicht immer recht habe. Im Gegenteil, ich überprüfe mich immer wieder selbst (siehe Punkt 5), und in meinen frühen Zwanzigern war ich eine Zeit lang überzeugt, dass ich ein anderer Typ bin als jetzt. Trotzdem müssen wir lernen, der Gesamtheit unserer Beobachtungen und Erkenntnisse mehr zu vertrauen als den Ergebnissen einer gewöhnlichen, selbstverwalteten Checkliste mit Multiple-Choice-Fragen. Denk daran: Ich bin der Test. Und du kannst das auch sein.

KAPITEL 1

DIE GESCHICHTE DER MENSCHHEIT (IN BEZUG AUF DIE TYPISIERUNG)

Vier

Um es mit den Worten von George Santayana ([1905] 2013) zu sagen: »Wenn du die Geschichte nicht kennst, bist du verdammt, sie zu wiederholen.« Genauso wäre jedes Verständnis der Gegenwart und der Zukunft der Persönlichkeitstypisierung ohne die Kenntnis der Vergangenheit unvollständig. Ich weiß, dass wir nicht den ganzen Weg auf dem Highway der Ideen zurückgelegt haben, um zu hören, wie ich die Theorien anderer wiederkäue – vor allem, nachdem *Good Will Hunting* gezeigt hat, wie dumm das ist. Aber ein Crashkurs über die Geschichte der Persönlichkeitstheorie ist unerlässlich, um zu verstehen, wie *Entschlüssle deine Persönlichkeit* von den vorangegangenen Arbeiten beeinflusst wurde und, was noch wichtiger ist, wie es sich aus ihnen entwickelt hat. Es ist auch eine Art, den Vorfahren der Persönlichkeitstypisierung unseren Respekt zu zollen, ähnlich wie bei den »In Memoriam«-Beiträgen während der Oscar-Verleihung; die sind voller bemerkenswerter Auslassungen und zufälliger O-Töne, aber nicht so deprimierend. Und du musst dich nicht gezwungen fühlen zu klatschen, wenn du noch nie von einer der dabei genannten Personen gehört hast.

Aber nun zum Thema: Die Vorstellung von einer Welt, die aus vier verschiedenen Elementen besteht, gibt es schon seit dem sechsten Jahrhundert vor Christus. Am Anfang waren diese Elemente Erde, Feuer, Wasser und Luft. Man glaubte, dass jede dieser vier Substanzen ihre eigenen einzigartigen Qualitäten und Eigenschaften hat, deren Kombination unserer Welt Gleichgewicht und Synergie verleiht. Ja, ich weiß, das klingt unheimlich nach *Avatar – Der Herr der Elemente*, aber ich kann dir versichern, dass diese alten Knacker die Idee zuerst hatten.

Das alte Persien

Der erste alte Knacker war ein persischer Philosoph namens Zarathustra, der auch unter seinem Rappernamen Zoroaster bekannt ist. Zarathustra beschrieb die vier genannten Elemente als »wesentlich für das Überleben aller Lebewesen«. (Habashi, 2000)

Das antike Griechenland

In der griechischen Antike wurde die Bedeutung der Elemente bereits im siebten Jahrhundert vor Christus diskutiert. Philosophen wie Thales und Anaximenes stellten fest, dass einzelne Elemente wie Wasser (Thales) und Luft (Anaximenes) die Quelle unserer Existenz sind. Erst mit Empedokles im vierten Jahrhundert vor Christus wurde den Griechen eine kosmogonische Theorie vorgestellt, die alle vier Elemente umfasste. (Russell, 1991)

Indien

Als Pancha Mahabhuta wird die Gruppe der fünf großen Elemente bezeichnet: Erde, Feuer, Wasser, Luft und der Äther (Raum), was also noch ein zusätzliches Element ist, sozusagen die ayurvedische Version von *Captain Planet*, obwohl ich mir ziemlich sicher bin, dass in den Veden erklärt wird, Captain Planet sei die

Samstagmorgen-Cartoon-Version des Hinduismus. (Venkatesan, 2013) Eine Version dieser 4+1-Elemente-Theorie findet sich auch im Bön, einer alten tibetischen Philosophie, die noch vor der Etablierung des Buddhismus entstand. Der Buddhismus selbst zählt vier große Eigenschaften zu seinen Lehren: Festigkeit (Erde), Energie (Feuer), Zusammenhalt (Wasser) und Ausdehnung (Luft). (Bodhi, 1995) Im Laufe der Zeit wurden die vier Elemente durch symbolische Inkarnationen ersetzt, die jeweils für die Eigenschaften stehen, die lange Zeit mit Erde (fest und geerdet), Feuer (erregbar und kinetisch), Wasser (emotional und einfühlsam) und Luft (distanziert und abstrakt) in Verbindung gebracht wurden.

Die Bibel

Diese Symbolik findet sich sowohl im Alten als auch im Neuen Testament. Zum Beispiel in Hesekiel 1, 10, wo Hesekiel seine Vision von einem Cherubim mit vier Gesichtern folgendermaßen beschreibt: »Die Gestalt ihrer Gesichter aber war: ein Menschengesicht, ein Löwengesicht bei allen vier nach rechts, ein Stiergesicht bei allen vier nach links und ein Adlergesicht bei allen vier.« Dieselben vier Tiere finden sich auch in der apokalyptischen Vision, die in Offenbarung 4, 7 beschrieben wird: »Das erste Lebewesen glich einem Löwen, das zweite einem Stier, das dritte sah aus wie ein Mensch, das vierte glich einem fliegenden Adler.« Die Darstellungen sind eindeutig: der feurige Löwe, der fleißige Stier, der gefühlsbetonte Mensch und der hochmütige Adler, der leichter ist als die Luft.

Diese Archetypen lassen sich sogar im Schreibstil der vier Evangelien selbst erkennen. Das sehr schnelle Tempo und die Aktualität des Markus-Evangeliums sind ebenso vom Feuer angetrieben, wie das stoische, ernste und ausführliche Matthäus-Evangelium von der Erde geprägt ist. Das Lukasevangelium ist im Stil eines sehr gut recherchierten Historikers geschrieben, fast schon ambivalent in seiner akademischen Art, die in vielen Fällen mit Luft assoziiert wird. Und jeder, der das Neue Testament gut kennt, ist mit den Worten des Johannes vertraut, die praktisch vor Emotionen überquellen, als würde ein geistlicher Kelch überfließen.

Hippokrates

Diese Vier-Gruppen-Klassifizierung fand dank Hippokrates ihren Weg in die »Wissenschaften«. (Hippokrates ist auch als Vater der Medizin bekannt, weshalb nach ihm der medizinische Eid benannt wurde – um ehrlich zu sein, hört sich »nicht schaden« – aus dem Gebot, den Kranken nicht zu schaden – vielleicht auf einem Autoaufkleber gut an, aber mal ganz im Ernst: Wenn du von Blutegeln langsam dein Blut aus deinem Körper gesaugt bekommst, klingt das nach einer Menge Schaden.) Abgesehen von den bereits erwähnten Aspekten seines Lebens war Hippokrates auch für seine Viersäftelehre bekannt, die besagt, dass unsere Gesundheit und unser Verhalten durch chemische Systeme in unserem Körper reguliert werden, die mit einem der vier Körpersäfte, den Humoren, verbunden sind. Jede Krankheit oder jedes Leiden, das wir uns zuziehen, ist auf ein Ungleichgewicht von einem, zwei oder vielleicht allen vier Körpersäften zurückzuführen (schwarze Galle, Blut, Schleim – nicht die Spucke – und gelbe Galle). (Kalachanis und Michailidis, 2015)

Ich weiß, was du jetzt denkst: Was zum Teufel ist schwarze Galle? Abgesehen vom Blut kennt doch kaum jemand eine dieser Flüssigkeiten. Der französische Physiologe und Nobelpreisträger Charles Richet (1910) hat einmal sarkastisch versucht, den Schleim zu beschreiben als »diese seltsame Flüssigkeit, die die Ursache von Tumoren, hypochromer Anämie, Rheuma und Kakochymie ist – wo ist sie? Wer wird sie jemals sehen? Wer hat sie jemals gesehen? Was soll man von dieser fantasievollen Einteilung der Körpersäfte in vier Gruppen halten, von denen zwei absolut imaginär sind?« Für unsere Zwecke muss die Viersäftelehre jedoch nicht medizinisch korrekt sein, um historischen Wert zu haben. Genau wie die Systeme vor ihr basiert sie auf einer Vierergruppe, wobei jeder Körpersaft für eine bestimmte Persönlichkeitseigenschaft steht:

1. **Blut:** hyperaktiv
2. **Schwarze Galle:** traurig
3. **Gelbe Galle:** launisch
4. **Schleim:** passiv

Platon

Wahrscheinlich die wichtigste Figur der westlichen Philosophie und ein beliebter Name in jeder intellektuell überheblichen Diskussion über die Ideenlehre. Es ist, als würde man sich mit altgedienten Köpfen über Gott und die Welt unterhalten.

Platon glaubte an vier Arten von Wissen, die er in seinem Liniengleichnis darstellte. (Ich werde das hier nicht erklären, aber du kannst sie gerne nachlesen. Du wirst von den Bildern nicht beeindruckt sein.) Die vier Arten von Wissen sind *Pistis* (Gewissheit), *Eikasia* (Instinkt), *Noesis* (Intuition) und *Dianoia* (Verstand). Die ersten beiden leiten Informationen auf einer konkreten Ebene ab und werden zusammen als Doxa oder das Viszerale bezeichnet. Die beiden letztgenannten werden als Episteme oder Intelligenz bezeichnet und beziehen sich auf Informationen auf einer abstrakten Ebene. Diese Unterscheidung zwischen dem Konkreten und dem Abstrakten ist für die Lektüre von Keirsey im weiteren Verlauf dieses Kapitels von großer Bedeutung. (Platon, [360 v. Chr.] 2009)

Galen

Griechischer Arzt, Chirurg und Philosoph – eine klassische Version einer dreifachen Begabung und eine weitere Erinnerung daran, dass Ärzte früher über andere Dinge nachdachten als über Abschlagzeiten beim Golf. Natürlich hat man mehr Zeit, über den Sinn des Lebens nachzudenken, wenn man nicht jedes Mal, wenn man einen Patienten verstümmelt oder tötet, mit einer Klage wegen Kunstfehlern rechnen muss, was zu Galens Zeiten vermutlich ziemlich oft vorkam. Das ist das Schöne an niedrigen Erwartungen.

Der Wissenschaftler Galen hatte die gute Idee, vier verschiedene Temperamente zu unterscheiden, die direkt auf der Viersäftelehre basieren, die sich wie folgt gliedern: melancholisch (gewissenhaft und zurückhaltend), sanguinisch (aktiv und erregbar), cholerisch (unabhängig und reizbar) und phlegmatisch (emotionslos und ruhig). Galen war einer der Ersten in diesem Bereich, die Menschen explizit nach vier Persönlichkeitsmerkmalen eingeteilt haben. (Jouanna, 2012)

Paracelsus

Paracelsus – ein weiterer dreifacher Begabter – war ein einflussreiches Mitglied der medizinischen Revolution in der Renaissance und ein bekannter Alchemist. Er nahm die Idee der vier Elemente auf und verband sie mit einem Elementargeist, einem mythischen Wesen, das in der okkulten Literatur zur Zeit der europäischen Renaissance beschrieben wurde. Gnome (Erdgeister) waren seine Sammler der Erde, Salamander (Feuergeister) seine Bewohner des Feuers. Bei den Undinen (Wassernymphen) und Sylphen (Feen der Lüfte) griff er auf die mystische Natur ihrer Pendants aus den Elementen zurück. (Silver, 1999)

Carl Gustav Jung

Wenn die Psychologie ihre Version der Recording Industry Association of America (RIAA) hätte, wäre Jung ein mit mehreren Diamantalben ausgezeichneter Künstler. Er hat die Top 40 der Psychologie mit Konzepten wie Archetypen, Traumdeutung, Synchronizität, dem psychologischen Komplex, dem kollektiven Unbewussten und Extraversion versus Introversion gefüllt. Letzteres führte dazu, dass er eine Dichotomie von drei Präferenzen einführte: Extraversion versus Introversion, Empfinden versus Intuition und Denken versus Fühlen. (Jung, [1921] 1971) Er nannte sie Funktionstypen. Die Fanatiker des Myers-Briggs-Typenindikators (MBTI) bezeichnen sie als Evangelium. Ich nenne sie ein bisschen veraltet.

Isabel Briggs Myers

Auch bekannt als die Mutter aller MBTI-basierten Persönlichkeitstheorien, Miterfinderin des Myers-Briggs-Typenindikators (MBTI) (gemeinsam mit ihrer Mutter Katherine Cook Briggs) und eine Person, die ich im Vorwort erwähnte. Myers hat mit *Gifts Differing* (Myers und Myers, 1980) ein bahnbrechendes Werk verfasst, das viele als die Bibel der Persönlichkeitstheorie ansehen. Und genau wie die Bibel hat es niemand wirklich gelesen, doch trotzdem inspiriert es zu einer schlechten Einschätzung nach der anderen, wobei jede mit größerer Gewissheit geäußert wird als die vorherige. Myers übernahm Jungs Arbeit und fügte einen vierten Funktionstyp hinzu: beurteilend versus wahrnehmend, was in etwa so viel bedeutet wie organisiert versus flexibel.

Der MBTI bewertet unsere Vorlieben anhand der vier Funktionstypen [(E) Extraversion – (I) Introversion = E vs. I; (S) Sensing (Empfindung) – (N)iNtuition (Intuition) = S vs. N; (T) Thinking (Denken) – (F) Feeling (Fühlen) = T vs. F; (P) Perception (Wahrnehmung) – (J) Judgement (Beurteilung) = J vs. P]. Als Endergebnis erhalten wir eine Bezeichnung mit vier Buchstaben (zum Beispiel ESTJ), 16 mögliche Kombinationen und damit Persönlichkeitstypen. Das ist die Persönlichkeitstheorie in ihrer wohl bekanntesten Form. Frag einfach irgendjemanden in den Vereinigten Staaten und er wird sich vage daran erinnern, dass er diesen Test in der Highschool oder im College gemacht hat, gefolgt von einem halbherzigen Versuch, sich an die Buchstaben zu erinnern – im Grunde die gleiche Reaktion, wenn du ihn bittest, sich an irgendetwas zu erinnern, das er in der Highschool oder im College gelernt hat.

David Keirsey

Für mich ist Keirseys *Please Understand Me II* (1998) (deutscher Titel: *Versteh mich bitte*) die wahre Persönlichkeitsbibel. Zugegeben, der Titel ist schrecklich – er klingt wie der Schlachtruf der Millennials, gleichzeitig flehend und berechtigt. Aber abgesehen von den Buchtiteln der Generation Selbstwertgefühl war das, was Keirsey tat, genial. Er nahm das Vier-Gruppen-Klassifizierungsmodell, wie es von vielen Philosophen vor Jung verwendet wurde, und vermischte es mit der Arbeit von Jung und Myers. Anstelle von 16 individuellen Typen strukturierte Keirsey das Modell in vier Gruppen oder Temperamente (Wächter, Künstler, Idealisten und Rationalisten) und vier Untergruppen innerhalb jedes Temperaments um.

Dieses System hat den Vorteil, dass 16 verschiedene Persönlichkeiten erhalten bleiben, während gleichzeitig anerkannt wird, dass es starke Ähnlichkeiten zwischen den verschiedenen Typen gibt. Es geht sogar auf die von Platon beobachtete Trennung zwischen konkretem Wissen (dem Viszeralen) und abstraktem Wissen (der Intelligenz) ein. Von den vier Temperamenten glaubte Keirsey, dass Wächter und Künstler es vorziehen, die Welt konkret zu verstehen, indem sie Informationen hauptsächlich über ihre Sinne sammeln. Idealisten und Rationalisten hingegen nehmen die Welt von Natur aus abstrakt wahr und vertrauen auf ihre Intuition, während sie sich in der nicht sichtbaren Welt der Gefühle und Ideen bewegen. (Keirsey, 1998) Und ja, es stimmt, dass alle Menschen ein bisschen von allem können – also merke dir die Abbildung 1.1 gut, damit ich das nicht Millionen Mal schreiben muss. Aber wie bei allen Dingen, die mit dem Persönlichkeitstyp zu tun haben, kommt es darauf an, was einem von Natur aus liegt. Für alle visuellen Lerntypen da draußen: siehe Abbildung 1.2.

Abbildung 1.1 Nicht vergessen

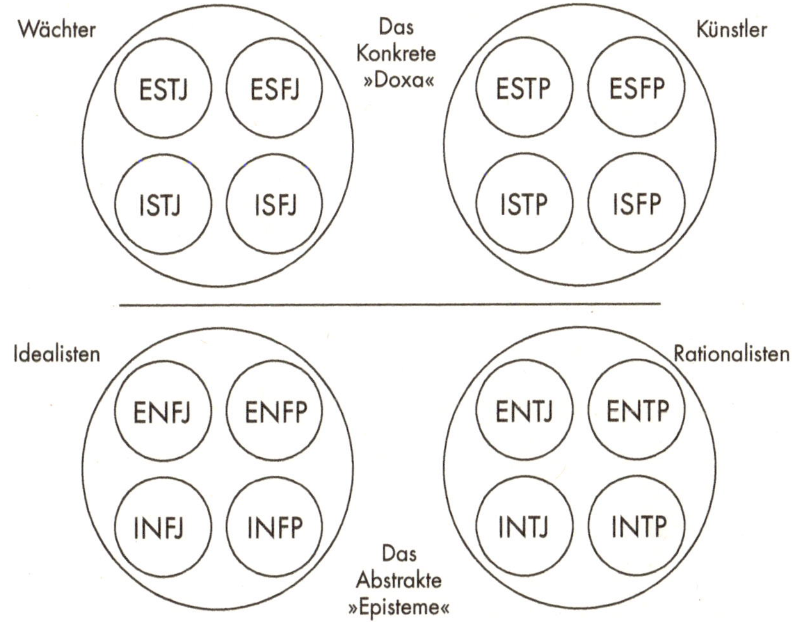

Abbildung 1.2 Die vier Temperamente nach Keirsey

Ich übertreibe nicht, wenn ich sage, dass ich das System von Keirsey *liebe.* Ich liebe es mehr als Robert Horry, der den Sieg im Spiel gegen die Sacramento Kings erzielt hat. Ich liebe es mehr als das erste Mal, als ich Horace Andy *Angel* mit Massive Attack singen hörte und sagte: »Verdammt, kann der singen!« Der Aufbau weist eine gewisse Eleganz auf, das Konzept eine Klarheit, Informationen und Erkenntnisse fließen nahtlos ineinander, als ob es schon immer so gedacht gewesen wäre. Keirseys Vier-Temperament-Struktur ergibt so viel Sinn, dass sich in mir eine viszerale, doxa-getriebene Wut aufbaut, weil ich weiß, dass die meisten MBTI-»Experten« mit seiner Arbeit absolut nicht vertraut sind, so wie manch bekennender Musikliebhaber, der noch nie Eva Cassidy singen gehört hat. Aber wie die Natur bewiesen hat, ist die Evolution eine mächtige Kraft. Und sosehr ich Keirseys obskure, aber bahnbrechende Arbeit auch respektiere und bewundere, so findet doch zwangsläufig eine natürliche Auslese der verschiedenen Ansätze statt, und genau wie die Theorien der alten Perser und Griechen vor ihm können auch Keirseys Konzepte besseren, modifizierten Formen der Persönlichkeitsbetrachtung weichen.

»The Times They Are a-Changin'«

Bevor mich der Vorwurf der Anmaßung trifft, möchte ich alle Leser*innen daran erinnern, dass die Konzepte von Keirsey fast 50 Jahre alt sind. Myers begann Anfang bis Mitte des 20. Jahrhunderts mit der Formulierung der Ideen, aus denen die MBTI-Typenlehre wurde. Jung lebte zu einer Zeit, als die meisten Menschen sich noch auf etwas fortbewegten, das einen eigenen Willen hatte. Diese Theorien sind *alt*. Trotzdem neigen MBTI-Puristen dazu, sich fromm an sie zu klammern, als ob es absolut glaubhaft wäre, dass wir es geschafft haben, innerhalb von 150 Jahren von der Chirurgie mit nur einer Flasche Schwarzgebranntem und einem Beißlappen zu einem Zugang zu jahrhundertealtem menschlichem Wissen zu gelangen, dass es aber nicht möglich ist, Fortschritte in unserer Fähigkeit zu machen, wie wir Menschen verstehen.

Ich habe mich nicht Ast für Ast am Stammbaum unserer Vorreiter der Persönlichkeitstypisierung abgeseilt, nur um ihre Theorien zu verwerfen, wenn ich unten ankomme. Es ist unfair und, ehrlich gesagt, ziemlich ätzend, Ideen als veraltet zu kritisieren, nur um die eigenen zu stützen, vor allem die, die vom Luxus der Zeit und der Rückschau profitiert haben. Das Aufkommen des iPhones macht das Rad nicht weniger genial. Stattdessen gebe ich mein Bestes, um höflich aufzuzählen, worin sich die *EdP*-Methode von ihren Vorgängern unterscheidet, wobei ich stillschweigend davon ausgehe, dass die Erstere ohne die Letzteren nicht existieren würde.

Erste Abweichung

Entschlüssle deine Persönlichkeit verwendet Tiere, um die 16 verschiedenen Persönlichkeitstypen darzustellen.

Warum? Als symbolische Darstellungen lassen sich Tiere viel leichter merken als eine Kombination aus vier Buchstaben. Außerdem macht es mehr Spaß, jemandem zu sagen, dass er ein Fuchs ist.

Zweite Abweichung

Entschlüssle deine Persönlichkeit teilt die tierischen Persönlichkeitstypen in vier große Gruppen (Rudel) ein, die durch Rollen repräsentiert werden, die in alten Zivilisationen wurzeln: Sammler, Jäger, Schamanen und Schmiede.

Warum? Diese Rollen erinnern uns sowohl an die historische als auch an die praktische Natur der Persönlichkeitstypisierung. Egal, ob jemand in der Blütezeit des Mongolischen Reiches oder in einem winzigen Fischerdorf am Schwarzen Meer, in dem noch proto-indo-europäisch gesprochen wurde, aufgewachsen ist – man kann annehmen, dass er auf ähnliche Dinge angewiesen war, um zu überleben (Nahrung, Unterkunft, Gemeinschaft). Auch wenn sich diese Bedürfnisse im Laufe der Jahrhunderte weiterentwickelt haben, sind sie im Wesentlichen gleich geblieben. Wie die Koexistenz dieser vier Gruppen das Überleben unserer Spezies ermöglicht hat, wird im nächsten Kapitel untersucht.

Dritte Abweichung

Entschlüssle deine Persönlichkeit verzichtet auf die von Jung eingeführte Buchstaben-Dichotomie.

Warum? Die Unterschiede zwischen den Typen zeigen sich nicht immer entsprechend der Buchstabenbezeichnung. Der Unterschied zwischen einem ENTP und einem INTP (MBTI-Bezeichnungen; im *EdP*-System wären sie ein Schimpanse und eine Eule) besteht zum Beispiel darin, dass der eine extrovertiert und der andere introvertiert ist. Allerdings zeigen sich die Typen oft nicht auf diese Weise. Schimpansen, wie Elon Musk, verkriechen sich eher in ihrer Werkstatt, rauchen Gras und denken sich neue Möglichkeiten aus, um den Energiesektor zu revolutionieren, oder legen Kryptophile mit einem einzigen Tweet rein (ich werde dieses Wort weiterhin benutzen), als dass sie sich in der sozialen Szene bewegen. Sie ziehen es vor, Twitter (okay, X) zu trollen, statt in Clubs abzuhängen. Und die scheinbar ruhigen Eulen können ziemlich redselig und energisch sein, wenn sie über ein Thema diskutieren, das sie fasziniert. Glaub mir, ich habe einen Eulenfreund, der Professor für theoretische Chemie ist. Ich habe ihn einmal nach der Stringtheorie gefragt, und er redet bis heute noch darüber.

Glücklicherweise hilft die Kenntnis von MBTI und Keirsey, die Gründe für den blinden Fleck zu ergründen. Keirsey hat uns die Vorstellung von vier verschiedenen Gruppen von Menschen wieder nahegebracht, und unter diesen Gruppen machen die Sammler (verwandt mit Keirseys Wächtern) fast die Hälfte der Bevölkerung aus. Sie sind auch viel eher als die anderen Temperamente bereit, sich freiwillig als Versuchspersonen für Beobachtungen, Tests und andere Formen der Persönlichkeitsforschung zur Verfügung zu stellen, da sie es als Teil ihrer Bürgerpflicht ansehen, zum öffentlichen Wissen beizutragen.

Wenn wir also davon ausgehen, dass die Sammler den größten Anteil an Versuchspersonen ausmachen, dann wäre es auch vernünftig zu akzeptieren, dass ihre Eigenschaften und Verhaltensweisen in der Persönlichkeitstheorie wahrscheinlich überrepräsentiert sind. Vergleicht man Sammler, wie zum Beispiel einen ESTJ und einen ISTJ, sind die extrovertierten und introvertierten Züge viel ausgeprägter und konsistenter, was die E-versus-I-Dichotomie als zutreffend bestätigt, besonders nach wiederholter Beobachtung. So wurde die Buchstabenklassifizierung zum Evangelium. Natürlich ist das eine Erkenntnis, die nur für die Hälfte der Bevölkerung gilt. Bei Jägern, Schamanen und Schmieden führen die Buchstabenunterscheidungen nicht nur zu Verwechslungen und Verwirrung, sondern sie geben auch Skeptikern Munition in die Hand. Ein befreundeter Schmied (ein Killerwal, um genau zu sein) beschwerte sich einmal bei mir darüber, dass die Persönlichkeitstypisierung ungenau sei, weil er eigentlich extrovertiert sei, seine Kontaktfreudigkeit aber vom Kontext abhänge. Ich konnte dem nur zustimmen. Es war dringend notwendig, eine Nuancierung einzuführen.

Vierte Abweichung

Entschlüssle deine Persönlichkeit definiert Menschen nach ihren zentralen Wünschen und Bedürfnissen (Sicherheit, Erregung, Identität und Information) und ersetzt damit die binären Auswahlmöglichkeiten, die in den meisten MBTI-basierten Persönlichkeitsbewertungen zu finden sind.

Warum? Die Art und Weise, wie eine Person diese grundlegenden Werte priorisiert, ist der beste Bestimmungsfaktor für ihre Entscheidungsfindung. Das bedeutet nicht, dass jemand, der Sicherheit über Erregung stellt, diese Wahl zu 100 Prozent treffen wird. Ein vorsichtiger Mensch kann Risiken eingehen, um Spaß zu haben, genauso wie ein Nervenkitzel suchender Mensch sich dafür entscheiden kann, sesshaft zu werden und eine Familie zu gründen. Es ist nur schwieriger. Das ist so, als würde ein Linkshänder seine rechte Hand benutzen. Es mag ungewohnt und wahrscheinlich unbequem sein, aber nicht unmöglich – ich weiß, ich weiß, beidhändige Menschen versauen meine ganze Metapher. Vielleicht fällt meinem Redakteur eine bessere ein (wenn du das hier liest, weißt du ja, wie das gelaufen ist).

Was haben wir gelernt?

Also, eine kurze Zusammenfassung:

- Menschen aus verschiedenen Kulturen haben die Welt seit langer, langer Zeit in vier Einheiten eingeteilt (siehe Abbildung 1.3).
- In den letzten 150 Jahren ist es in Mode gekommen, die Menschen in 16 verschiedene Typen zu unterteilen. Die Persönlichkeitstheorie wurde außerdem ziemlich wissenschaftlich, mit echten Tests und Dingen, die von kompetenten Experten bewertet werden können.
- Keirsey war großartig und wird nicht ausreichend gewürdigt.
- *Entschlüssle deine Persönlichkeit* verwendet Tiertypen, weil es Spaß macht und sie leicht zu merken sind, und wendet sich von der Buchstabendichotomie der Funktionstypen und des MBTI ab, weil sie ungenau und nicht so präzise ist, wie die »Wissenschaft« uns glauben machen will.
- Menschen lassen sich durch das definieren, was sie am meisten schätzen, und das lässt sich am besten an den Prioritäten beobachten, die sie von sich aus wählen.
- Ich verwende viele Metaphern, von denen einige nicht immer optimal funktionieren.

DIE WELT IN VIERERGRUPPEN

Zarathustra (altes Persien)	Erde	Feuer	Wasser	Luft
Empedokles (antikes Griechenland)	Erde	Feuer	Wasser	Luft
Pancha Mahabhuta	Erde	Feuer	Wasser	Luft
Bön (Tibet)	Erde	Feuer	Wasser	Luft
Buddhismus (vier Eigenschaften)	Festigkeit	Energie	Zusammen-halt	Ausdehnung
Die Bibel	Stier	Löwe	Mensch	Adler
Die Evangelien	Matthäus	Markus	Johannes	Lukas
Hippokrates	Schwarze Galle	Blut	Gelbe Galle	Schleim
Platon	Pistis (Gewissheit)	Eikasia (Instinkt)	Noesis (Intuition)	Dianoia (Verstand)
Galen	Melan-choliker	Sanguiniker	Choleriker	Phlegmatiker
Paracelsus	Gnome	Salamander	Undinen	Sylphen
Keirsey	Wächter	Künstler	Idealisten	Rationalisten

Abbildung 1.3 Die Welt in Vierergruppen

KAPITEL 2

DIE VIER RUDEL

Wir sind alle im Grunde genommen formbare Knete

Jetzt kommt der Teil des Buches, der so etwas wie die Absicherung gegen Kritik und Angriffe ist, was im Amerikanischen oft als »Cover your ass« bezeichnet wird. Oberflächlich betrachtet könnte dieses Kapitel wie ein langer Haftungsausschluss erscheinen, eine ausführliche Erklärung der unvollkommenen Natur der Persönlichkeitstypisierung als Entschuldigung für die vielen Fehler, die ich bei der Typisierung von Menschen mache – und das ist alles richtig. Aber bei näherer Betrachtung wirst du hoffentlich verstehen, dass es die Nuancen und Unvollkommenheiten, die Fehler und Neubewertungen (vor allem, wenn wir uns selbst einschätzen) sind, die den Versuch, Menschen zu verstehen, überhaupt erst lohnenswert machen.

Individuum = Persönlichkeitstyp + Lebenserfahrung

Merke dir diese Gleichung. Für immer. Jedes Mal, wenn du denkst, dass du den Typ einer Person kennst, tut sie etwas völlig Unerwartetes und du willst sie sofort neu typisieren. Denke dann an diese Gleichung. Der Persönlichkeitstyp und die Lebenserfahrung sind zwei verschiedene Dinge. Ersteres ist in den meisten Fällen beständig. Egal, ob du ein Fuchs, eine Spinne oder ein Buckelwal bist, du wirst viele Gemeinsamkeiten mit anderen Füchsen, Spinnen oder Buckelwalen haben. Was uns als Individuen unterscheidet, ist immer die Lebenserfahrung, die wir gesammelt haben.

Stellen wir uns unseren Persönlichkeitstyp als eine bunte Knetkugel vor und die Lebenserfahrung als die mal sanften, mal brutalen Hände, die sie formen und gestalten. Die daraus resultierende Skulptur ist das, was wir sind: eine Manifestation unseres individuellen Selbst. Manchmal verwandelt das Leben diese ursprüngliche Knete in Michelangelos David. Manchmal wird sie aber auch so verdreht und verzerrt, dass sie am Ende so aussieht wie die Statue von Donald Trump, die 2021 auf der CPAC (Conservative Political Action Conference) ausgestellt wurde. Aber egal, wie das Ergebnis aussieht, die ursprüngliche Materie bleibt dieselbe.

Eine Frage, die mir immer wieder gestellt wird, lautet: Kann sich ein Mensch ändern? Das ist eine berechtigte Frage. Für sich genommen klingt sie eigentlich gut gemeint. Als Kindern wird uns immer beigebracht, dass das Beste daran, Fehler zu machen, die Tatsache ist, dass Fehler den Anstoß zum Wachstum geben. Aber Wachstum und Veränderung sind nicht dasselbe. Wir können wachsen und reifen, und dabei verändert sich unser Verhalten und entwickelt sich weiter, aber die ursprüngliche Knetkugel, unser Persönlichkeitstyp, kann sich nicht ändern, selbst wenn wir es wollen – zumindest nicht auf echte und wahre Weise. Kann das Verhalten eines Menschen von den Erwartungen seines Persönlichkeitstyps abweichen? Ja, natürlich. Aber das ist nicht gesund. Es gibt einen Grund dafür, dass wir uns so verhalten, wie wir es von Natur aus tun, und wenn wir uns zwingen, das Gegenteil zu tun, macht das nicht nur intuitiv keinen Sinn, sondern führt auch dazu, dass sich unsere Psyche verknotet. Noch schlimmer ist, dass der wahrscheinliche Grund für jede Abweichung ein äußerer Einfluss ist, der zwar gut gemeint, aber oft eigennützig ist.

Ein typisches Beispiel: Die Frage, ob sich eine Person ändern kann, taucht normalerweise in einem bestimmten Szenario auf. Jemand möchte wissen, ob sich sein*e Partner*in ändern kann, um seinen/ihren Bedürfnissen besser zu entsprechen. Es ist nur natürlich, dass man sich wünscht, dass der Partner oder die Partnerin perfekt zu einem passt – als ob es so etwas überhaupt gäbe. Es ist nicht ungewöhnlich, dass jemand seine eigenen Eigenschaften auf seine*n Partner*in projiziert, um die Beständigkeit dieser Liebe zu bestätigen. Aber das sind natürlich Illusionen, so fantastisch wie ein luzider Traum, in dem alle Wünsche erfüllt werden und die Beziehungen frei von Spannungen sind. Es gibt selbstverständlich Konflikte zwischen allen Persönlichkeiten, und diese Konflikte sind in der Regel bei allen beteiligten Typen gleich. Die Frage, die ich immer stelle, ist: Kannst du diese Eigenschaft deines Partners/deiner Partnerin akzeptieren? Denn wenn du das nicht kannst, schadet der Wunsch, dass er oder sie sich ändern wird oder dass er oder sie etwas ist, was er oder sie nun mal nicht ist, sowohl deiner Entwicklung als auch der deines Partners/deiner Partnerin.

Nietzsche ([1886] 1998) schrieb einmal, dass wahre Reife darin besteht, »den Ernst, den man als Kind hatte, im Spiel wiederzufinden«. Es bedeutet, dass wir uns wieder mit dem verbinden, was wir wirklich sind, mit der ursprünglichen Knetkugel, und dass wir uns von ihr zu dem leiten lassen, was wir eigentlich sein sollten. Um die Eingangsfrage zu beantworten: Kann sich ein Mensch ändern? Nein. Aber ein Mensch kann wachsen. Und im besten Fall wächst er zu einer besseren Version seiner selbst heran. Schließlich reifen Welpen zu Hunden heran, nicht zu Katzen.

Das bringt mich zu dem Grund, warum ich das alles überhaupt erwähne: Wenn du eine Person typisierst, vergiss nicht, ihre Lebenserfahrungen zu berücksichtigen und wie diese ihr Verhalten beeinflussen könnten. Wir könnten zum Beispiel erwarten, dass ein Pfau (einer der Jäger) von Natur aus gesellig und spontan ist – ich weiß, ich bin noch nicht auf die einzelnen Typen eingegangen, aber glaub mir, das sind sie. Aber was wäre, wenn die Eltern des Pfaus extrem strenge Sammler wären, sodass die strikten Einschränkungen, die sie ihrem Pfau-Kind auferlegten, jede natürliche Ausstrahlung zunichtemachten? Oder nehmen wir an, ein Biber (einer der Sammler) erscheint gar nicht wie der organisierte, verantwortungsbewusste und detailverliebte Mensch, der er sein sollte, weil er von unreifen Jäger-Eltern großgezogen wurde, die auf der Suche nach Selbstverwirklichung den Biber ohne gute Vorbilder dastehen ließen. In Fällen wie diesen kann der Schein trügen.

Deshalb ist es wichtig, sich daran zu erinnern, dass ein Pfau ohne Charisma immer noch ein Pfau ist. Ein verantwortungsloser Biber ist immer noch ein Biber. Auch wenn einer Person die nötige Lebenserfahrung fehlt, um das volle Potenzial ihres Persönlichkeitstyps auszuschöpfen, kann dies leicht korrigiert werden, sobald sie genau typisiert wurde. Bring denselben Pfau in eine Situation, in der er nicht von seinen strengen Eltern zur Leistung ermutigt wird, und beobachte, wie er zum Star wird. Gib demselben Biber einen Vorgeschmack auf die Struktur und erlebe, wie er sich ein Leben aufbaut, das im wahrsten Sinne des Wortes eine Struktur hat. Die Affinität war auf jeden Fall bereits vorhanden.

Eine Hierarchie der Bedürfnisse

Der erste Schritt bei der Typisierung eines Menschen besteht darin, herauszufinden, zu welcher der vier Hauptgruppen er gehört. Ich bezeichne diese Gruppen als Rudel, da dies bei Tierarten sehr passend ist. Wie in Kapitel 1 kurz angedeutet, sind diese vier Rudel-Rollen (Sammler, Jäger, Schamanen und Schmiede) seit Jahrhunderten in der menschlichen Existenz verbreitet. Die Zivilisation hat schon immer Menschen gebraucht, die

1. Nahrung anbauen, sammeln und lagern können,
2. unerforschtes Terrain auskundschaften und Nahrung jagen,
3. Individuen zu einer einzigen, gemeinschaftlichen Identität vereinen und
4. neue Werkzeuge herstellen und alte verbessern.

Jede Rolle war für die Entwicklung unserer Gesellschaft wichtig, und wie bei der Evolution kann man davon ausgehen, dass der prozentuelle Bevölkerungsanteil eines bestimmten Rudels durch seine Notwendigkeit für das Überleben bestimmt wird, oder genauer gesagt dadurch, wie viele Mitglieder eines Rudels die Gesellschaft braucht, um sich weiterzuentwickeln. Somit ergibt es Sinn, dass eine größere Anzahl von Sammlern und Jägern benötigt wird. Auch wenn die Zahl der Jäger geringer ist als die der Sammler (ich weiß es nicht aus eigener Erfahrung, aber ich gehe davon aus, dass beispielsweise bei der Gnu-Jagd mit Holzspeeren die Überlebensrate nicht so hoch ist), gibt es doch viel mehr Jäger als Schamanen und Schmiede. In einem Dorf auf dem Land sind mehrere Dorfbewohner nötig, um die Felder zu bestellen, aber nur einer, um zu spüren, wann es regnen wird, und viele, um an der Jagd teilzunehmen, aber nur einer, um die Waffen herzustellen.

So wie sich die Gesellschaften entwickelt haben, haben sich auch die vier Rudel weiterentwickelt. Während sich die Sammler in der Vergangenheit ausschließlich auf die Bedürfnisse der Landwirtschaft konzentriert haben, sind ihre heutigen Anforderungen zwar ähnlich logistikorientiert, haben sich aber auf Aufgaben wie die Koordination von Lieferketten und die Überwachung komplexer Organisationen ausgeweitet. Jäger haben zwar ihre Speere aus der Hand gelegt, gehen dafür aber nicht weniger riskanten Berufen nach, wie der Brandbekämpfung, der Hochseefischerei und der Finanzspekulation. Schamanen heilen immer noch Kranke und kümmern sich um ihre Herde, in der Regel als Berater oder Fürsprecher. Und Schmiede blicken immer noch in die Zukunft, um die Werkzeuge, die uns zur Verfügung stehen, zu erneuern, so wie sie es schon immer getan haben (obwohl ich stark bezweifle, dass irgendein Schmied der Eisenzeit das Aufkommen der Cloud vorausgesehen hat). Die Gegenwart ähnelt also sehr stark der Vergangenheit und aller Wahrscheinlichkeit nach auch der Zukunft. Aber die Frage bleibt: Woher wissen wir, zu welchem Rudel jemand gehört?

Im Film *Das Schweigen der Lämmer* berät der inhaftierte Serienmörder Dr. Hannibal »Der Kannibale« Lecter die ehrgeizige FBI-Agentin Clarice Starling, als sie versucht, einen mysteriösen Mörder zu fassen, der junge Frauen ermordet und häutet. Dabei gehe es einzig und allein um Simplifikation. Das Vordringliche bei allem Tun des Mörders sei nicht etwa die Tatsache, dass er töte, sondern vielmehr die Frage: Welche Bedürfnisse befriedigt er durch das Töten? (Demme, 1991)

Die Bestimmung des Rudels einer Person folgt genau demselben Prinzip: Simplifikation, also Einfachheit. Wir müssen die Handlungen einer Person ausklammern und tief in ihren Kern vordringen. Dazu müssen wir uns fragen: »Welches Bedürfnis will diese Person befriedigen?«

Es gibt vier Grundbedürfnisse: Sicherheit, Erregung, Selbstidentität und Information. In Bezug auf Wünsche und Instinkte können wir in den Annalen der Psychologie nachlesen, wie uneins sich Freud, Maslow, Skinner und viele andere waren, und aus einer reinen Beobachtungsperspektive ist es leicht zu erkennen, dass die menschlichen Bedürfnisse vielfältig und zahlreich sind (schnelle Autos, ein Haus mit Pool, ein Yogastudio in unmittelbarer Nähe zu einem Trader Joe's). Im Wesentlichen lassen sie sich jedoch auf diese vier Hauptbedürfnisse reduzieren, da diese alle anderen Bedürfnisse bestimmen. Wie der berühmteste, Leber mit Favabohnen essende und Chianti trinkende Serienmörder des Kinos bestätigen würde, liegt das in unserer Natur.

Die vier Rudel

1. **Sammler = Sicherheit:** Das Bedürfnis nach Sicherheit kommt allen zugute, die unter ihren Schutz und in ihre Obhut treten.
2. **Jäger = Erregung:** Das Bedürfnis nach Geschwindigkeit treibt sie zu riskantem, aber oft notwendigem Verhalten an.
3. **Schamanen = Selbstidentität:** Das Bedürfnis, sich mit sich selbst zu verbinden, erstreckt sich auch auf den Rest des globalen Dorfes der Menschheit.
4. **Schmiede = Information:** Das Bedürfnis nach Daten ermöglicht es ihnen, die Grenzen der Innovation zu erweitern.

Das ist der Punkt in der Unterhaltung, bei dem sich irgendjemand einmischt, um mir zu sagen: »All diese Dinge sind wichtig!« Ja, das ist wahr. Der Wunsch nach dem einen schließt nicht aus, dass wir auch die anderen Dinge wollen. Die Frage ist allerdings: Wenn es hart auf hart kommt, was wählt man dann zuerst? Natürlich ist dieser Prozess nicht unfehlbar. Viele Sammler antworten auf diese Frage, dass sie *Informationen* über alles andere stellen. Tatsächlich habe ich vor Jahren den Begriff *Wissen* anstelle von Information verwendet, und die Leute aus jedem Rudel fanden das Wort zu unwiderstehlich, um darauf zu verzichten. Sogar *Informationen* können für Nicht-Schmiede so verlockend sein, dass sie sie an die Spitze ihrer Hierarchie stellen. Deshalb muss die Wahl bei der Typisierung so klar wie möglich dargestellt werden, ohne Spielraum für Rationalisierungen.

Wenn mir ein Sammler sagt, dass ihm Informationen wichtiger sind als alles andere, läuft das Gespräch normalerweise folgendermaßen ab:

Ich: »Würdest du dein Leben für Informationen riskieren?«

Sammler: »Riskieren? Was meinst du damit?«

Ich: »Wenn du zum Beispiel nach einem Heilmittel für Krebs forschen würdest, wärst du dann bereit, an dir selbst zu experimentieren, um deine Antworten zu bekommen?«

Sammler: »Natürlich nicht! Das ist doch Wahnsinn!«

Und schon habe ich meine Antwort. Man beachte, dass der Gedanke, sein Leben oder seine Sicherheit für Wissen zu riskieren, dem Sammler nie in den Sinn gekommen wäre. Die Idee ist ihm so fremd, so unnatürlich, dass sie nicht einmal als eine Möglichkeit in Betracht kommt. Ich will mich nicht über die Sammler lustig machen, weil wir alle für diese enge Bindung an Werte anfällig sind. Unsere Grundbedürfnisse sind so stark, dass sie uns unbewusst zu der Annahme verleiten können, dass sie für alle anderen genauso wichtig sind wie für uns. Das heißt nicht, dass ein Schmied, weil er Informationen schätzt, automatisch sein Leben für sie riskieren würde – aber er würde es in Betracht ziehen.

Ich bin mir bewusst, dass ich mit diesen Begriffen um mich geworfen habe, als ob du sie genau kennen würdest, als ob ich schon bei Kapitel 3 dieses Buches wäre – und ich habe sie noch gar nicht näher beschrieben. Das möchte ich jetzt nachholen. Sammler, Jäger, Schamane, Schmied und eine Menagerie von Tieren – was bedeuten sie alle? Wir können nicht anfangen, Menschen in verschiedene Persönlichkeiten einzuteilen, bevor wir nicht die Komplexität dieser Persönlichkeiten verstehen. Die Abbildungen 2.1 und 2.2 dienen daher als visuelle Orientierungshilfen.

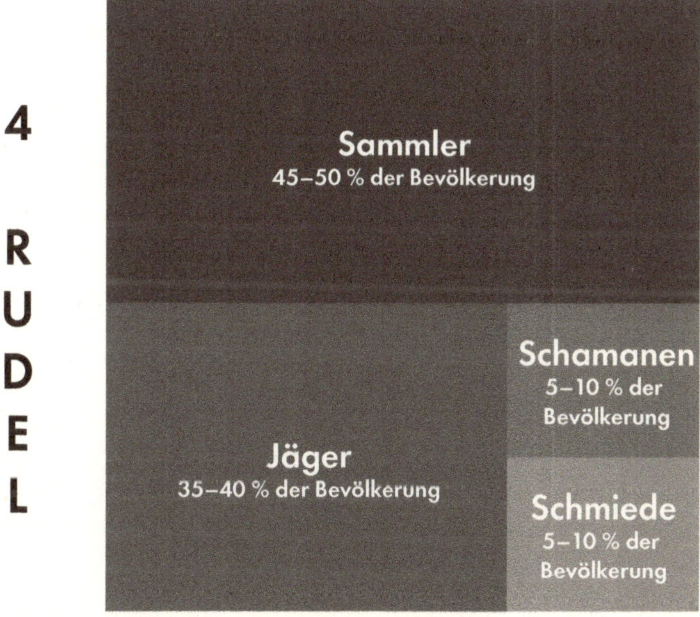

Abbildung 2.1 Prozentualer Bevölkerungsanteil der Rudel

Abbildung 2.2 Prozentualer Bevölkerungsanteil der Tiertypen

Achte genau auf diese ungefähren Bevölkerungsanteile, denn sie sind extrem wichtig, um die Dynamik zwischen den Rudeln zu verstehen. Konflikte zwischen den verschiedenen Typen sind unvermeidlich, aber dieser Konflikt bekommt eine neue Dimension, wenn ein Rudel (Sammler) fast die Hälfte der Bevölkerung ausmacht, ganz zu schweigen davon, dass die beiden konkreten Rudel rund 85 Prozent der Menschen auf der Welt ausmachen.

Sammler

Es ist nicht so, dass die Sammler die selbst ernannten Wächter der Gesellschaft wären, vielmehr *sind* sie die Gesellschaft. Die Zivilisation, wie wir sie kennen, würde ohne die beständige, praktische und organisierte Stärke von Hirschen, Bibern, Elefanten und Bären nicht existieren. Frühere Beschreibungen dieser Vierergruppe waren nicht besonders schillernd (und diese hier ist es auch nicht), denn wenn man erfährt, dass man ein natürliches Talent für die Verwaltung von Waren und Dienstleistungen hat, bringt das die Amygdala in einem MRT-Scan nicht gerade zum Leuchten. Und wenn man den Sammlern sagt, dass sie in der Gesellschaft weit verbreitet sind (etwa 45 bis 50 Prozent der Bevölkerung), identifizieren sich manche von ihnen lieber mit anderen, selteneren Typen, als sei Knappheit ein Synonym für Qualität. Dieses Bedürfnis, sich als etwas Besonderes zu fühlen, ist bedauerlich, denn es lenkt von dem ab, was die Sammler eigentlich zu etwas Besonderem macht: die Fähigkeit, für Ordnung und Komfort in einer Welt zu sorgen, die immer mehr im Chaos zu versinken scheint.

Sammler sind in der Regel selbstlose, verantwortungsbewusste Menschen, die sich an hohe Standards für Recht und Unrecht halten. Ihr Wunsch nach Sicherheit zeigt sich auf zweierlei Weise: zum einen in ihrem Engagement für die Erfüllung gesellschaftlicher Pflichten und zum anderen in ihrem Wunsch, ihren Lieben Geborgenheit und Unterstützung zu bieten. Denke einmal an das letzte Mal, als du Hilfe gebraucht hast. Welchen Freund oder welches Familienmitglied hast du angerufen? Die Wahrscheinlichkeit ist groß, dass es ein Hirsch, Biber, Elefant oder Bär war.

Eine weitere Gemeinsamkeit der Sammler ist ihr aufrichtiger Glaube an die Vorstellung von einer traditionellen Gemeinschaft. Dabei handelt es sich nicht um einen blinden Glauben, denn Sammler weisen schnell auf mögliche Verbesserungen hin, die an ihren jeweiligen Organisationen vorgenommen werden können. Sie haben vielmehr die Überzeugung, dass es, so fehlerhaft das derzeitige System auch sein mag, keinen besseren Weg gibt, den Fortbestand der Menschheit zu sichern, als auf das zu vertrauen, was bereits etabliert, bewährt und akzeptiert ist. Traditionen sind zu achten, und sei es nur aus Respekt vor der Tatsache, dass sie schon so lange Bestand haben. Und Beständigkeit ist eine Eigenschaft, die jeder Sammler schätzt.

Sammler sind außerdem dafür prädestiniert, Kategorisierungen vorzunehmen, da sie dadurch ein größeres Gefühl der Sicherheit haben und sich wohler fühlen. Zusammen mit ihrem ausgeprägten Verständnis für gesellschaftliche Normen trägt dies dazu bei, dass sie in der Schule sehr gut abschneiden und der stereotype perfekte Schüler und Bürger des Monats sind. Sammler lieben es, unter Menschen zu sein, auch wenn sie wählerisch sind, was die Gesellschaft und das Umfeld angeht, in dem sie interagieren. Sie haben Arbeitskollegen, Freunde in einem engeren Freundeskreis und Freunde, mit denen sie Sex haben würden, wenn man sie fragt – sie lieben nun mal Kategorien.

Das Vertrauen, das Sammler in ihre Mitmenschen haben, wird durch Angst und Sachlichkeit genährt. Sie sehen die Welt als einen Ort, der voller Gefahren ist (Krieg, Naturkatastrophen, Arbeitslosigkeit, steigende Temperaturen und so weiter), also macht es nur Sinn, diese Probleme als Gruppe anzugehen. In der Menge liegt die Sicherheit, aber nur, wenn man seinen Mitstreitern vertraut. Deshalb arbeiten Sammler daran, Räume zu schaffen, in denen sich jeder Einzelne sicher und wohl fühlen kann, im Vertrauen darauf, dass die Kultur und die Traditionen der Vergangenheit sie auch in der Gegenwart tragen. Und egal, ob es sich um eine Kindergartenklasse, ein Krankenhaus, eine Kirche oder eine ganze Regierung handelt, Sammler haben in der Regel Erfolg.

Jäger

Egal, ob man sie aus der Ferne beobachtet (manche Jäger würden das als bewundernd bezeichnen) oder aus nächster Nähe mit ihnen interagiert – es gibt keinen Zweifel an der Absicht der Jäger: etwas zu tun, das Aufmerksamkeit verdient, oder zumindest Spaß dabei zu haben. Spontan, aktionsorientiert, ungezwungen und kühn – Füchse, Haie, Pfauen und Schmetterlinge scheinen immer für die nötige Aufregung und den nötigen Pep zu sorgen, wo immer sie auftauchen.

Wenn es um ihre Lebensphilosophie geht, sind Jäger im Grunde ihres Herzens Genießer, Meister der Maximierung des Genusses und der Minimierung des Schmerzes in allen Aspekten ihres Lebens. Sie sind die Freigeister, die Regelverdreher, die Spieler und die Unterhalter; sie sind die Menschen, die am ehesten das Abendessen auslassen und direkt zum Nachtisch übergehen. Für Jäger geht es im Leben darum, die Intensität des Augenblicks zu erleben, und es gibt für sie keinen besseren Ratgeber als ihre eigenen fünf Sinne. Mit ihrem Optimismus und ihrer Begeisterung für die Gegenwart lassen sich Jäger in der Regel nicht von ihren Unzulänglichkeiten oder Misserfolgen unterkriegen; im Gegenteil, auf die Nase zu fallen, ist für Jäger die beste – manchmal sogar die einzige – Möglichkeit zu lernen. Und die Rücksichtslosigkeit und der Übermut ihrer früheren Tage verwandeln sich häufig in die Klugheit und den Scharfsinn, die sie für den Rest ihres Lebens begleiten.

Jäger sind stolz auf ihre jeweiligen Talente und zögern nicht, sie im richtigen Moment zu zeigen. Füchse und Pfauen zeigen ihr Können ganz offen, während Haie und Schmetterlinge eher zurückhaltend sind und die Brillanz ihres Könnens für sich sprechen lassen. Unabhängig von ihrem Typ leben Jäger nach dem Motto: »Wenn du es draufhast, zeig es!« Vielleicht liegt das daran, dass sie in der streng strukturierten Welt der Sammler aufgewachsen sind, einer Welt, deren Kategorien und Beschränkungen den hyperaktiven »Alles ist möglich«-Jägern oft auf die Nerven gehen, weil sie es hassen, wenn man ihnen vorschreibt, was sie tun dürfen und was nicht.

Die Schule kann für Jäger eine Qual sein. Das Konzept »erst lernen, dann anwenden« entspricht nicht gerade dem Bedürfnis der Jäger nach sofortiger Befriedigung, und es ist nicht schwer zu erraten, wie Jägerkinder beim Marshmallow-Test (einem Experiment zu Impulskontrolle und Belohnungsaufschub) abschneiden. Als risikofreudige Menschen, die durch Handeln lernen, ziehen Jäger das Üben bewährter Techniken dem Auswendiglernen abstrakter Theorien vor. Für sie ist es das Ziel, die Technik zu beherrschen. Auch wenn dieser Prozess mühsam ist, haben Füchse, Haie, Pfauen und Schmetterlinge nichts dagegen, sich im übertragenen und wörtlichen Sinne den Arsch aufzureißen, wenn sie lernen, etwas zu beherrschen, das in der Praxis anwendbar ist. In ihrem Streben nach Größe in ihrem jeweiligen Bereich kämpfen Jäger mit allen Mitteln, unabhängig davon, ob sie dafür Anerkennung bekommen oder nicht.

In der Vorstellung eines Jägers ist man entweder gut in einer Sache oder man ist es nicht, egal, mit welcher Methode, mit welchen Mitteln oder auf welche Weise man seine Ergebnisse erzielt hat. Es macht fast mehr Spaß, es auf die härtere, unkonventionellere Art zu tun, was wie ein Schlag ins Gesicht all derer ist, die jemals an ihnen gezweifelt haben. Möglicherweise ist das Bedürfnis der Jäger, ihr Können zu zeigen, eine Art Rache für die Jahre, in denen sie dem Unmut der orthodoxen Sammler ausgesetzt waren. Abgesehen davon kann man mit Sicherheit sagen, dass Jäger ihre Kunstfertigkeit zeigen wollen, ganz gleich, welche Art von Feindseligkeit sie empfinden oder nicht – man sollte sich nur nicht wundern, wenn sie auf dem Weg zum Sieg ein Tänzchen aufführen oder ein fröhliches Augenzwinkern zeigen.

Schamanen

Schamanen sind die Einhörner der Temperamententheorie. Ich will nicht um den heißen Brei herumreden. Ja, es stimmt, dass schamanische Eigenschaften wie Einfühlungsvermögen und Optimismus häufig dazu führen, dass Delfine, Pandas, Paviane und Buckelwale als hypersensible Hippie-Träumer karikiert werden, die den ganzen Tag über neblige Regenbögen, Magie und eine perfekte Welt voller Reinheit und Anmut fantasieren. Natürlich ist diese Vorstellung, wie das Einhorn selbst, eine Fantasie, und der echte Schamane aus Fleisch und Blut ist der Tugend nicht näher als jeder andere Mensch. Vielleicht ist es dieser Mythos, der Zweifel an ihrer Existenz aufkommen lässt. Schamanen sind auf der Suche nach ihrer Identität und haben eine fantasievolle Ader, die bis ins Überirdische reichen kann. Sie fühlen sich von einer Gesellschaft ausgegrenzt, die das Konkrete dem Abstrakten, den materiellen Erfolg der spirituellen Ganzheit und das Dazugehören dem Herausstechen vorzieht.

Im Gegensatz zu den ebenfalls seltenen Schmieden passen sich Schamanen lieber der Gesellschaft an und sind recht geschickt darin, einige ihrer eher esoterischen Neigungen zu unterdrücken. Sich zu verstecken, gibt ihnen zwar ein Gefühl der Zugehörigkeit, aber was ein Schamane wirklich braucht, ist Selbstakzeptanz, und alles oder jeder, der ihn daran hindert, ist seinem persönlichen Wachstum abträglich. Glücklicherweise finden viele Schamanen schließlich das Selbstvertrauen, um das eine schwarze Pferd in einem Stall voller weißer Pferde zu sein, oder besser noch ein Einhorn, das in einem Meer von Vollblutpferden dahintrabt.

Schamanen suchen nicht nur nach ihrer eigenen Identität, sondern helfen auch anderen, dies zu tun. Im Grunde ihres Herzens glauben sie, dass die Welt ein besserer Ort wäre, wenn jeder sein wahres Selbst entdecken und dafür wertgeschätzt werden würde. Leider geraten sie damit oft in Konflikt mit einer gesellschaftlichen Struktur, die Individualität nicht zulässt und stattdessen die Anpassung an vertraute Traditionen und Normen fordert. Dies führt zu einer Identitätskrise, die sich leider nicht vermeiden lässt. Aber sie können sich damit trösten, dass sie gestärkt und selbstbewusst aus dieser Krise hervorgehen und dann die Fähigkeit erlangt haben, die Gesellschaft so zu verändern, dass alle Menschen davon profitieren. Oder sie legen sich einfach auf die Couch, rollen sich zusammen und verkriechen sich in der Fötusstellung vor der Welt. Aber lasst uns optimistisch bleiben!

Obwohl Delfine, Pandas, Paviane und Buckelwale alle unterschiedliche Prioritäten und Herangehensweisen haben, eint sie der Glaube, dass das wahre Glück allein in der Hand des Einzelnen liegt. Meistens ist dies ein hart erarbeiteter Glaube, denn jeder Schamane muss irgendwann in seinem Leben seinen eigenen

Kampf mit der gesellschaftlichen Konformität führen. Für manche ist es nur ein kurzes Scharmützel. Für andere ist es wie der Versuch, in Afghanistan Ordnung zu schaffen, ein nicht enden wollender Krieg um das Recht, sie selbst zu sein. Am Ende scheinen Schamanen jedoch immer gestärkt daraus hervorzugehen, denn sie tragen emotionale Narben davon, die nicht nur den Schmerz zeigen, den sie erlitten haben, sondern auch ihre Entschlossenheit beweisen.

Dies ist eine besondere Art von Standfestigkeit, zu der gehört, dass ein Schamane so fest in seinem moralischen Zentrum verankert ist, dass er selbst die wildesten emotionalen Stürme überwinden kann. Ein Schamane könnte es als Erleuchtung betrachten: »Ich bin seltsam, und das ist in Ordnung.« Und diesen geheimen Schatz hütet er mit seinem Leben und gibt ihn nur an diejenigen weiter, die er für würdig hält. Schließlich sind Selbstvertrauen und die Wertschätzung der eigenen Individualität viel wertvoller als jeder materielle Reichtum, den man anhäufen könnte. Oder wie Nietzsche ([1886] 1998), ein eingefleischter Schamane, einmal schrieb: »Kein Preis ist zu hoch für das Privileg, sich selbst zu gehören.« Und wer braucht schon einen festen Job, wenn man Regenbögen, Reinheit und Anmut haben kann?

Schmiede

Lange Zeit wurden die Schmiede als soziale Außenseiter, brillante Exzentriker und unverfrorene Soziopathen verschrien, doch häufig sind sie sowohl Nutznießer als auch Opfer von Vorurteilen: Es reicht nicht, dass sie mächtig sind, sie müssen auch noch misanthropisch sein. Was hat es mit Killerwalen, Spinnen, Schimpansen und Eulen auf sich, dass die Gesellschaft sie als schnurrbartzwirbelnde, katzenstreichelnde Erzbösewichte abstempelt, die die Welt beherrschen – oder zerstören – wollen? Vermutlich liegt es daran, dass die meisten Schmiede die Vorstellung mögen, ein Supergenie zu sein, wenn auch ein böses, und in dieser Karikatur ein Stück Wahrheit finden. Natürlich sind diese Teile der Wahrheit wie das alte buddhistische Gleichnis von den blinden Jungen, die einen Elefanten berühren: Jeder von ihnen erfasst nur einen Teil der Information und hält ihn für die ganze Wahrheit. Schmiede sind mehr als nur ein Klischee. Sie sind keine kaltblütigen, anmutigen Vampire, die absolut keine Gefühle haben. Das ist nicht möglich, denn dafür sind Schmiede viel zu unbeholfen.

Schmiede suchen nach Informationen, doch bei diesem Sammeln von Fakten geht es nicht darum, ein bestimmtes Maß an Sicherheit zu erreichen. Denn was bestätigt werden kann, kann auch unbestätigt bleiben. Wissen ist fließend, Fachwissen ist unbeständig, und die Annahme, dass der Besitz von Ersterem automatisch zu Letzterem führt, ist in den Augen der skeptischen Schmiede ein Trugschluss. Die bloße Erwähnung einer Autorität, vor allem in der intellektuellen Szene, wird von Leuten wie Einstein (1973), dem deutlichsten Beispiel für einen Schmied, das es je gab, mit einem Augenrollen oder Verachtung quittiert: »Zur Strafe für meine Verachtung der Autorität hat mich das Schicksal selbst zu einer Autorität gemacht.« Zweifel ist nicht verpönt. Er wird nicht als ein Zeichen von Schwäche angesehen. Er wird eher als Wegweiser betrachtet, als Yogatrainer, wenn man so will, der den Geist eines Schmieds im Gleichgewicht und flexibel hält.

Schmiede verehren Ideen, neue und alte, und schrecken nicht davor zurück, stundenlang in der Einsamkeit zu versuchen, ein besseres Verständnis für jedes neue Konzept zu entwickeln, auf das sie aufmerksam gemacht werden. Natürlich sind Ideen an und für sich ein Widerspruch. Sie haben eine enorme Kraft – die Fähigkeit, die Welt zu lenken –, aber wenn es um ihre physische Beschaffenheit geht, bestehen sie aus nichts anderem als aus den elektrischen Ladungen, die im menschlichen Nervensystem von Neuron zu Neuron hüpfen. Dieser Zustand der Abstraktheit und Losgelöstheit spiegelt oft den Kampf der Schmiede wider, das Unfassbare zu verstehen und gleichzeitig in der physischen Welt (Familie, Freunde und so weiter) verankert zu bleiben.

Vielleicht werden Schmiede, ob als Eltern, Liebende oder Berufstätige, deshalb so leicht als kalt, leidenschaftslos und sogar faul missverstanden. Es ist nicht so, dass sie nicht lieben, es ist nur so, dass sich ihre Liebe auf eine untypische Art und Weise manifestiert. Wenn ein Schmied jemanden liebt, ist sein erster Instinkt nicht, ihn zu beschützen, sondern ihn zu verstehen und zu informieren. Wenn ein Schmied arbeitet, dann nicht um der Produktivität willen, sondern um der Effizienz willen. Hinsichtlich Liebe und Arbeit: Bei Killerwalen, Spinnen, Schimpansen und Eulen verschwimmen die Grenzen häufig, und die Verbindung der beiden (von allen Typen sind Schmiede am ehesten Workaholics) dient dazu, die Leidenschaft auszudrücken, die unter ihrer Fassade der Objektivität brodelt.

Vier Rudel, vier Tiere, vier Bögen, vier Rollen

Die *EdP*-Methode ist eine Typologiemethode, die auf der Zahl vier aufbaut. Das war nicht beabsichtigt. Es liegt einfach an der Geschichte (siehe Kapitel 1) und an der sauberen Strukturierung. Vereinfacht gesagt, gibt es vier Rudel mit jeweils vier Tieren und vier Bögen für jedes Rudel und vier Rollen für jedes Tier.

Jedes Rudel hat einen natürlichen Wachstumsbogen, dem seine Mitglieder im Allgemeinen folgen. Allerdings ist dies keine in Stein gemeißelte Karte. Es gibt kein Pfadfinderhandbuch, das jedem neuen Sammler, Jäger, Schamanen oder Schmied vorschreibt, was er zu tun hat, wohin er zu gehen hat oder wie man mit etwas Zunder und einer Lupe ein Feuer macht. Bestimmt durch die individuellen Eigenschaften jedes Typs manifestieren sich die Entwicklungsmuster so natürlich, dass die meisten Menschen gar nicht wissen, dass diese existieren. Stell dir das wie die Heldenreise hoch vier vor, wobei jeder Weg bemerkenswert einzigartig ist. Wie der griechische Philosoph Heraklit (2001) einmal sagte: »Der Charakter eines Menschen ist sein Schicksal.«

Und was ist das für ein Charakter, von dem wir (offensichtlich sind Heraklit und ich enge persönliche Freunde) sprechen? Hm, wäre es sehr ausweichend von mir, eine Frage mit einer Frage zu beantworten? Oder mit vier Fragen? Ich weiß, ich weiß, normalerweise ist das eine Hinhaltetaktik, so wie wenn deine Freundin dich fragt, ob du Kinder haben willst, und du sie fragst: »Was willst du heute Abend essen, Sushi oder Tacos?« (was übrigens, ich schwöre es, nicht autobiografisch ist). Im Sinne der Hinhaltetaktik will ich das alles aber nur kurz anreißen (ausführliche Porträts der 16 Tierarten, Wachstumsbögen, die so wichtigen vier Fragen) und verspreche, dass ich in den nächsten – du hast es erraten – vier Kapiteln ausführlicher darauf eingehen werde.

KAPITEL 3

DIE SAMMLER

»Sie haben die goldenen Bögen, wir haben das goldene M!«

Die Beliebtheit der Persönlichkeitstypisierung überrascht mich immer wieder. Aber machen wir uns nichts vor. Es ist ein ziemlich nerdiges Thema. Deshalb sagt mir mein sozialer Instinkt, dass ich es niemals als erstes, zweites oder drittes Thema in einem Gespräch mit einem Fremden erwähnen sollte. Ist es ein Vorurteil anzunehmen, dass der Durchschnittsmensch kein Interesse an Selbstreflexion hat? Möglicherweise. Vielleicht ist das Schreiben dieses Buches eine Form der Absolution. Dennoch fasziniert es mich, wie sich eine unbedachte Erwähnung von Tierpersönlichkeitstypen in einem sozialen Umfeld wie ein Lauffeuer verbreitet. Es ist, als ob du aus Versehen das Thema *Dungeons & Dragons* in ein Gespräch einstreust, und während du in ängstlicher Erwartung darauf wartest, dass du dafür geköpft wirst, ruft jemand von irgendwo anders im Raum: »Dein Succubus hat auf keinen Fall ein höheres Level als mein Halbelf!«

Natürlich ist nicht jeder ein Fan meiner Arbeit. Es gibt immer auch die Skeptiker. Ich war mal auf einer Party (genauer gesagt auf einem Filmabend, der dem erzählerisch inkohärenten, aber beeindruckend schönen Film *Upstream Color* gewidmet war) und erklärte einer Frau, die ich gerade erst kennengelernt hatte, die Persönlichkeitstypisierung. Sie hatte von einem Freund eines Freundes davon gehört und fand, das sei Grund genug, mich mit gefühlten 1000 Fragen und Augenrollen zu überhäufen:

Sie: »Wie lange hast du das denn an der Uni studiert?«
Ich: »Oh, ich habe Screenwriting und englische Literatur studiert, bin mir aber nicht sicher, ob das zählt, da ich nur um die 15 Prozent der Zeit in die Vorlesungen gegangen bin.«
Sie (mit Geringschätzung): »Wenn du nicht Psychologie studiert hast, wie kannst du dann beweisen, dass diese Dinge wahr sind?«

An diesem Punkt erklärte ich ihr höflich und vor allem kurz und knapp (wenn dieses Gespräch in einem Flugzeug stattgefunden hätte, wäre ich bereit gewesen, mit oder ohne Fallschirm abzuspringen), dass ich ein Bildungsunternehmen besitze, in dem wir erfolgreich die Persönlichkeitstypisierungsmethoden von *Entschlüssle deine Persönlichkeit* anwenden, um auf die individuellen Bedürfnisse unserer Schüler einzugehen. Als Antwort erhielt ich ein oberflächliches »interessant«, und das war's dann auch schon. Ich erwähne diese Geschichte aus zwei Gründen.

Der erste Grund ist, den Ursprung der Wachstumsbögen von *Entschlüssle deine Persönlichkeit* zu erklären. Ich habe sie nicht in irgendeinem Buch gefunden, um sie dann hier wiederzukäuen und sie als meine eigenen auszugeben. Sie stammen aus jahrelanger Erfahrung mit Schülern aller Altersgruppen und Persönlichkeitstypen. Wenn man Menschen so lange beobachtet, ergeben sich Muster. Natürlich gehen verschiedene Persönlichkeiten unterschiedlich mit Erfolg und Misserfolg um, das ist nichts Neues. Was ich aber interessant fand, war, dass verschiedene Persönlichkeiten auf ihrem Weg zur Reife unterschiedliche emotionale Bedürfnisse zu haben schienen. Wo ein Schüler Selbstvertrauen braucht, muss ein anderer möglicherweise erniedrigt werden. Während der eine bis an die Grenzen seiner Vorstellungskraft getrieben werden muss, braucht ein anderer ein gewisses Maß an praktischer Anwendung, um seine Ideen zu verwirklichen.

Der zweite Grund ist, dass die Frau in der Geschichte den Inbegriff eines jungen Sammlers in den frühen Stadien seines Wachstumsbogens verkörpert. Die

Tatsache, dass sie einen College-Abschluss hat (sie hat mir ihre akademische Glaubwürdigkeit auf nicht ganz so subtile Weise verkündet), ist ein weiterer Beweis dafür, dass Bildung nicht unbedingt mit Reife gleichzusetzen ist.

Die Blase ausdehnen

Der beste Weg, den Wachstumsbogen der Sammler zu verstehen, ist zu akzeptieren, dass alle Sammler in einer Blase leben: nicht 50 Prozent, nicht 99 Prozent. Alle Sammler. Ich weiß, dass das gleichermaßen herablassend und arschlochhaft klingen mag, aber abgesehen davon, dass es wahr ist, hat es auch den Vorteil, dass es eine Form von unaufdringlicher Schmeichelei ist, eine Art umgekehrtes Kompliment. Ich meine, was ist falsch an Blasen? Sie sind hermetisch sicher und blitzsauber, und ihre transparente Beschaffenheit steht für eine Art von Ehrlichkeit ohne Täuschung – alles Eigenschaften, die Sammler schätzen. In einer Blase zu leben, bedeutet, dass man sicherer ist als die meisten Menschen. Natürlich kann das auch bedeuten, dass man in einem isolierten Reich der Ignoranz und Engstirnigkeit lebt, was wiederum schlecht ist.

Das Problem ist nicht die Blase selbst, sondern ihre Größe und ihre Bereitschaft, sich auszudehnen (das ist natürlich ein lahmer Witz). Manche Sammler leben in extrem kleinen Blasen, was dadurch verschlimmert wird, dass sie nicht bereit sind, etwas anderes hineinzulassen. Das, was sich in der Blase befindet, ist bekannt und daher akzeptabel. Alles andere ist das Unbekannte (und somit gefährlich). Andere Sammler, die auf ihrem Wachstumspfad schon viel weiter sind, leben in ausgedehnten Blasen und verfügen über umfangreiches Wissen und Erfahrung in einer Vielzahl von Bereichen. Sie sind so weltgewandt, wie die weniger reifen Sammler provinziell sind, und weil sie in einer Blase leben, fühlt sich das Wissen, das sie angesammelt haben, sicherer und stabiler an und wird mit der Zeit als normal akzeptiert.

Als ich noch mein Bildungsunternehmen hatte, veranstalteten wir jedes Jahr Fortbildungsseminare für unsere Lehrerinnen und Lehrer, bei denen es auch Mittagessen gab. Einmal, als alle in der Essensschlange standen, erkannte eine meiner Lehrerinnen, eine Bärin (vom Typ Sammler), eines der Gerichte nicht und wandte sich an ihre Freundin, einen Schmetterling (vom Typ Jäger):

Bärin: »Was ist das?«
Schmetterling: »Weiß ich auch nicht.«
Ich: »Das ist Falafel.«
Bärin und Schmetterling (ausdruckslose Blicke): …
Ich: »Das sind gemahlene Bohnen, die zu einer Kugel gerollt und frittiert werden.«
Schmetterling: »Ooooh!« (legt zwei auf ihren Teller)
Bärin: »Hmmmm …«
Schmetterling: »Hört sich toll an.«
Bärin: »Okay.« (nimmt einen)

Zwei Jahre später: dieselbe Bärin, dieselbe Schlange beim Mittagessen, dieselben Falafel. Aber dieses Mal war es die Lehrerin vor ihr, die sie ausdruckslos anstarrte.

Lehrerin: »Was ist das?«
Bärin: »Oh, das sind Falafel. Das sind gemahlene Bohnen, die zu einer Kugel gerollt und frittiert werden. Die schmecken wirklich gut.«

Und schon hatte sich ihre Blase vergrößert. Nicht, weil sie wegen ihrer Weltfremdheit bloßgestellt oder wegen ihrer Vorsicht verspottet worden wäre, sondern weil sie von jemandem, dem sie vertraute, sanft angestupst worden war. Vertrauen. Das ist das wichtigste Wort. Jeder Versuch, einen Sammler zu manipulieren oder zu überreden, ohne vorher Vertrauen aufzubauen, ist zwecklos. Sammler sind Menschen, die Sicherheit und Geborgenheit sehr schätzen. Und sie sind zäh. Vergiss nicht, dass ihr Hauptelement die Erde ist. Du wirst sie nicht bewegen können, wenn sie sich nicht selbst bewegen wollen.

Sobald du akzeptierst, dass Sammler in einer Blase leben, wird dir klar, dass ihre Welt wie eine Blase nur von innen heraus erweitert werden kann. Um das Unbekannte zu begreifen, müssen sie in der Lage sein, dies zu tun, während sie sich an etwas oder jemandem festhalten, den sie kennen. Wenn du zu sehr drängst, zerplatzt die Blase. Aber wenn man es richtig macht, gibt es keine Grenzen dafür, wie weit die Blase eines Sammlers sich ausdehnen und wie weit ihr Einfluss reichen kann. Es ist keine Überraschung, dass Sammler einen großen Teil der Organisationen auf der Welt leiten, egal, ob es sich um Staatsoberhäupter oder Leiter des Elternausschusses handelt. Sie sind die wahren »Sammler« der globalen Gemeinschaft. Der Planet Erde ist ja schließlich eine Art Blase.

Vier Fragen für Sammler

1. Wie sehe ich mich selbst?
2. Wie sehe ich die Welt?
3. Wie interagiere ich mit der Welt?
4. Was ist mein Makel?

Merke dir diese Fragen, denn die Art und Weise, wie ein Sammler sie beantwortet, legt eine der vier Rollen fest, die seinen Charakter ausmachen. Am Ende des Kapitels auf Seite 64 findest du Abbildung 3.1, ein praktisches kleines Diagramm, das dir zeigt, wie jede Rolle die einzelnen Fragen beantwortet; aber aufmerksame Leser können das wahrscheinlich selbst herausfinden. In dieser Art sind auch die anderen Kapitel aufgebaut.

Irgendwo da draußen liest ein Sammler dies und denkt: »So ist es richtig. Unser Kapitel setzt die Maßstäbe dafür, wie die anderen Rudel erklärt werden. Wir sind die Besten.« Und ich hoffe natürlich, dass mehr als ein Sammler dieses Buch liest, um meine Verkaufszahlen zu steigern. Es stimmt schon, die Kapitel über Jäger, Schamanen und Schmiede folgen so ziemlich der gleichen Formel wie dieses Kapitel, was toll ist, weil ich es wirklich hasse, immer wieder das Gleiche zu erklären. Seien wir ehrlich, ich schweife schon genug ab; wenn dann noch Redundanz hinzukommt, wird die Seitenzahl dieses Buches der von *Krieg und Frieden* Konkurrenz machen.

Ein besonderer Hinweis an dieser Stelle für dich: Wenn du die Profile der Tiertypen durchgehst, geh ja nicht davon aus, dass die vier Rollen der Reihenfolge der obigen Fragen entsprechen. Ein vernünftiger Mensch könnte jetzt sagen: »Wäre das nicht sehr sinnvoll, wenn man das so strukturieren würde?« Und er hat in der Tat recht. Es ist ein bisschen gewöhnungsbedürftig. Aber glaub mir, so fließt es wirklich besser.

Der Hirsch

Kraftvoll und doch diszipliniert; aggressiv und doch respektvoll gegenüber bestehenden Autoritäten. Hirsche sind so einflussreich und wichtig für den Aufbau unserer Gesellschaft, dass sie oft als der Inbegriff des Sammlers angesehen werden. Mehr als alle ihre Sammler-Geschwister verkörpern die Hirsche die Idee von Gemeinschaft, Teamarbeit und Ordnung. Sie beaufsichtigen in einem höheren Maße als die kontrollierenden Biber und sehen es als ihre Aufgabe an, dafür zu sorgen, dass jeder Einzelne an einem Strang zieht, um ein gemeinsames Ziel zu erreichen, von dem die Gesellschaft praktisch profitiert.

Die Autoritätsperson

Ähnlich wie die Biber stellen die Hirsche das pflichtbewusste Erfüllen von Aufgaben über familiäre Bindungen. Es ist nicht so, dass ihnen die Familie egal wäre. Ihre Rolle als Elternteil und die daraus resultierende Verantwortung, ihrem Kind einen angemessenen Respekt vor der Autorität zu vermitteln, stehen jedoch über ihren Gefühlen als Elternteil. Dank dieser Fähigkeit, objektiv zu bleiben, können Hirsche fundierte, unparteiische Entscheidungen treffen. Im Gegensatz zu Bibern, die ihre Objektivität am besten in Positionen der Beurteilung und Kontrolle einsetzen, sind Hirsche häufig in Aufsichtsfunktionen zu finden, wo ihre unpersönlichen Entscheidungs- und Führungsfähigkeiten in Kombination den Erfolg der Gruppe garantieren. Individuelle Launen werden von Hirschen oft ignoriert – sogar ihre eigenen.

Während für die Biber Regeln an erster Stelle stehen, halten sich die Hirsche an die Befehlskette. Eine klare Autoritätslinie, die auf Qualifikation und Erfahrung beruht, ist ihnen wichtig. Es ist beruhigend für sie zu wissen, dass die Person, der sie folgen, durch harte Arbeit und Erfahrung bereits den Gipfel erreicht hat und dass die Männer und Frauen, die ihrer Führung folgen, genauso denken wie sie. Das kann von anderen Typen als blinder Gehorsam missverstanden werden, und Hirsche werden häufig beschuldigt, nicht selbst zu denken. Bei unreifen Hirschen mag das stimmen, aber das gilt nicht für reife Hirsche, deren Fähigkeit, zu denken und die Folgen ihrer Entscheidungen abzuwägen, allen anderen Typen überlegen ist. Hirsche, die ihre Blase effektiv erweitert haben (du hast diesen Abschnitt nicht umsonst gelesen), wissen den Wert einer kritischen Prüfung zu schätzen, aber sie wissen auch, dass es für alles eine Zeit und einen Ort gibt (sich mit seinem Vorgesetzten in der Hitze des Gefechts zu streiten, ist für niemanden von Vorteil). Und das ständige Infragestellen von Autoritäten, selbst auf einer Schmied-Basis, kann nur dazu führen, dass die Struktur, auf der die Autorität beruht, schließlich umgestürzt wird. Wenn die Wahl zwischen Konformität und Chaos besteht – also, für den Hirschen ist das überhaupt keine Wahl.

Der Zuordnende

Für Hirsche ist Ordnung das A und O. Wie Biber, die dafür sorgen, dass alles an seinem Platz ist, streben Hirsche eine Welt mit klar abgegrenzten Nischen und Zuordnungen an, und sie sorgen dafür, dass diese Zuordnungen von allen akzeptiert werden. Wenn der Biber der Amboss ist, die Stütze, auf die sich die Gesetze der Gesellschaft stützen, dann ist der Hirsch der mächtige Hammer, der fällt, wenn diese Gesetze nicht befolgt werden. Hirsche haben keine Angst vor Konfrontationen. Sie sind sogar stolz darauf, dass sie ihre Meinung über Recht und Unrecht selbstbewusst und geradlinig vertreten. Dieses Verhalten ist jedoch nicht zu verwechseln mit dem der dominanten Killerwale, die manchmal die Bedürfnisse anderer vergessen. Hirsche, die Leuchttürme der Gemeinschaft, sind sich immer der Bedürfnisse ihrer Gruppenmitglieder bewusst, sodass jede Kritik, die sie äußern, ihrer Meinung nach langfristig für das Team von Vorteil ist. Sie sind der rigorose Drill-Sergeant, der schreiende Fußballtrainer oder der strenge Chef.

Wenn es um ihre Rolle in einer Organisation geht, sehen sich Hirsche nicht als Spezialisten, sondern eher als große Menschenkenner. Im Gegensatz zu ihren Verwaltungskollegen, den Killerwalen, legen Hirsche bei der Rekrutierung mehr Wert auf Eigenschaften wie Loyalität, Praxisnähe und Vertrauenswürdigkeit als auf Wissen oder Fähigkeiten. Für Hirsche ist Praktikabilität gleichbedeutend mit Intelligenz, und obwohl sie – wenn auch zähneknirschend – die Vorzüge von Spekulationen und Experimenten anerkennen, fällt es Hirschen schwer, etwas zu vertrauen, das nicht bereits bewiesen und als Wahrheit anerkannt ist.

Der unflexible Bürokrat

Der Lebenszweck eines Hirsches ist es, die praktischste Methode zu finden, um eine bestimmte Erfolgsstufe zu erreichen, und dann sich selbst, seine Familie und die anderen Mitglieder seiner Organisation an diesen Leistungsstandard zu binden. Leider kann dies zu sehr vielen Konflikten führen, wenn er nicht erkennt, dass jeder Mensch anders tickt. Hirsche folgen zu oft einem virtuellen Handbuch, wie man sich richtig verhält, mit spezifischen Regeln für bestimmte Situationen. Im schlimmsten Fall gehen Hirsche aggressiv mit denjenigen um, die ihre Autorität oder die Autorität des Systems, an das sie sich halten, infrage stellen. In solchen Fällen ist es nicht ungewöhnlich, dass sie als anmaßend, begriffsstutzig und extrem engstirnig wahrgenommen werden, da sie nicht bereit sind, eine Situation aus einer anderen als ihrer »richtigen« Perspektive zu betrachten.

Ihre Hingabe an die Befehlskette und ihre Vorliebe für das Delegieren können dazu führen, dass sie einen Ausschuss nach dem anderen bilden und so eine behäbige Bürokratie schaffen, die ebenso schwerfällig ist, wie sie den Fortschritt stagnieren lässt. Zu unserem Glück kann die gleiche reflexartige Reaktion auf etablierte Tugenden, die Hirsche in die oben genannten Probleme führt, sie auch wieder herausführen, da es in der Regel nur einer Intervention einer Person bedarf, die sie respektieren (mit Worten, die jeder Hirsch mindestens zweimal in seinem Leben gesagt hat), um die Dinge in Ordnung zu bringen.

Der geborene Anführer

Im Gegensatz zum Elefanten, dem anderen Teambuilding-Typ unter den Sammlern, geht es dem Hirschen weniger darum, seine Organisation in eine große, glückliche Familie zu verwandeln, sondern vielmehr darum, sie auf erreichbare Ziele auszurichten – zum Beispiel auf SMART-Ziele (specific = spezifisch, measurable = messbar, achievable = erreichbar, relevant = relevant, time-based = zeitgebunden), die Hirsche gerne als Evangelium predigen. Um das zu erreichen, sorgen Hirsche dafür, dass jedes Teammitglied die ihm zugewiesenen Aufgaben erfüllt. Hirsche sind praktisch veranlagt und bevorzugen es, wenn die Pläne anwendbar sind und auf konkrete Fragen eingehen: Welchen Nutzen hat eine bestimmte Vorgehensweise? Ist das Ziel realisierbar? Welche Schritte sind nötig, um das Ziel zu erreichen?

Die realitätsnahen Hirsche konzentrieren sich auf unmittelbare, greifbare Ergebnisse und nicht auf weit entfernte, prognostizierte Resultate. Sie sind die Geschäftsführer eines Sportvereins, die bei Transferschluss junge Talente gegen alte Hasen austauschen. Sie sind immer auf Sieg eingestellt. Das bedeutet keineswegs, dass sich Hirsche keine langfristigen Ziele setzen. Sie müssen nur ständig Fortschritte sehen, sonst beginnen sie an der Wirksamkeit ihres Plans zu zweifeln. Aufgrund ihrer harten Arbeit, ihres sozialen Bewusstseins und ihrer Loyalität sind Hirsche oft hochrangige Persönlichkeiten, die ihre jeweilige Karriereleiter mit relativer Leichtigkeit erklommen haben. Dennoch ist es nicht ihr Fleiß, sondern ihre teamorientierte Mentalität, die den Respekt und die Bewunderung ihrer Anhänger ausmacht. Die Menschen, die unter ihrer Führung stehen, können sich immer sicher sein, dass das Schiff von einem soliden, geradlinigen Kapitän gesteuert wird, dem ihre Interessen sehr am Herzen liegen.

Der Biber

Die unkomplizierten und fleißigen Biber sind das stille Rückgrat der meisten, wenn nicht sogar aller Institutionen. Wie ihre Sammler-Geschwister, die aufsichtsführenden Hirsche, stellen Biber die Pflicht über alles, sei es in ihrer Rolle als Eltern, Chef, Angestellte, Kassenwart der Schülervertretung oder in jeder anderen Position, die auch nur ein Minimum an Verantwortung beinhaltet. Im Gegensatz zu den Hirschen, die es sich zur Aufgabe machen, die Gruppe zu einem gemeinsamen Ziel zu führen, übernehmen die Biber die Rolle des Generalinspektors, der die Regeln und Vorschriften überwacht, auf denen die Gesellschaft aufgebaut ist.

Der unparteiische Kritiker

Wenn es um praktische Details geht, gibt es keinen Typ, der die Dinge besser im Griff hat als die akribischen Biber. Im Gegensatz zu den strategischen Spinnen, deren Detailkenntnis sich meist auf abstrakte Konzepte bezieht, die ihre langfristigen Pläne untermauern, konzentrieren sich Biber lieber auf die konkreten Einzelheiten der Gegenwart. Keine Kleinigkeit ist ihnen zu trivial, um sie zu überprüfen. Für einen Biber sind es genau diese Details, die andere Typen – vor allem Schamanen und Schmiede – oft außer Acht lassen, die notwendig sind, um die Gesellschaft intakt zu halten. Wenn es zum Beispiel um die Fehlersuche geht, neigt ein Schimpanse mit seiner Neugier dazu, jeden interessanten Aspekt einer Maschine zu untersuchen. Ein Biber hingegen findet in Sekundenschnelle heraus, dass nur der Netzstecker herausgezogen ist. Diese Methode ist vielleicht nicht aufregend, aber Bibern ist das egal. Sie wollen nur, dass alles funktioniert.

Diese nüchterne Herangehensweise ist neben ihrer bescheidenen Skepsis (ein Biber bezeichnet hochtrabende Zukunftsvorstellungen in der Regel als unrealistische Hybris) der Hauptgrund, warum Biber gute Richter und Schiedsrichter sind. Niemand steht über den Regeln, nicht einmal sie selbst, und ihr Beharren darauf, sich an die Fakten des Falls, des Wettbewerbs oder des Wettkampfs zu halten, ohne überflüssigen Kontext hinzuzufügen, stellt sicher, dass die Ergebnisse so fair wie möglich sind – denn Biber stellen ihre persönlichen Überzeugungen hinten an.

Als Kritiker sind sie einfühlsam und unvoreingenommen, weisen auf konkrete Bedenken hin und nehmen kein Blatt vor den Mund, wenn sie Menschen kritisieren, mit denen sie eine enge persönliche oder soziale Verbindung haben. Aus diesem Grund werden Biber von anderen manchmal als unnachgiebig oder gefühllos wahrgenommen, besonders im Vergleich zu ihren mitfühlenderen Sammler-Geschwistern, den Elefanten und Bären. Das entspricht jedoch bei Weitem nicht der Wahrheit. Das Festhalten der Biber an den Regeln spiegelt eigentlich nur ihre Sorge um das Wohlergehen der gesamten Gesellschaft wider, was natürlich enorm mitfühlend ist.

Das Arbeitstier

Fleiß ist ganz einfach zu definieren. Das Wörterbuch Merriam-Webster beschreibt Fleiß als »ständig, regelmäßig oder gewohnheitsmäßig aktiv oder beschäftigt sein«. Wenn es nun aber einen Wettbewerb zwischen den Tierarten gäbe, wer am fleißigsten ist, wer würde gewinnen? Die karrierebewussten Killerwale und Spinnen sind unermüdliche Lernende, so wie die Haie und Schmetterlinge endlos üben, um ihr Handwerk zu perfektionieren. Und wir dürfen die Hirsche, Elefanten und Bären nicht vergessen, die alle die Sammler-Eigenschaften der Beständigkeit und der Gewissenhaftigkeit besitzen. Dennoch sind es die Biber, die den Titel des fleißigsten Typs für sich beanspruchen können. Egal, ob sie etwas im Haus reparieren, sich an untergeordneten und mühsamen Aufgaben beteiligen oder die strukturelle Integrität eines geplanten Autobahnprojekts überprüfen – Biber sind unvergleichlich entschlossen, ihre Aufgabe zu Ende zu bringen.

Ihre Willenskraft ist unübertroffen; sich vor der Verantwortung zu drücken, egal, wie beängstigend oder unrühmlich sie ist, bedeutet für sie absolutes Versagen. Biber verspüren einen fast nagenden Drang, immer produktiv zu sein. Dreckige Arbeit ist für sie wie Katzenminze – entschuldige bitte die vermischten Tiermetaphern (obwohl ich weiß, dass es eigentlich ein Gleichnis ist). Wundere dich nicht, wenn du einen Biber siehst, der den Müll rausbringt oder das Geschirr spült. Bären tun das vielleicht auch, aber ihre Motivation ist eher die Loyalität zu ihren Freunden als die Verpflichtung zu helfen. Biber sind normalerweise die Ersten, die Hilfe anbieten, und die Letzten, die darum bitten. Sie hassen es, jemandem zur Last zu fallen; und die Vorstellung, ihre eigene Last nicht tragen zu können, macht ihnen Angst. Da sie einen Großteil ihrer Arbeit außerhalb des Rampenlichts verrichten, werden Biber oft als selbstverständlich angesehen. Anerkennung brauchen sie nicht unbedingt, aber wenn man ihnen Wertschätzung entgegenbringt, macht das einen Biber sehr glücklich. Versuche nur nicht, die Arbeit für sie zu erledigen. Das wäre eine Beleidigung.

Der sich Sorgen machende Grübler

Von Natur aus vorsichtig, sind Biber wie das fleischgewordene Motto der Pfadfinder: »Sei vorbereitet!« Das sind die Biber im Grunde an jedem Tag ihres Lebens. Sie sind defensiv eingestellt und immer bereit für alles, was das Leben mit sich bringt. Deshalb ist es nicht ungewöhnlich, dass sie sich Sorgen über mögliche Entwicklungen machen, die wahrscheinlich niemals eintreten werden. Wenn es eine 99-prozentige Chance auf ein positives Ergebnis gibt, dann wird sich der Biber über das eine Prozent Gedanken machen. Und leider ist es egal, wie das

Ergebnis ausfällt, es ist die perfekte Voraussetzung für einen Bestätigungsfehler. Wenn das negative Szenario mit einer Wahrscheinlichkeit von 1:100 eintritt, wird der Biber verkünden, dass er es ja gesagt hat. Wenn das positive Szenario eintritt, wird der Biber diese glückliche Entwicklung darauf zurückführen, dass er sich über die negative Möglichkeit Gedanken gemacht hat. So oder so, es bestärkt ihn in der Annahme, dass seine unnötige Aufregung tatsächlich notwendig ist.

In vielen Zusammenhängen ist diese reflexartige Vorsicht für Biber von Vorteil. Sie sind hervorragende Buchhalter und Bauingenieure, und wenn es darum geht, Brücken zu bauen, ist mir jemand ganz lieb, der sich andauernd Gedanken darüber macht, wie man sie vor dem Einstürzen bewahren kann. Trotzdem kann das Zögern eines Bibers, Risiken einzugehen, frustrierend engstirnig sein und den Fortschritt in jedem Bereich behindern. Schlimmstenfalls führt es dazu, dass ein Status quo beibehalten wird, der der Gesellschaft auf lange und auch auf kurzfristige Sicht schaden kann.

Der geduldige Erbauer

Reife Biber lernen, ihre Vorsicht und Risikoscheu in eine disziplinierte Geduld zu verwandeln. Sie überstürzen nichts. Sie erliegen nie der Versuchung einer leichten Belohnung. Auf den ersten Blick ähneln sie damit den Bären, ihren Sammler-Geschwistern. Aber im Gegensatz zu den Bären, die aufgrund ihrer Beschützerqualitäten beim Investieren von Geld oder beim Entwickeln von Projekten eher ängstlich sind, können Biber sehr gut darin werden, kalkulierte Risiken einzugehen. Natürlich nehmen sich Biber vorab die Zeit und machen sich die Mühe, alle Instruktionen zu lesen, alle notwendigen Vorsichtsmaßnahmen zu treffen und alle relevanten Informationen zu recherchieren. Es wird oft angenommen, dass technische Berufe nur von den Schmieden ausgeübt werden. Das mag zwar in der Informatik stimmen, wo es um abstraktes Design geht, aber Bauingenieurwesen ist etwas ganz anderes. Vergessen wir nicht, dass echte Biber für den Bau von Dämmen bekannt sind.

Präzision, Kostenanalyse und Risikobewertung – Fähigkeiten, die sich auch auf den Finanzsektor übertragen lassen – sind notwendig, wenn man die massiven Bauwerke bauen will, die als Fundament für große und kleine Städte dienen.

Doch wie vieles, was die Biber tun, werden auch diese logistischen Arbeiten von auffälligeren Erfolgen in den Hintergrund gedrängt. Überleg mal, wann hat sich das letzte Mal jemand über ein neues Abwassersystem gefreut? Oder über die Reparatur von Schlaglöchern? Das ist wirklich schade. Wenn du das nächste Mal das Wunder der Golden Gate Bridge bewunderst, dann erinnere dich an die Strecke des kalifornischen Highways, auf der du dorthin gefahren bist, und daran, dass es wahrscheinlich ein Biber war, der sie gebaut hat.

Der Elefant

Der Elefant, der mit dem Pfau um den Titel des kontaktfreudigsten Typs konkurriert, ist bekannt für seine Herzlichkeit, Gesprächigkeit und Großzügigkeit. Im Gegensatz zu den Pfauen, die fast schon unverschämt sozial aggressiv sind, strahlen Elefanten eine unbeschwerte Freundlichkeit aus, die es ihren Mitmenschen ermöglicht, sich wohlzufühlen. Im Großen und Ganzen trägt die kollektive Arbeit der Elefanten dazu bei, die sozialen Strukturen zu schaffen und zu erhalten, auf denen unsere Zivilisationen basieren.

Das Familienoberhaupt

Elefanten sind von Natur aus Hüter und haben viele Eigenschaften mit den anderen Herdentypen, den Hirschen und Delfinen, gemeinsam. Im Gegensatz zu ihren Sammler-Geschwistern, den autoritären, beinahe herrischen Hirschen, neigen Elefanten dazu, ihre Gefährten mit einer leichteren Hand zu hüten, sodass man sie leicht mit den sensiblen, schamanischen Delfinen verwechseln kann. Doch während Delfine Selbstbestimmung und Individualität betonen, legen Elefanten Wert auf Mitgefühl und Zusammengehörigkeit und versuchen vor allem, für jeden Menschen, mit dem sie in Kontakt kommen, ein familiäres Umfeld zu schaffen. Man kann gar nicht oft genug betonen, wie wichtig die Familie für Elefanten ist, egal, ob es sich dabei um ihren Ehepartner und ihre Kinder, ihre Großfamilie, ihren engen Freundeskreis oder die vielen Haustiere handelt, die sie wahrscheinlich im Haus haben. Genauso wie die Gesellschaft auf sie angewiesen ist, um soziale Stabilität zu gewährleisten, sind Elefanten auf ein starkes familiäres Unterstützungssystem angewiesen, an das sie sich in Zeiten der Not wenden können.

Dabei sollte man nicht vergessen, dass Elefanten Sammler sind: Sicherheit steht an erster Stelle, und der größte Vorteil der Sicherheit ist ein angenehmes Leben. Aus diesem Grund sind abstrakte Überlegungen für sie eher uninteressant. Das heißt nicht, dass sie nicht in der Lage sind, über sich selbst zu reflektieren, sondern nur, dass sie ihre Zeit als kostbar empfinden und sich lieber auf der Terrasse entspannen und mit ihren Enkelkindern spielen, als die Hinterhöfe ihres Unterbewusstseins zu durchforsten. Für einen Elefanten ist ein Leben in Abgeschiedenheit wie Nachsitzen: Er leidet unter der Einsamkeit, während seine Freunde draußen spielen dürfen. Aus der Sicht eines Elefanten ist es sinnlos, die Welt – oder sogar sich selbst – besser zu verstehen, wenn man nicht die Zeit hat, dies mit anderen zu teilen.

Der Optimist

Elefanten sehen nur das Beste im Menschen. Da sie ihren Sammler-Wurzeln treu bleiben, gründet sich dieser Optimismus auf ihren Glauben an die Unantastbarkeit der Gemeinschaft. Sie sind sich der Tatsache, dass es Negativität gibt, durchaus bewusst. Sie entscheiden sich allerdings einfach dafür, ihr Leben auf eine positive Art und Weise zu leben, weil sie glauben, dass Positivität weitere Positivität hervorbringt und dass jeder gute Wille, den sie in die Welt setzen, zehnfach zurückkommt. Beleidigungen und Kränkungen gleiten an ihnen ab wie Wasser an einem Entenrücken (wann habe ich bloß angefangen, volkstümliche Redewendungen zu benutzen?). Elefanten sind in der Regel die Ersten, die soziale Kontakte knüpfen, doch im Gegensatz zu den unbekümmerten Pfauen und Füchsen und den geschäftstüchtigen Killerwalen tun sie das auf höfliche, unprätentiöse Weise und machen aus Fremden innerhalb weniger Minuten Bekannte und aus Bekannten Freunde.

Wenn sie erst einmal Freundschaften geschlossen haben, halten diese Verbindungen in der Regel an, denn sie werden durch die kleinen Albernheiten der Elefanten, ihre gutmütigen Neckereien und ihre Angewohnheit zu lachen gestärkt. Ablehnung schreckt sie nicht ab – sie sind soziale »Juggernauts« (eine kindische Anspielung auf die *X-Men*-Serie, die ich mir nicht entgehen lassen wollte und die ich mir deshalb auf YouTube noch einmal angeschaut habe) – und sie sind unermüdlich, wenn es darum geht, neue Leute in eine bestehende Gruppe zu integrieren. Egal, ob es sich um das Kind handelt, das beim Mittagessen allein sitzt, oder um den Kollegen, der sich in einem Eckbüro versteckt – die Elefanten machen es sich zur Aufgabe, dafür zu sorgen, dass sich jeder Einzelne als Teil des Teams fühlt. Ihr Erzfeind ist die Einsamkeit, ein Schurke, den sie am liebsten von der Erde tilgen würden.

Der Einmischer

Die Kehrseite der sozialen Aktivitäten der Elefanten ist, dass sie oft als Einmischer angesehen werden. Denn sie mischen sich ständig in die Angelegenheiten anderer Leute ein und üben einen enormen Druck auf Menschen aus, die nicht auf dem richtigen gesellschaftlichen Weg sind. Elefanten sind beliebt, und sie wollen, dass auch du beliebt bist. Es kommt ihnen nie in den Sinn, dass das, was sie glücklich macht, ihr Traum von idyllischer sozialer Glückseligkeit, auf der Prioritätenliste anderer Typen nicht besonders weit oben steht (die zurückgezogenen Eulen und berechnenden Spinnen sind von den Elefanten besonders genervt). Was ist, wenn John von der Personalabteilung wirklich nur in Ruhe gelassen werden will? Vielleicht will Cousine Margaret nicht an jedem Erntedankfest an ihr Singledasein erinnert werden oder mit irgendeinem Typen verkuppelt werden, den der Elefant in der Weinabteilung seines Supermarktes getroffen hat.

Elefanten sind die Typen, die am besten über alles und jeden Bescheid wissen. Man findet sie in den meisten Fällen an der Spitze verschiedener gesellschaftlicher Institutionen wie Kirchengruppen, Elternbeiräten, sozialen Klubs, Ehemaligentreffen und so weiter. Obwohl sie wirklich sehr kontaktfreudig sind und gerne Partys organisieren, sind Elefanten an sich keine echten Partygänger. Für sie sind Partys eine Erweiterung der Gemeinschaft und sie kümmern sich eher um die Organisation einer Babyparty oder die Planung eines tollen Spieleabends, als dass sie sich selbst beim Kartenspielen zum Zocken hinsetzen – obwohl Elefanten von allen Sammlern die mit Abstand abenteuerlustigsten sind. Sie lieben es wirklich sehr, neue Dinge auszuprobieren und an neue Orte zu reisen, solange die Neuartigkeit der Erfahrung durch die Gesellschaft bekannter, vertrauter Gesichter gestützt wird.

Der Gastgeber

Der Humor eines Elefanten basiert im Allgemeinen auf einer großen Sammlung alberner Sprüche, gepaart mit einem verspielten, übersprudelnden und sympathischen Auftreten. Dieses einnehmende Verhalten kommt Elefanten am Arbeitsplatz zugute, wo sie am besten in Bereichen arbeiten, die ihnen viele Möglichkeiten bieten, sich mit ihren Kolleg*innen zu verbinden. Daher sind Elefanten häufig in Führungspositionen im Gesundheits- und Bildungswesen und im gemeinnützigen Sektor tätig. Weil sie so sehr auf das Wohl anderer bedacht sind, sind Elefanten die besten Gastgeber; sie scheinen immer zu wissen, was ihre Gäste gerade brauchen.

Die gleiche Einmischerei, die andere in einem anderen Zusammenhang stören würde, ist für einen Gastgeber fast schon notwendig. Wie sonst können Elefanten schüchterne Gäste aus der Reserve locken und sicherstellen, dass bescheidene Besucher die Großzügigkeit der Elefanten voll ausschöpfen? Leider übertreiben es Elefanten gelegentlich mit der freundlichen Gastgeberrolle. Wenn das passiert, kann man ihnen vorwerfen, dass sie erdrückend wirken oder übermäßig nett und unkritisch sind, was so weit gehen kann, dass sie als schwach wahrgenommen werden. Reife Elefanten erkennen jedoch, dass nicht jeder ihr Freund sein kann oder sollte. Und sie verstehen auch, dass es manchmal die beste Art der Liebe ist, das Bedürfnis eines geliebten Menschen nach Privatsphäre und persönlichem Freiraum zu respektieren.

Der Bär

Dem äußeren Anschein nach haben die ruhigen, schüchternen Bären sehr große Ähnlichkeit mit den sanften Schmetterlingen. Doch während die »Niemals-Nein-Sagen«-Mentalität der Schmetterlinge von ihrer unbekümmerten Art herrührt, ist die Vorliebe der Bären, mit dem Strom zu schwimmen, auf die Loyalität zu den Menschen zurückzuführen, die ihnen am nächsten stehen. Sie strahlen Freundlichkeit aus, dennoch sollte man sich nicht täuschen lassen: Bären haben ein starkes Rückgrat, das sie immer dann zeigen, wenn man ihre Lieben bedroht.

Der Beschützer

Wie ihre Sammler-Geschwister, die Elefanten, stehen auch für Bären Familie und Freunde an erster Stelle. Im Gegensatz zu den Elefanten, die sich darauf konzentrieren, einen angenehmen Raum zu schaffen, in dem sich alle wohlfühlen können, versuchen Bären, den Schutz und die Sicherheit der wenigen Glücklichen zu gewährleisten, die in ihren inneren Kreis aufgenommen wurden. Bären sind unerschütterliche Verteidiger; wenn sie erst einmal Vertrauen gefasst haben, ist ihre Loyalität gegenüber denen, die sie lieben und denen sie dienen, so fest wie der Felsen von Gibraltar.

Sie werden gemeinhin als freundlich beschrieben, und obwohl das sehr zutreffend ist, sollte man sich von dieser Beschreibung nicht zu der Annahme verleiten lassen, dass Bären Schwächlinge sind. Sie können eine enorme Kraft entfalten, wenn sie sich für andere einsetzen. Und wenn Bären in ihrem Beschützerinstinkt unnötig in die Extreme gehen, kann ihr Verhalten an Bösartigkeit grenzen. Glücklicherweise sind solche Momente nicht nur selten, sondern auch flüchtig, denn Bären kehren schnell wieder zu ihrer gewohnten sanften Art zurück und plagen sich oft mit Schuldgefühlen, weil sie die Grenze überschritten haben.

Der bescheidene Diener

In sozialen Situationen sind die bescheidenen Bären immer darauf bedacht, sich nicht zu wichtig zu nehmen. Von Natur aus sind Bären ruhig und sie teilen die gemeinschaftsorientierten Züge ihrer Sammler-Geschwister. Bären sind relativ gesellig und genießen das Zusammensein mit anderen, solange die Interaktion harmonisch und friedlich ist. In Umgebungen, in denen sich Bären sicher und geliebt fühlen, ist es nicht ungewöhnlich, dass die normalerweise zurückhaltenden Bären recht gesprächig werden und ihre Meinung auf die netteste und am wenigsten bedrohliche Art und Weise äußern – es sei denn, sie setzen sich für jemand anderen ein.

Das ist ein typischer Charakterzug von Bären: unerschütterliche Entschlossenheit, wenn es um die Verteidigung anderer geht, und äußerste Bescheidenheit, wenn es um sie selbst geht. In Konfliktsituationen halten sie lieber die andere

Wange hin, als sich mit ihren Gegnern anzulegen. Bären sind die am wenigsten aggressiven Typen und betrachten Aggression mit einer fast greifbaren Verachtung. Sie wissen genau, welche Zerstörung sie anrichten kann, und versuchen, auch die kleinste Andeutung von Feindseligkeit in sich zu unterdrücken. Für einen Bären ist Macht nicht etwas, das man anstreben sollte, sondern etwas, das man fürchten sollte, vor allem, wenn man bedenkt, dass sie missbraucht werden kann.

Der Gefangene seiner Bedürfnisse

Bären können eine beträchtliche Menge körperlicher Schmerzen aushalten und tragen freiwillig die Last des Leidens für andere, wenn es sein muss. Diese Leidensbereitschaft erstreckt sich auch auf emotionalen Schmerz, was oft ein Problem darstellt, wenn ein Bär in einer ungesunden Beziehung lebt. Egal, ob es sich um ein romantisches Paar, eine platonische Freundschaft oder eine berufliche Partnerschaft handelt – Bären geben alles. Ähnlich wie ihre Sammler-Geschwister vertrauen Bären auf ein festes Wertesystem. Anders als die pflichtbewussten Hirsche und Biber sind Bären jedoch bereit, ihr Glaubenssystem aufzugeben, wenn es darum geht, den Menschen zu helfen, die ihnen am nächsten stehen.

Als Liebende kann es vorkommen, dass Bären sich ständig ihrem Partner unterordnen und einen Großteil ihrer Macht in der Beziehung aufgeben. Die Entscheidungen ihres Partners werden zu ihren Entscheidungen. Die Vorlieben und Abneigungen des Partners werden zu ihren Vorlieben und Abneigungen. Unweigerlich beginnen die Bären dabei, Aspekte ihrer eigenen Identität zu verlieren. Die Entschlossenheit, die ihnen so wichtig ist, wenn es darum geht, einen geliebten Menschen zu verteidigen, hilft ihnen wenig, wenn sie mit diesem geliebten Menschen in Konflikt geraten. Und die Wachsamkeit, die Bären zu so treuen Beschützern macht, kann sich in Paranoia und Unsicherheit verwandeln. Das Bedürfnis nach Nähe ist so stark, dass sie den Gedanken, allein zu sein, gar nicht erst zulassen, selbst wenn die Beziehung ihrem körperlichen und emotionalen Wohlbefinden schadet. Reife Bären finden jedoch den Mut und die Kraft, sich zu lösen und sich auf die starke Unterstützung von Familie und Freunden zu verlassen – eine angemessene Gegenleistung für die Loyalität und Hingabe eines Bären.

Der Kümmerer

Aufgrund ihres Bedürfnisses nach Geborgenheit können Bären ziemlich berechenbar sein und festen Routinen folgen, die sie kennen und denen sie vertrauen. Das heißt aber nicht, dass sie nicht gerne neue Dinge erleben. Es ist nur so, dass Bären keine Lust haben, neue Dinge auszuprobieren, vor allem wenn sie mit einem gewissen Risiko verbunden sind. Diese Beständigkeit ist unerschütterlich, selbst in den schwierigsten Zeiten. Wenn Hollywood früher einen Casting-Aufruf für den »starken, schweigsamen Typ« veröffentlichte (ich bin mir ziemlich sicher, dass das ein Relikt der Vergangenheit ist), hatten sie Bären im Sinn.

Bären sind mitfühlend, hingebungsvoll und verstellen sich nicht. Allein der Gedanke an Selbstdarstellung ekelt sie an. Aufgrund dieser Eigenschaften sind Bären perfekt, wenn es darum geht, sich um das Wohlergehen anderer zu kümmern – zum Beispiel als Ärzte und Ärztinnen, Krankenschwestern und -pfleger und andere Fachkräfte des Gesundheitswesens. Da sie ein Faible für die Schwachen, Hilflosen und Gemobbten haben, ist es nicht ungewöhnlich, dass Bären sich ehrenamtlich bei Hilfsorganisationen und Wohltätigkeitsvereinen engagieren oder als Suchtberater und Sonderschullehrer arbeiten. Bären fühlen sich gerne sicher und setzen 100 Prozent ihrer Energie dafür ein, dass andere sich auch so fühlen können.

	Wie sehe ich mich selbst? Als …	**Wie sehe ich die Welt?** Als …	**Wie interagiere ich mit der Welt?** Als …	**Was ist mein Makel?** Ich bin …
Hirsche	*Die Autoritätsperson*	*Der Zuordnende*	*Der geborene Anführer*	*Der unflexible Bürokrat*
Biber	*Das Arbeitstier*	*Der unparteiische Kritiker*	*Der geduldige Erbauer*	*Der sich Sorgen machende Grübler*
Elefanten	*Das Familienoberhaupt*	*Der Optimist*	*Der Gastgeber*	*Der Einmischer*
Bären	*Der Beschützer*	*Der bescheidene Diener*	*Der Kümmerer*	*Der Gefangene seiner Bedürfnisse*

Abbildung 3.1 Die Rollen der Sammler

KAPITEL 4
DIE JÄGER

»Wir reden übers Üben, Mann!«

Lange bevor ich ein Bildungsunternehmen besaß und anfing, mit Kindern zu arbeiten, war ich mal ein 16-jähriger Pfadfinder, der für die Leitung einer Gruppe von Neulingen verantwortlich war, die alle ein paar Jahre jünger waren als ich. Für diejenigen, die die amerikanischen Pfadfinder nicht kennen: Sie sind ein Zufluchtsort für naturverbundene Sammler. Patriotisch, regelbasiert (zwölf Gesetze, um genau zu sein) und auf der Grundlage von Kameradschaft und Verantwortung aufgebaut. Die Organisation ist eine Mischung aus Militärschule und Highschool, mit einem Hauch von Naturforschung und Naturschutz. Und obwohl die Pfadfinder eigentlich eine Regel gegen Schikanen (auch bekannt als körperliche Bestrafung) haben, hatte sich meine Truppe entschieden, diese zu ignorieren. Bei uns wurde Disziplin großgeschrieben, und als Strafe für jede Verfehlung gab es fünf Liegestütze – und die Jungs machten viele Liegestütze. Ein fehlendes Teil deiner Uniform? Ein Minuspunkt. Ein falsch gefaltetes Halstuch? Zwei Minuspunkte. Zu spät zu einem Treffen gekommen? Vier Minuspunkte. Und frag mich nicht, was passierte, wenn man ein Treffen versäumte, egal, ob mit oder ohne Entschuldigung. Trotz dieser etwas drakonischen Atmosphäre war dies jedoch ein Ort, an dem ich Jungen aller Persönlichkeitstypen habe wachsen und gedeihen sehen. Doch ohne Probleme verlief das nicht.

Meine Truppe war nicht nur bei den Sammlern beliebt, sondern auch bei den Jägern, die es toll fanden, im Wald rumzurennen, Feuer zu machen und ohne die

Einmischung ihrer Eltern Chaos zu stiften. Es machte ihnen so viel Spaß, dass die meisten Jäger die Regeln tolerierten. Einige akzeptierten sie als notwendiges Übel, als kleinen Preis für die Freiheit von der elterlichen Aufsicht. Andere erkannten die Vorteile. Sie wollten die Regeln nicht befolgen, sondern sie überwinden, und sie wussten, dass Disziplin und Selbstbeherrschung der beste Weg waren, um genau das zu lernen. Wie eben gesagt, tolerierten die meisten die Regeln. Es gab aber auch Ausnahmen, und einen dieser Jungs sollte ich ausbilden.

Der Junge war charismatisch, aber seinen Eltern gegenüber bockig. Es lag nicht daran, dass sie ihn aufgegeben hatten. Sie hatten es versucht. Aber sie hatten ihre ganze elterliche Energie bereits für seine beiden älteren Brüder aufgebraucht, die ich beide kannte. Diese Jungs waren ein paar Jahre älter als ich, ich war mit ihnen bei den Pfadfindern aufgewachsen. Alle drei Brüder waren Jäger, und ich vermute, dass auch beide Eltern es waren. Fünf Jägerinnen und Jäger unter einem Dach – das konnte nur jede Menge Chaos bedeuten. Vielleicht zu viel, um von zwei Jugendlichen zu erwarten, dass sie sich in eine starre disziplinarische Struktur einfügen. Die beiden älteren Jungs sträubten sich gegen die Regeln und verließen die Pfadfinder, ohne viel zu lernen. Es war kaum überraschend, dass sie Wege fanden, außerhalb des Schutzes der Truppe, die sie im Stich gelassen hatte, großen Ärger zu verursachen. Der jüngste der drei Brüder sollte die letzte Chance für meine Truppe sein, mit dieser Familie etwas richtig zu machen.

Damals lernte ich die Macht des Wortes kennen. Eines Wortes. Wir besprachen gerade, wie man Holz hackt, und der Junge (ich nenne ihn der Anonymität halber Dan) wurde von einem der älteren Jungen unterrichtet – oder besser gesagt, ignorierte Dan den anderen Jungen. Der ältere Junge sagte Dan immer wieder, dass er mit der Axt »vorsichtig« sein müsse. Er sagte so oft »sei vorsichtig«, dass ich anfing, mich darüber zu ärgern. Ich dachte mir: »Mann, wenn ich dieses Kind wäre und mir ständig diese Nörgelei anhören müsste, wäre ich auch stinkig.« In diesem Moment kam mir eine Erleuchtung. Dan war ein selbstbewusster Junge, und das Letzte, was er brauchte, war jemand, der versuchte, ihm Ängste einzureden. Ich sagte ihm: »Kumpel, konzentrier dich einfach und dann klappt's schon.« Und das war's. Er nahm die Axt, schwang sie wie ein Profi-Holzfäller und hackte schneller Holz als alle anderen Kinder. Ich konnte es nicht glauben. Es war, als ob ich einen Zauber ausgesprochen hätte. In meinem Kopf fragte ich mich: »Was für eine verrückte dunkle Magie war das?«

Mit nur einem Wort hatte sich seine Einstellung komplett geändert. Na ja, eigentlich waren es acht Worte, aber ich bin mir ziemlich sicher, dass das einzige Wort, auf das es ankam, »konzentrieren« war. Mir war das damals nicht klar, da meine Fähigkeiten in der Persönlichkeitsanalyse noch in den Kinderschuhen steckten, aber seine Reaktion passte sehr gut zu seinem Typ. Jäger suchen den Nervenkitzel und sind stolz auf ihre Fähigkeit, Risiken einzugehen. Je größer das Risiko, desto größer ist die Ungewissheit über den Erfolg; und dieses Gefühl der Ungewissheit, die Spannung, ist das, was das Feuer der Jäger anheizt.

Es ist nur natürlich, dass ein Sammler, wie der ältere Junge, zuerst auf Sicherheit pocht, weil das seine oberste Priorität ist. Aber indem er ihn ständig warnte, »vorsichtig zu sein«, nahm der Sammler Dan unbewusst seine größte Stärke: den Mut. Unbewusst sagte er Dan, dass das, was er war – ein risikofreudiger Jäger –, falsch war. Umgekehrt war die Aufforderung an Dan, sich zu »konzentrieren«, so, als würde man ihm sagen: »Hey, es ist nicht schlimm, wenn du Risiken eingehst. Pass nur auf, dass du dich dabei konzentrierst.« Das Lustige daran ist, dass »vorsichtig sein« und »sich konzentrieren« auf dasselbe abzielen. Wir wollten beide, dass Dan sich auf das fokussiert, was er tut. Aber wie du im Umgang mit den unterschiedlichsten Menschen feststellen wirst, kommt es nicht auf die Absicht an, sondern darauf, was der Empfänger hört.

Die Technik weiterentwickeln

Als 16-jähriger, der nicht über eine 20-jährige Erfahrung in der Persönlichkeitsanalyse verfügte, musste ich mich auf meine Intuition verlassen, und die sagte mir, dass Dan nur eine Gelegenheit brauchte, um zu brillieren. Sehr zum Entsetzen der älteren Leiter, sowohl der Erwachsenen als auch der anderen Pfadfinder, begann ich, ihm mehr Führungsaufgaben zu übertragen, und ermutigte ihn, seine Meinung zu sagen, wenn er mit einer Vorgehensweise nicht einverstanden war. Im Gegenzug wurde er viel aufgeschlossener für Anweisungen und begann zu begreifen, dass Disziplin kein Feind der Risikobereitschaft ist, sondern eine Garantie dafür, dass jedes Risiko nicht umsonst eingegangen wird.

Dies ist der Wachstumsbogen für den Jäger. Ich bezeichne ihn gerne als den Tom-Cruise-Bogen. Denk mal darüber nach. In fast jedem seiner Filme durchläuft Tom Cruise – ich meine natürlich seine Figur – ein ähnliches Entwicklungsmuster:

1. Er ist ein großspuriger, talentierter Risikoträger mit einem Hang zur Rücksichtslosigkeit.
2. Ständig ignoriert er die Warnungen vor seinen Charakterschwächen.
3. Eine Tragödie oder ein Misserfolg ereilt ihn.
4. Eine Phase der Verzweiflung demütigt ihn.
5. Mit der Hilfe eines unterstützenden Freundes oder einer Geliebten – fast immer ein*e Sammler*in – erlangt er seine Stärke wieder.
6. Er ist wieder zuversichtlich, aber jetzt offener dafür, aus seinen Fehlern zu lernen, und hat dank einer neuen Technik oder Taktik, die er dabei gelernt hat, dort Erfolg, wo er einst gescheitert ist.

In einem viel weiteren und umfassenderen Rahmen gilt dieser Bogen für alle Jäger. Es geht darum zu erkennen, was ihr Talent ist, und offen dafür zu sein, die Grenzen dieses Talentes zu erweitern, ganz im Sinne von *Nana korobi ya oki*: »Siebenmal hinfallen und achtmal aufstehen.« Deshalb müssen Jäger dazu ermutigt werden, Risiken einzugehen. Wenn sie in ihrer Jugend nicht lernen, an Widrigkeiten zu wachsen, dann zahlen sie einen hohen Preis, wenn sie älter sind und die Folgen des Scheiterns schwerwiegender sind. Bei »richtigem Scheitern« gibt es keine Grenzen für die Anzahl der Techniken, die ein reifer Jäger zu seinem Repertoire hinzufügen kann; man denke nur an einen Koch, der nach China reist, um handgezogene Nudeln zuzubereiten, oder an einen Musiker, der ein neues Instrument erlernt. Alles, was man für den Reifungsprozess braucht, ist ein bisschen Blut, Schweiß, Tränen und die Demut, so früh wie möglich zu erkennen, dass man zwar gut ist, aber nicht so gut, wie man glaubt.

Vier Fragen für Jäger

1. Was ist meine Begabung?
2. Was sind meine Fähigkeiten?
3. Was ist meine Rolle in der Welt?
4. Was ist mein Makel?

Die Rolle der Jäger in der Gesellschaft belegt eine interessante demografische Studie. Die Jäger machen etwa ein Drittel der Bevölkerung aus und sind damit viel näher an der Mehrheit der Sammler als die weniger zahlreich vertretenen Schamanen und Schmiede. Doch ihr Laissez-faire-Temperament steht in krassem Gegensatz zu den gelegentlich übertriebenen sozialen Empfindlichkeiten der Sammler. Auf der anderen Seite sind Jäger dynamisch, wenn es um ihr Können geht, und diese Kühnheit, egal, in welchem Bereich oder bei welchem Unterfangen, kann ihnen eine übergroße soziale Präsenz verleihen, die sich wie eine kulturelle Schockwelle über die Landschaft ausbreiten kann (siehe Abbildung 4.1 am Ende dieses Kapitels).

Der Fuchs

Übermütig, schlau, geschmeidig und charmant: Füchse haben wie alle Jäger ein natürliches Selbstvertrauen und eine gewisse Anmut. Häufig werden sie mit dem Pfau verwechselt, ihrem ebenso eindrucksvollen Jäger-Verwandten. Im Gegensatz zum Pfau, der hart für die Aufmerksamkeit arbeitet, nach der er sich so verzweifelt sehnt, und sich nicht scheut, für ein paar Instagram-Likes ins Schwitzen zu kommen, scheinen Füchse ihre Popularität mühelos zu erlangen. Tatsächlich wirkt alles an einem Fuchs mühelos, was ihn zur perfekten Verkörperung von Coolness macht.

Der Improvisierer

»Was ist dein größtes Talent?« Wenn du einem Fuchs diese Frage stellst, fällt es ihm schwer, eine Antwort zu geben. Nicht aus Bescheidenheit, sondern weil er sich nur schwer auf eine Sache festlegen kann, die er besser kann als alles andere. Der Fuchs wird wahrscheinlich einfach sagen: »Alles!« und die Sache damit abhaken, während die bescheideneren (also reiferen) Füchse die Frage vielleicht gar nicht beantworten. Der Grund dafür ist, dass das Haupttalent eines Fuchses, die Fähigkeit zu improvisieren, auf der Überzeugung beruht, dass er in jedem Moment in allem gut sein kann. Diese Zuversicht ist seine Trumpfkarte, sein Ass im Ärmel, das er in der schlimmsten Situation (es ist keine Überraschung, dass der Fuchs der Inbegriff des Quarterbacks ist) im letzten Moment herauszieht, um den Sieg zu erringen.

Durch ihre Erfahrungen geprägt, sind die Instinkte der Füchse unübertroffen – was jüngere Füchse an Jahren vermissen lassen, machen sie durch Vielfalt wett. Es gibt nur wenige Szenarien, die sie noch nicht erlebt haben, nur wenige Typen von Menschen, denen sie noch nicht begegnet sind, und nur wenige Situationen, denen sie nicht sofort entkommen können. Füchse sind skeptisch gegenüber abstrakten Theorien, denn sie vertrauen nur auf Dinge, die sie selbst gesehen oder erlebt haben. Aus diesem Grund ist der normale Schulunterricht für sie wenig interessant; sie lernen lieber in der »Schule des Lebens«. Doch genau wie für den Pfau kann die Schule auch für den Fuchs eine angenehme Erfahrung sein, und er nutzt sie häufig als Übungsfeld, um seinen Charme und seinen Scharfsinn zu trainieren, die er braucht, um in der realen Welt zu bestehen. Füchse sind in der Regel bei ihren Mitschülern beliebt, und trotz ihrer Vorliebe für Unfug und ihres unruhigen Verhaltens im Klassenzimmer entgehen sie in der Regel dem Zorn ihrer Lehrer, die sie als unterhaltsame Schlingel betrachten.

Der Geschäftemacher

Der Fuchs ist der beste Netzwerker unter allen Typen. Im Gegensatz zum unermüdlichen, aber manchmal reizlosen Killerwal ist er ein müheloser Plauderer, der sich mit allen Arten von Menschen trifft und nicht nur mit denen, die für ihn von Vorteil sein könnten. Diese gleichberechtigte Offenheit wird unbewusst kommuniziert und ermöglicht es Füchsen, jedermanns bester Freund zu sein und im Grunde das Zentrum eines riesigen und vielfältigen menschlichen Marktplatzes zu bilden. Füchse vermitteln regelmäßig Geschäfte, stellen zukünftige Partner vor, sowohl Geschäfts- als auch Liebespartner, und bringen Käufer und Verkäufer, Arbeitgeber und Arbeitnehmer und alle dazwischen zusammen.

Bei persönlichen Kontakten sind Füchse Meister der perfekten Kommunikation, denn sie erkennen die Körpersprache und den Mikroausdruck eines Menschen und wissen so genau, was er in diesem Moment hören möchte. Diese Fähigkeit zum schnellen, beobachtungsbasierten Agieren und Reagieren ist auch der Grund, warum Füchse bei der Abwägung von Risiken und Chancen so schnell sind wie kein anderer Typ. Es ist nicht verwunderlich, dass Füchse durch ihr Beziehungsnetz und ihren ausgeprägten Spieltrieb häufig in Branchen wie der Politik, der Unternehmensberatung, der Immobilienbranche und dem Aktienhandel zu finden sind.

Der Selbstvermarkter

Der gleiche Instinkt, der Füchse dazu befähigt, übermäßig auf das Aussehen anderer zu achten, führt dazu, dass sie sich ihres eigenen Aussehens noch bewusster sind. Sie wissen, dass ihr Coolness-Faktor von einer Mischung aus Selbstvertrauen und vermeintlicher Leichtigkeit abhängt, und sie bereiten sich hinter den Kulissen akribisch darauf vor, diese Fassade aufrechtzuerhalten. Das kann zu einem enormen Druck führen, wenn sie im Wettbewerb stehen: Sie müssen nicht nur gewinnen, sondern es auch leicht aussehen lassen. Ähnlich wie Pfauen, aber viel disziplinierter, verbringen Füchse Stunden damit, an ihrem Aussehen zu feilen, sei es, dass sie im Fitnessstudio ihren Körper formen oder vor dem Spiegel verschiedene Kleiderkombinationen ausprobieren.

Leider kann das Verlangen eines Fuchses, immer das Coolste zu sagen oder im besten Licht dazustehen, die Menschen in seiner Umgebung sehr irritieren; sie halten ihn dann für unaufrichtig. Wenn das passiert, verdoppelt ein Fuchs höchstwahrscheinlich seinen Charme und hofft, dass dies ausreicht, um seine Identität als schneidiger und eleganter Experte für schöne Cocktails, schöne Menschen und modernen Stil wiederherzustellen. Leider schadet das seinem Ruf nur noch mehr, denn es führt dazu, dass er sich einschmeichelt und fast schon schmierig wirkt, weil er mehr auf Selbstdarstellung aus ist als darauf, authentische und echte Beziehungen zu anderen aufzubauen.

Der Abenteurer

Füchse lieben es, Neues zu erkunden. Neue Dinge bedeuten neue Empfindungen; und sich in einem ungewohnten Szenario zu befinden, fördert die Improvisation, die Füchse so offensichtlich als unausweichlichen Teil von sich selbst schätzen. Füchse probieren alles aus. Wenn man sich mit einem älteren Fuchs – und vielleicht auch mit einem noch nicht ganz so alten – unterhält, hört man oft fantastische Geschichten über all die verrückten Erlebnisse, die sie in ihrem Leben genossen haben: Lachsfischen in der Wildnis Alaskas, über das arktische Eis gleiten, mit den Stieren rennen oder vielleicht sogar die Neue Welt entdecken.

Das könnte der Grund sein, warum Füchse im Vergleich zu den anderen 15 Typen am ehesten von Job zu Job springen oder eine Karriere haben, bei der sie von Projekt zu Projekt ziehen. Ein Taxifahrer werden? Großartig! Was gibt es Besseres, als zu lernen, wie man sich in einer Stadt zurechtfindet und die besten Restaurants ausfindig macht? Als Location Scout arbeiten? Hat da jemand »kostenlose Reisen« gesagt? Es ist dieser Entdeckergeist, der den Fuchs von anderen aggressiv ehrgeizigen Typen wie dem Hirsch oder dem Killerwal unterscheidet. Für einen Fuchs besteht Erfolg nicht darin, wie hoch er auf der sozialen Leiter aufsteigt oder in seinem Berufsfeld dauerhaft dominiert, sondern Erfolg besteht aus Vergnügen. Und wenn du einen Fuchs fragst, wird er dir versichern, dass Vergnügen flüchtig ist und dass du ihm nachjagen musst, wenn du willst, dass es anhält.

Der Hai

Der Hai ist der aktivste der 16 Typen, was in Anbetracht seiner rasend aktiven Jäger-Geschwister schon etwas heißen will. Nur wenige würden Haie mit den ebenso lakonischen, aber sanftmütigen Schmetterlingen verwechseln; und auch die schlaue, regelbeugende Mentalität, die sie mit dem Fuchs teilen, würde niemals ausreichen, um die verbale Prägnanz der Haie mit der Wortgewandtheit des Fuchses zu verwechseln. Die aggressive, körperliche Natur der Haie ist so ausgeprägt, dass man sie am leichtesten unter allen Tiertypen identifizieren kann, denn ihre Taten sprechen lauter als alle Worte.

Der Spezialist

Die auffälligste Eigenschaft der Haie ist ihre unvergleichliche Fähigkeit, mit Werkzeugen umzugehen. Deshalb lernen sie am besten, wenn sie kinästhetisch beschäftigt werden. Sie wollen Dinge anfassen, sie bearbeiten und die Welt um sie herum unmittelbar beeinflussen. In den Händen eines Hais entfaltet ein einfaches Werkzeug sein ganzes Potenzial: Picassos Pinsel, Miles Davis' Trompete oder das Nunchaku von Bruce Lee. Diese Virtuosität ist nicht leicht zu erreichen. Haie üben stundenlang, bis sie das Werkzeug, das sie gewählt haben, voll beherrschen. Das ist ein phänomenales Talent, das aber in einem Beruf, in dem es nicht gebraucht wird, leicht verkümmern kann: Steckt man einen Hai in ein Büro und gibt ihm einen Stapel Papierkram, wird er wahrscheinlich den Stapel vernichten und das Büro abfackeln.

Aus dem gleichen Grund haben Haie in der Schule oft Schwierigkeiten. Einen Hai zu zwingen, sich eine Vorlesung über die politischen Umwälzungen im vorelisabethanischen England anzuhören, ist, als würde man ihn persönlich auf die Folterbank spannen. Haie wollen keine Fakten über Kämpfe auswendig lernen, sie wollen sich aktiv daran beteiligen. Für die Haie, die akademisch begabt sind, ist die Schule zwar mühsam, aber machbar, obwohl selbst diese wenigen Haie sich nur selten für ein weiterführendes Studium entscheiden. Das könnte den Mangel an qualifizierten Chirurgen auf der Welt erklären, denn Chirurgen sind im Grunde genommen Meister im Umgang mit Werkzeugen (es ist kein Zufall, dass viele von ihnen sich für werkzeugbasierte Hobbys wie Golf und Angeln entscheiden). Aus diesem Grund ist ein Hai der Typ, der am besten für diesen Beruf geeignet ist und am wenigsten die akademischen Anforderungen erfüllt, um ihn zu erlernen.

Die Schule kann für Haie zermürbend sein, und es ist nicht ungewöhnlich, dass sie sich dort danebenbenehmen. Und im Gegensatz zu ihren Jäger-Geschwistern, dem Fuchs und dem Pfau, die ebenfalls die Angewohnheit haben, Regeln zu missachten, fehlt den Haien der nötige Charme, um einer Bestrafung durch ihre Lehrer zu entgehen. Wenn man ihnen jedoch ein Werkzeug in die Hand gibt, sei es ein Ball, ein Schraubenschlüssel, ein Pinsel oder ein Skalpell, dann werden sie zum Star.

Der Jäger

Ein Hai wählt seine Worte und Handlungen sorgfältig aus. Es gibt bei ihm weder überflüssige Sätze noch vergeudete Bewegungen, denn ein Hai kann, wenn er sich konzentriert, äußerst präzise und geduldig sein, wie ein Raubtier, das auf den perfekten Zeitpunkt zum Zuschlagen wartet. Aufgrund seiner Vorliebe für reflexartiges Handeln bleiben diese Eigenschaften jedoch meist unbemerkt. Es ist ein weit verbreiteter Irrglaube, dass Haie nicht in der Lage sind, vorausschauend zu handeln. In Wirklichkeit ist die Neigung der Haie, sich rücksichtslos in eine Situation zu stürzen, nur ein Ausdruck ihrer Fähigkeit, die Umgebung zu erfassen und in der begrenzten Zeit, die ihnen zum Reagieren bleibt, eine unglaubliche Menge an Informationen zu sammeln – Haie sitzen nicht untätig herum, wenn es Zeit zum Handeln ist.

Was wie Leichtsinn aussieht, ist eher ein Indiz für die Fähigkeit des Hais, schneller als andere zu reagieren. Vorsichtigere Typen halten diese blitzschnelle Entscheidungsfindung für unüberlegtes Verhalten, das von Unreife und Ungeduld herrührt. Dabei besteht der Unterschied zwischen einem unerfahrenen Hai und einem erfahrenen Hai nicht in der Besonnenheit, sondern in ihrem Maß an Fähigkeiten. Unreife Haie schätzen nicht so sehr die Situation falsch ein, sondern vielmehr ihre eigenen Fähigkeiten, mit der Situation umzugehen. Reife Haie hingegen sind sich ihrer eigenen Fähigkeiten und der Arbeit, die nötig war, um dorthin zu gelangen, sehr bewusst. Die Geschwindigkeit, mit der sie sich auf ihre Beute stürzen, täuscht über die Stunden hinweg, die sie versteckt auf den Moment gewartet haben.

Der Angreifer

Der Hai nutzt keinerlei Spitzfindigkeiten. Er sagt dir, was er denkt, wenn er es denkt. Diese Unverblümtheit ist eines der wenigen Dinge, die Haie mit den Schmieden gemeinsam haben. Aber während ein Schmied sich oft nicht bewusst ist, dass er jemanden durch seine Offenheit beleidigen könnte, ist es einem Hai völlig egal, ob er die Gefühle anderer verletzt. Haie hassen es, wenn jemand ein Blatt vor den Mund nimmt. Es ist fast so, als ob der Hai verbale Zurückhaltung als Ausdruck von Angst interpretiert, und wenn es eines gibt, was Haie jeden wissen lassen wollen, dann ist es, dass sie vor nichts Angst haben. Wenn Probleme auftauchen, gehen Haie sie gerne direkt und aggressiv an und bevorzugen den »Macht schafft Recht«-Ansatz, mit dem sie in den meisten Konfrontationen ihren Willen durchsetzen können. Dieser Ansatz kann jedoch in Situationen, die mehr Fingerspitzengefühl und Takt erfordern, problematisch sein. Auch im Kampf gegen andere aggressive Arten kann das von Nachteil sein, da Haie mit ihrer geradlinigen

Vorgehensweise häufig von schlauen Füchsen ausmanövriert oder von Killerwalen strategisch überrumpelt werden. Trotzdem sind Haie weithin für ihre selbstbewusste, angriffslustige Mentalität bekannt, und es wäre klug, sich das zu merken: Sie sind treue Freunde, aber gefährliche Feinde.

Der Actionheld

Haie leben für den Druck. Ein Tor Sekunden vor Spielende schießen? Verstanden. Eine felsige Klippe ohne Klettergurt erklimmen? Ein Kinderspiel. Eine Notfalltransplantation durchführen? Kein Ding. Haie sind süchtig nach dem Adrenalinrausch, der entsteht, wenn sie alle anderen Ablenkungen, einschließlich Familie, Freunde und Teamkollegen, ausblenden müssen, um eine einzigartige, lebenswichtige Aufgabe zu erfüllen. Diese enorme Fokussierung kann dazu führen, dass sie gefühllos und arrogant erscheinen, was es ihnen manchmal schwer macht, Kollegen und Mitarbeiter zu führen, selbst wenn das gemeinsame Ziel bekannt ist.

Sie haben wenig Geduld mit schwächeren Teammitgliedern, und wenn es hart auf hart kommt, erledigen sie eine Aufgabe lieber selbst, als sie an eine Person mit geringeren Fähigkeiten zu übertragen. Ein Hai würde sagen, dass er nur mit gutem Beispiel vorangeht. Andere sehen es als das Verhalten einer Primadonna an. Egal, ob seine Teamkollegen ihn lieben oder hassen, es gibt niemanden, dem sie es mehr als dem Hai zutrauen würden, den letzten Elfmeter zu verwandeln.

Der Pfau

Es gibt keine Tierart, die intensiver im Rampenlicht steht als der lebensfrohe, gesellige Pfau. Alle Jäger lieben die Aufregung und Spannung, zwei Tiertypen zeichnen sich jedoch durch ihre Fähigkeit aus, die Sinnesfreuden der Welt voll auszukosten. Und garantiert würde niemand die extravaganten Pfauen mit den sanften Schmetterlingen verwechseln. Pfauen wollen gerne gesehen und gehört werden, und mit ihren kühnen Auftritten haben sie selten ein Problem, beides zu erreichen.

Der Performer

Auf den ersten Blick kann das Talent des aufmerksamkeitsbedürftigen Pfaus ein wenig oberflächlich erscheinen, vor allem im Vergleich zu den manchmal transzendenten künstlerischen Fähigkeiten des ebenso sensiblen Schmetterlings. Im Gegensatz zu den Schmetterlingen, die sich in ihren kreativen Kokon zurückziehen können, um nach ihrem eigenen Zeitplan Kunst zu schaffen, wird von den Pfauen in der Regel erwartet, dass sie – aufgrund ihres exhibitionistischen Charakters – ihre Kunst spontan kreieren. Selbst wenn es den Anschein hat, dass Pfaue sich nur für das Publikum aufspielen, geht es um mehr als das. Sie wollen keine Aufmerksamkeit, sondern Unsterblichkeit. Sie wollen, dass man sich an sie erinnert. Sie wollen, dass jeder glorreiche Moment ihres Lebens, von denen es viele gibt, katalogisiert, untersucht und dann überanalysiert wird. Um das zu erreichen, müssen sie überlebensgroß sein, ein Symbol, eine Ikone, ein Bild, nach dem ein normaler Mensch streben kann. Sie haben ein unübertroffenes Gespür für das Dramatische, das sich in der Art und Weise ausdrückt, wie sie tanzen, singen oder ihren alltäglichen Geschäften nachgehen. Daher ist es auch nicht ungewöhnlich, dass man einen Pfau bei der Arbeit tanzend oder pfeifend antrifft.

Als die kühnsten unter den Jägern stürzen sich Pfauen voll und ganz in alles, was sie tun. Ihr Mut übertrifft sogar den der aggressiven Füchse und Haie, die beide durchaus damit vertraut sind, kalkulierte Risiken einzugehen, dies aber normalerweise in Situationen tun, in denen der Ausgang objektiv vorherbestimmt ist. Pfauen hingegen müssen sich meist der Gnade eines wankelmütigen und subjektiven Publikums ausliefern. Vielleicht ist es dieser Mut, der Pfauen so unwiderstehlich macht. Im Gegensatz zu den Schmetterlingen, die sich hinter ihrer Kunst verstecken können, gibt es für Pfauen keinen solchen Luxus, denn sie *sind* die Kunst. Und sich immer wieder der Prüfung und Ablehnung zu stellen, ist nicht nur eine Kühnheit, die über den bloßen Wunsch nach Aufmerksamkeit hinausgeht, sondern auch eine Voraussetzung für Unsterblichkeit.

Der Mittelpunkt der Party

Pfauen lieben es, Spaß zu haben und diese gute Laune an ihre Lieben, ihre Kollegen oder Fremde, die sie gerade in der U-Bahn getroffen haben, weiterzugeben. Ihre warme und lebensfrohe Energie kann in sozialen Situationen ansteckend sein. Die gleichen übertriebenen Ausdrücke, die sie so unterhaltsam machen, machen die Pfauen auch zu einnehmenden Typen, mit denen man gerne zu tun hat. Ihre Vorstellung von Comedy ist geprägt von Slapstick, gut eingeübten Imitationen, unanständigen Witzen und Körperkomik. Es ist nicht ungewöhnlich, dass sie ein tiefes Lachen aus dem Bauch heraus ausstoßen oder unkontrolliert kichern. Wenn ein Pfau sich auf eine bestimmte Art und Weise fühlt, merkst du das und jeder in einem Umkreis von 30 Metern. Ob auf einer Party, in einem Club, in einer Bar oder bei einem Kirchenpicknick, der Pfau steht immer im Mittelpunkt.

Leider kann die lebenslustige Art des Pfaus manchmal eine »Sieh mich an«-Attitüde entwickeln, die Freunde abschreckt und Leute nervt, die kurz zuvor noch über die Witze des Pfaus gelacht haben. Was anfangs noch lustig war, wird dann zu laut. Das perlweiße Lächeln? Narzissmus. Am Ende des Tages werden diese Schwächen jedoch meist als harmlos abgetan und sind, wenn man das große Herz des Pfaus bedenkt, unwiderstehlich liebenswert.

Der Akrobat

Von allen Typen sind Pfauen am tiefgreifendsten mit ihrem Körper verbunden. Im Gegensatz zu den Haien, die mit handwerklicher Präzision ihre überlegene Hand-Augen-Koordination bis zur Perfektion trainieren, schwelgen Pfauen in ihren grobmotorischen Fähigkeiten: Sie tanzen, skaten, rennen und bewegen sich einfach mit einer Lebendigkeit durch den physischen Raum unserer konkreten Welt, die Schönheit in Bewegung definiert. Das soll nicht heißen, dass sie nicht bereit sind zu üben. Ganz im Gegenteil: Mit ihrer Anmut und ihrer deutlich sichtbaren Freude schaffen es die Pfauen, dass das Üben so viel Spaß macht, dass jeder mitmachen möchte.

Für Pfauen ist es wichtig, die Freude an körperlicher Berührung zu teilen. Sie sind die berührungsfreudigsten aller Typen und animieren gerne zu großen Umarmungen. Wenn Schmetterlinge die Meister des bildlichen Gleichgewichts sind, dann sind Pfaue die Meister des tatsächlichen Gleichgewichts. Die Verbindung zwischen ihrem Geist und ihrem Körper ist so fein abgestimmt, dass sie in der Lage sind, alle Arten von Sprüngen, Drehungen und Kunststücken auszuführen. Ob im Tanz, in der Comedy oder in Wettkampfsportarten wie Turnen, Tauchen und Eiskunstlauf – Pfaue bewegen sich immer so sicher und flüssig, dass andere Typen fast unbeholfen wirken und die intuitiven Typen im Vergleich dazu körperlich ungeschickt.

Der Hedonist

Es liegt eine tragische Ironie darin, nach Unsterblichkeit in einem Moment zu streben. Egal, wie oft sich ein Pfau im Ruhm sonnt, der Moment dauert nie so lange, wie er es möchte, und es gibt immer andere Menschen (also andere Pfauen), die ebenfalls ins Rampenlicht wollen. Um die verlorene Aufmerksamkeit zu kompensieren, greifen Pfauen auf verschiedene Formen des Konsums zurück. Leider stellen sie bald fest, dass die Befriedigung, die sie durch diese Bewältigungsmechanismen erlangen, so flüchtig ist wie das Rampenlicht, was unweigerlich zu einem Teufelskreis des übermäßigen Konsums führt, da sie ihre Gewohnheiten lustvoll ausleben.

Laster wie Überessen, Alkoholismus, Drogenmissbrauch, Glücksspiel und Sexsucht können die Adonis- und Aphrodite-ähnlichen Gestalten der Pfauen in den Schatten ihres früheren Selbst verwandeln: Da ist dann der ehemalige Highschool-Quarterback, der jetzt übergewichtig und arbeitslos ist und an die guten alten Zeiten zurückdenkt, oder die Diva, die ihre besten Zeiten hinter sich hat und immer mehr Make-up tragen muss, um ihren durch Kokain und jahrelange Selbstvernachlässigung beschleunigten Alterungsprozess zu verbergen. Glücklicherweise lernen reife Pfauen, ihr Bedürfnis nach Aufmerksamkeit so zu zügeln, dass sie sich nicht in einer Flamme von hedonistischem Ruhm selbst zerstören, und dabei lehren sie den Rest von uns, wie man das Leben genießen kann.

Der Schmetterling

Einerseits sanftmütig, andererseits unbekümmert und mit einer Prise Weltraumkadett, kann der Schmetterling allen falschen Vorstellungen davon trotzen, was es bedeutet, ein Jäger zu sein. Von außen betrachtet, ähnelt er eher seinem entfernten Schamanen-Cousin, dem einsamen Buckelwal. Er ist nicht so kinetisch und aggressiv wie der Fuchs oder der Hai und auch nicht so dramatisch wie der Pfau. Der Schmetterling ist ein sanfter Jäger, der die einfachen Freuden des Lebens genießt, so wie sie sich ihm bieten.

Der Freigeist

Der Schmetterling übertrifft alle anderen Typen in seiner Wertschätzung des Schönen und in seiner Sensibilität für Schönheit. Er kann die Pracht in einem Grashalm sehen, die Komplexität in einer einfachen Note hören und die Perfektion in einer frisch zubereiteten Tasse Tee schmecken. Für Schmetterlinge ist das Leben wie eine frische Brise, kühl und flüchtig, und jegliche negative Energie für irgendetwas zu hegen, hieße, den Moment zu verschwenden. Aus diesem Grund neigen Schmetterlinge von Natur aus dazu, Konflikte um jeden Preis zu vermeiden, und ziehen es vor, die meisten brisanten Situationen mit einem Lächeln zu überwinden. Obwohl sie von Natur aus neue Erfahrungen machen wollen, sind Schmetterlinge nicht so anspruchsvoll in ihrer Suche nach Neuem wie ihre Jäger-Geschwister, die Füchse. Sie sind zufrieden damit, immer wieder dieselben Empfindungen zu genießen, in denen sie immer wieder neue Freuden entdecken. Entscheidungen zu treffen, kann sowohl einfach als auch schwierig sein. Schmetterlinge sind sehr anpassungsfähig an die Konsequenzen der meisten Entscheidungen, aber ihre Tendenz, sich nicht festzulegen, kann sich als Nachteil erweisen, wenn sie selbst entscheiden müssen.

Der einzige Bereich, in dem Schmetterlinge von dieser optimistischen Unentschlossenheit abweichen, ist ihr jeweiliger künstlerischer Bereich – ob im Beruf oder im Hobby. Schmetterlinge finden immer einen Weg, ihre Kreativität auszudrücken. Dann verwandelt sich der Freigeist in einen einfühlsamen, aber anspruchsvollen Kritiker, der auf die kleinsten Fehler in allen möglichen Kompositionen hinweist: Nudeln, die nicht al dente sind, eine Masche, die nicht an der richtigen Stelle sitzt, ein Moll-Akkord, der eigentlich ein verminderter Akkord sein sollte. Interessanterweise geht es den Schmetterlingen bei dieser Kritik nicht darum, eine subjektive, gegensätzliche Meinung zu äußern, sondern vielmehr darum, einen objektiven, künstlerischen Fehler zu korrigieren. Genauso wie sie die Vielfalt der Stile schätzen, in denen Schönheit erreicht werden kann, glauben Schmetterlinge auch, dass es eine Vielzahl von Fehlern gibt, die die Sinne beleidigen können, und so schrubben sie das Graffiti von einer Wand, um Platz für ein gesprühtes Wandgemälde zu machen.

Der Meister der Harmonie

Im Gegensatz zum Hai, dem Meister der Werkzeuge, ist der Schmetterling darauf spezialisiert, die verschiedenen Elemente eines Handwerks auszubalancieren, um kreative Harmonie zu erreichen. Als Köche beherrschen Haie das Messer, die Crêpe-Pfanne, den heißen Wok und das Nudelholz. Schmetterlinge hingegen sind Virtuosen der Speisekammer und des Vorratsschranks und kennen sich mit Gewürzen, frischen Kräutern und verschiedenen anderen Zutaten bestens aus. Solche künstlerischen Elemente können in den Händen von Nicht-Schmetterlingen gefährlich sein, denn es kann leicht passieren, dass sie es übertreiben. Wer hat nicht schon einmal mit einer Lieblingszutat überwürzt oder zu viel von einer Lieblingsfarbe getragen? Wenn es um Mode geht, gibt es keinen Typ, der besser gerüstet ist und eher in der Lage ist, aus einem Eimer voller Einzelteile ein schickes Ensemble zusammenzustellen: der Designerschal, das auf dem Phoebe-Bridgers-Konzert gekaufte Hemd, die Hose aus dem Secondhandladen um die Ecke.

Für Schmetterlinge geht es beim Stil nicht darum, kosmopolitisch zu sein. Es geht um Ausgewogenheit und Feinheiten – zwei Dinge, die ihre Jäger-Geschwister, die auffälligen Pfauen, gelegentlich nur schwer begreifen können. Der Pfau ist vielleicht ein großartiges Model, aber es ist der Schmetterling, der die Kleidung entwerfen sollte. Schmetterlinge sind nicht nur begabt darin, künstlerische Elemente zu kombinieren, sondern viele von ihnen haben auch die angeborene Fähigkeit, ihre Sinneswahrnehmungen miteinander zu verbinden. Es ist nicht ungewöhnlich, dass Schmetterlinge Farben schmecken, Melodien sehen, Geschmäcker berühren, Texturen riechen oder Düfte hören – ein Phänomen, das als Synästhesie bekannt ist.

Der feinfühlige Schwachwerder

Obwohl sie äußerlich wie Doppelgänger der ebenso sensiblen Buckelwale wirken, sind Schmetterlinge innerlich ganz anders: Ihr sorgloser, genießerischer Stil unterscheidet sich stark von der nachdenklichen Meditation der Buckelwale. In sozialen Gruppen ist es nicht ungewöhnlich, dass Schmetterlinge ziemlich ruhig sind und sich einfach nur freuen, mittendrin zu sein. Im schlimmsten Fall können Schmetterlinge jedoch extrem anfällig für sozialen Druck sein. Es ist fast unmöglich für sie, Nein zu sagen, denn ihre Erfahrung sagt ihnen, dass sie jedes neue Abenteuer, das ihnen angeboten wird, eher genießen werden, als es nicht zu mögen.

Man könnte sagen, dass Schmetterlinge regelmäßig dazu überredet werden, Dinge gegen ihr besseres Wissen zu tun, aber das würde voraussetzen, dass Schmetterlinge überhaupt ein klares Urteilsvermögen haben. Tatsächlich ziehen es vor allem unreife Schmetterlinge vor, dass ihnen Entscheidungen abgenommen werden. Wenn du einem Schmetterling befiehlst, einen bestimmten Weg zu gehen, darfst du dich nicht wundern, wenn er dir dafür dankt, dass du ihm den Weg weist. Wenn Schmetterlinge sich trotzig verhalten, dann oft auf passiv-aggressive Art und Weise. Ein verärgerter Schmetterling verweigert seinem Partner vielleicht den Sex, weil er »müde« ist, oder in einer anderen Situation verspricht er, an einem gesellschaftlichen Ereignis teilzunehmen, das er verabscheut, nur um dann abzusagen, wenn es so weit ist.

Der Künstler

Da sie nicht den lockeren Charme der Füchse oder das Draufgängertum der Pfauen haben, arbeiten Schmetterlinge lieber außerhalb des Rampenlichts. Das heißt aber keineswegs, dass sie keine Aufmerksamkeit wollen. Wie die Haie, die tagelang an ihrem Handwerk arbeiten, verkriechen sich Schmetterlinge in ihrem kreativen Raum (Atelier, Küche, Büro usw.), bis sie ein Kunstwerk vollendet haben, das Bewunderung verdient. Dieser Prozess kann zermürbend sein, und es besteht die Gefahr, dass der Schmetterling, der nicht gerade für seine Entschlossenheit und Konzentration bekannt ist, von anderen Sinnesfreuden abgelenkt wird, zum Beispiel von einer Einladung zum Mittagessen, dem Entkorken der Flasche Pinot, die er schon lange aufgehoben hat, oder einer zufällig an seinem Fenster vorbeifliegenden Frisbeescheibe.

Bei den Schmetterlingen gibt es, genau wie bei ihren ähnlich (aber viel stärker) hedonistischen Geschwistern, den Pfauen, immer ein empfindliches Gleichgewicht zwischen Konsum und Produktion. Wenn die Waage zu sehr auf die eine Seite kippt, kann das zu Faulheit führen, zu sehr auf die andere Seite zu Langeweile. Wenn sie erst einmal die perfekte Harmonie zwischen Arbeit und Spiel, Schaffen und Konsumieren gefunden haben, können sie ein Leben voller Schönheit führen – einer Schönheit, die sie genießen und erschaffen.

	Was ist meine Begabung? Ich bin ...	**Was sind meine Fähigkeiten?** Ich bin ...	**Was ist meine Rolle in der Welt?** Ich bin ...	**Was ist mein Makel?** Ich bin ...
Füchse	Der Geschäftemacher	Der Improvisierer	Der Abenteurer	Der Selbstvermarkter
Haie	Der Spezialist	Der Jäger	Der Actionheld	Der Angreifer
Pfauen	Der Performer	Der Akrobat	Der Mittelpunkt der Party	Der Hedonist
Schmetterlinge	Der Künstler	Der Meister der Harmonie	Der Freigeist	Der feinfühlige Schwachwerder

Abbildung 4.1 Die Rollen der Jäger

KAPITEL 5
DIE SCHAMANEN

»Lass mich dich sehen, wie du wirklich bist!«

Schamanen und Schmiede wachsen oft auf und denken, dass sie ein Haufen von Spinnern sind. Wenn man zusammen nur etwa 15 Prozent der Bevölkerung ausmacht, dann führen diese beiden Rudel mit Sicherheit ein Leben als Außenseiter. Und da die Gesellschaft ja so großzügig ist, bestraft sie diejenigen, die am Rande der Gesellschaft stehen, indem sie sie als »seltsam« abstempelt – ein Schimpfwort, das Schamanen und Schmiede unweigerlich zu glauben lernen. Und so wird die Wahrnehmung zur Realität. Den Schmieden ist das glücklicherweise völlig egal. Wenn du ihnen sagst, dass sie in der Minderheit sind, erwidern sie: »Scheiß auf die Mehrheit, und ich sage das mit Nachdruck« – als wäre es ihre ganz persönliche Hymne. Unreife Schamanen können sich jedoch nicht wehren. Sie mögen die Menschen zu sehr und lieben sich selbst zu wenig, weshalb ihr Weg zur »Normalität« ziemlich steinig ist. Nur auf der Suche nach dem, was normal ist, finden sie die Wahrheit in sich selbst. Um es mit den Worten einer Autorin auf der Website des Youtopia-Projekts zu sagen: Erst als sie als Erwachsene entdeckte, dass sie eine Schamanin ist, wurde ihr klar, dass sie nicht zu irgendeiner fremdartigen Spezies gehört. Die

Suche nach Selbsterkenntnis ist vor allem anderen die Quintessenz des schamanischen Wachstumsbogens.

Ein Schamane verbringt einen Großteil seines Lebens damit, sich an die Werte des größten Rudels, der Sammler, anzupassen – und die Sammler schätzen zum einen Pflicht und Familie und zum anderen die Sicherheit, die diese beiden Aspekte mit sich bringen. Von Natur aus Träumer, stellen sich Schamanen eine häusliche Zukunft vor, auf die selbst eine Lexus-Werbung neidisch wäre: ein wunderschönes, einzigartig gestaltetes Haus am Meer, ein lukrativer Job, der ihre Kreativität beflügelt, ein ebenso erfolgreicher Ehepartner und ein paar hochbegabte Kinder, die genauso gut gekleidet sind wie ihre sie anbetenden Eltern. Natürlich ist dieses Paradies eine Illusion. Nicht, dass das Ziel unerreichbar wäre, aber jeder Versuch, die Träume in die Realität umzusetzen, hinterlässt bei den Schamanen unweigerlich ein nagendes Gefühl, wie ein emotionaler Hungerschmerz, der sie daran erinnert, dass sie sich, egal, wie viel sie äußerlich konsumieren, innerlich immer noch hohl fühlen.

Da Schmiede diese Zwangslage verstehen, sind sie die besten Mentoren für Schamanen. Als ebenfalls abstrakte Typen kommunizieren die Schmiede auf der gleichen Wellenlänge. Außerdem trägt die antagonistische Beziehung eines Schmieds zur Gesellschaft der Sammler dazu bei, die Entschlossenheit eines Schamanen zu stärken, so wie ein Trainer seinen Boxer anbrüllt, die Schläge des Gegners nicht zu fürchten. Reife Schamanen, die durch die Hölle der Selbstzweifel gegangen und auf der anderen Seite wieder herausgekommen sind, sind ebenfalls gute Lehrer für ihre Schamanenschüler. In der *Late Show with David Letterman* (Letterman, 2013) beklagte sich Jennifer Lawrence während eines Interviews über den Druck in Hollywood und die verschiedenen sozialen Verpflichtungen, die damit verbunden sind. Dann wurde eine Werbepause eingelegt, und als sie zurückkamen, sagte Letterman in einem seltenen Moment der Offenheit: »Sie brauchen dich viel mehr, als du sie brauchst!« Ein dringend benötigter Ratschlag von einem (erfahreneren) Schamanen an eine andere Schamanin. Das soll natürlich nicht heißen, dass Sammler und Jäger keine hilfreichen Lehrer für Schamanen sein können, aber es braucht schon eine Menge Geschick und Erfahrung, um ihre spezifischen Vorurteile zu unterdrücken oder diese überhaupt anzuerkennen. Und glaub mir, die gibt's wirklich.

Wir leben in einer Welt der Sammler und Jäger – zusammen machen sie etwa 85 Prozent der Weltbevölkerung aus. Man denke nur an die stereotype Dichotomie, die wir in der Popkultur sehen. Es ist immer eine Version des ungleichen Paares – oder Ernie und Bert für meine Generation X und alle, die danach kamen. Auf der einen Seite steht der organisierte und verantwortungsbewusste, aber steife und langweilige Bert. Auf der anderen Seite ist da der unordentliche und nachlässige, aber lustige und spontane Ernie. Ich will hier nicht zu sehr ausholen. Ich weiß, dass es in diesem Abschnitt um den Wachstumsbogen der Schamanen gehen soll, aber um das Streben der Schamanen nach Selbsterkenntnis wirklich zu verstehen, müssen wir zuerst den Anstoß dazu begreifen.

Schamanen werden ihr ganzes Leben lang mit Bildern und Vorstellungen davon überflutet, was es heißt, normal zu sein. Und wenn sie nicht gerade von den verschiedenen Multimedia-Konzernen mit diesen Einflüssen konfrontiert werden, werden sie oft zu Hause damit bombardiert. Die Wahrscheinlichkeit, dass ein Schamanen-Kind ein Sammler-Elternteil hat, ist hoch. Denn abgesehen von der bereits erwähnten Bevölkerungszahl legen Sammler großen Wert auf die Familie, daher ist es logisch, dass sie am ehesten Eltern werden. Noch einmal, weil ich das nicht oft genug wiederholen kann: Jeder Typ kann einen anderen verstehen, wenn er reif genug ist. Dennoch habe ich bei meiner Beobachtung und Arbeit mit Kindern und ihren Eltern festgestellt, dass es immer wieder zu Spannungen zwischen Schamanen-Kindern und ihren Sammler-Eltern kommt. Während Jäger-Eltern, die ihre Schamanen-Kinder vielleicht nicht ganz verstehen und sich wünschen, sie wären ein bisschen cooler, aufgrund des allgemeinen Laissez-faire-Erziehungsstils der Jäger aber meist gut mit ihnen auskommen, können unreife Sammler-Eltern extrem erdrückend sein. Sie können dies mit harter Macht tun, z. B. als strenger Zuchtmeister, oder mit weicher Macht, also als Elternteil, der immer wieder »sanften« Druck auf das Kind ausübt, damit es heiratet und eine Familie gründet wie seine »normalen« Cousins.

An dieser Stelle sieht es wahrscheinlich so aus, als würde ich nur auf den Sammlern herumhacken. Doch ich weiß: Die Sammler haben ihrerseits die besten Absichten. Natürlich gibt es ein paar Arschlöcher, die anderen das Leben zur Hölle machen wollen und ein aufgeblasenes Selbstwertgefühl entwickeln, indem sie das sensible Kind herumkommandieren, das immer Neil Gaiman liest oder *Magic: The Gathering* spielt, aber das Gleiche gilt auch für die anderen Rudel. Wir können alle fantastisch und schrecklich sein; wir tun es nur auf unsere eigene Art und Weise (ich gehe darauf in Kapitel 13, »Abweichende Rollen«, ein). Im typischen

Schamanen-Sammler-Szenario lässt sich jedoch beobachten, wie der Wunsch eines Sammlers nach Sicherheit mit den intuitiven Eigenarten eines Schamanen in Konflikt geraten kann. Wenn ein Sammler-Elternteil sieht, dass sein Schamanen-Kind an den Rand der Gesellschaft gerät, versucht er instinktiv, es näher dahin zu bringen, wo es sicher ist.

Ein perfektes Beispiel für diese Dynamik ist Peter Weirs' (1989) *Der Club der toten Dichter*, ein Film, der den Inbegriff des Schamanen-Sammler-, Schüler-Lehrer-, Kind-Eltern-Konflikts darstellt. Dieser Film orientiert sich deutlich an den verschiedenen Persönlichkeitstypen: Reiche Schüler eines Sammler-Ortes (einer Privatschule für Jungen in Neuengland) werden von ihrem neuen Schamanenlehrer dazu ermutigt, sich selbst zu finden – sehr zum Leidwesen des Schulleiters, des Lehrkörpers und der Eltern, die alle – du hast es erraten – Sammler sind. Es ist klar, dass der Film leicht schamanisch angehaucht ist. Ich werde nicht weiter auf eine bestimmte Szene eingehen, denn ich hasse es zu spoilern, selbst bei einem Film aus dem Jahr 1989, und in diesem Kapitel geht es um Schamanen und nicht nur um Figuren aus dem *Club der toten Dichter* – obwohl jede Verwechslung zwischen den beiden verständlich ist, denn es gibt viele Schamanen in diesem Film.

Wie auch immer, die Szene passiert am Ende des Films. Kein zu großer Spoiler, versprochen. Neil, ein Schamanenschüler (ein Delfin, um genau zu sein), der davon träumt, Schauspieler zu werden, hat eine Konfrontation mit seinem Vater, einem Sammler (Hirsch), der möchte, dass Neil Arzt wird. Das würde für Neil »zehn Jahre mehr« bedeuten, »ein ganzes Leben«, wie der Sohn verzweifelt anführt. Für den Vater ist das kein Argument, er entgegnet seinem Sohn: »Bei dir klingt das wie eine Gefängnisstrafe.« Neil schafft es nicht, seinem Vater seine Gefühlswelt klarzumachen. (Weir, 1989)

Er sagt seinem Vater nicht, was er fühlt. Er sagt ihm nie, wie sehr das Leben, das sein Vater für ihn geplant hat, ihm das Gefühl gibt, gefangen und unauthentisch zu sein, oder wie sehr die Schauspielerei ihm das Gefühl gibt, wirklich er selbst zu sein. Er hat zu viel Angst. Er zweifelt nicht nur daran, dass sein Vater ihn verstehen könnte, sondern er ist sich auch nicht sicher, ob er überhaupt das Richtige tut. Ich bemühe mal das Bild eines Fahranfängers auf einer Landstraße: Für ihn ist es schon schwer genug, die »weniger befahrene« Straße zu fahren. Jetzt stell dir vor, dass er die Landstraße fahren muss, wenn er einen Beifahrer hat, der ständig das Steuer übernehmen will. Wir können Neil seine Selbstzweifel nicht verübeln. Er ist jung und formbar, und sein Vater hat ihm bisher kaum etwas gezeigt, was seine Ängste zerstreuen könnte. Leider ist das eine Situation, die Schamanen nur zu gut kennen.

Das Selbstverständnis erweitern

Der erste Schritt für einen Schamanen, um sich nicht wie ein Spinner zu fühlen, besteht darin zu akzeptieren, dass vieles von dem, was man ihm von klein auf als »normal« beigebracht hat, nur ein soziales Konstrukt ist. Es existiert nicht wirklich in irgendeiner Form. Es ist eine Fassade: von vorne ein wunderschönes viktorianisches Haus, aber von hinten ein Gewirr von wackeligen Balken, die es stützen. Für konkrete Typen (also etwa 85 Prozent der Welt) ist es in Ordnung, sich an der Fassade zu erfreuen. Beispiel Ehe: Nur weil die Ehe in erster Linie ein rechtlicher Vertrag ist, mit dem man Geld sparen kann, indem man eine gemeinsame Steuererklärung abgibt, heißt das nicht, dass es in der Ehe selbst keine Liebe gibt. Der Prunk der Hochzeitsfeier, die Formalität der Verpflichtung – all das ist jedoch für die meisten Menschen wichtig. Es ist aber erwähnenswert, dass diese Dinge nicht für alle Menschen wichtig sind. Schamanen empfinden im Großen und Ganzen nur wenig innere Freude bei den Erfolgsinszenierungen, abgesehen von dem, was man ihnen als normal aufgedrängt hat. Und selbst dann ist da immer noch diese Stimme in ihrem Kopf, die ihnen ein schlechtes Gewissen einredet, weil alles so unauthentisch ist. Ich stelle mir vor, dass sie ähnlich klingt wie Robert Mitchum, ein legendärer Schauspieler, als er Nick Nolte bei der Oscar-Verleihung ins Ohr flüsterte: »Denk dran, Kleiner – das ist alles Quatsch« (zitiert in: Leary, 2008).

Wenn ein Schamane vom Kind zum Erwachsenen heranreift, muss er sich genau daran erinnern: Es ist alles Quatsch. Schamanen müssen lernen, die Fassaden in ihrem eigenen Leben einzureißen, vor allem diejenigen, die jahrelang aufrecht standen. All die Dinge, die sie gelernt haben, müssen sie auf ihre Bedeutung hin neu überprüfen und nicht die Prioritäten anderer als ihre eigenen übernehmen. Wenn das lebenslange Streben eines Schamanen darin besteht, Selbsterkenntnis zu erlangen – und glaubt mir, das ist so, auch wenn manche das noch nicht wissen –, dann muss er mit der schmerzhaften und mühsamen Aufgabe beginnen, seine Identität neu zu bewerten, das Wesentliche zu entdecken und all die Details abzustreifen, die nur Ablenkungen auf dem Weg zur Ganzheit sind.

Diese Reise wird in der folgenden buddhistischen Geschichte veranschaulicht (die 1963 von Salinger erzählt wurde und nun von mir nacherzählt wird, als würde ein Rapper die Basslinie von Keni Burkes *Risin' to the Top* zum x-ten Mal wiederholen):

> Herzog Mu von Chin sagte zu Po Lo: »Du bist nun im fortgeschrittenen Alter. Gibt es ein Mitglied deiner Familie, das ich beauftragen könnte, an deiner Stelle nach Pferden zu suchen?«
>
> Po Lo antwortete: »Ein gutes Pferd erkennt man an seinem Körperbau und seinem Aussehen, aber ein Pferd der Superlative – eines, das keinen Staub aufwirbelt und keine Spuren hinterlässt – ist etwas Vergängliches und Flüchtiges, flüchtig wie dünne Luft. Die Talente meiner Söhne liegen auf einer ganz anderen Ebene; sie können ein gutes Pferd erkennen, wenn sie eines sehen, aber sie können kein Pferd der Superlative erkennen. Ich habe jedoch einen Freund, Chiu-fang Kao, einen Händler für Brennstoffe und Gemüse, der mir in Sachen Pferde in nichts nachsteht. Ich bitte dich, ihn aufzusuchen.«
>
> Herzog Mu tat dies und schickte ihn anschließend auf die Suche nach einem Pferd. Drei Monate später kam er mit der Nachricht zurück, dass er eines gefunden hatte. »Es ist jetzt in Shach'iu«, fügte er hinzu.
>
> »Was für ein Pferd ist es?«, fragte der Herzog.
>
> »Oh, es ist eine graubraune Stute«, lautete die Antwort.
>
> Doch als jemand geschickt wurde, um das Pferd zu holen, stellte sich heraus, dass es ein kohlschwarzer Hengst war! Sehr verärgert schickte der Herzog nach Po Lo. »Dein Freund«, sagte er, »den ich mit der Suche nach einem Pferd beauftragt habe, hat es gründlich vermasselt. Er kann nicht einmal die Farbe oder das Geschlecht eines Tieres unterscheiden! Was um alles in der Welt weiß er schon über Pferde?«
>
> Po Lo stieß einen Seufzer der Zufriedenheit aus. »Ist er wirklich schon so weit fortgeschritten?«, rief er. »Ah, dann ist er so viel wert wie zehntausend von mir zusammen. Es gibt keinen Vergleich zwischen uns. Was Kao im Blick hat, ist der geistige Mechanismus. Indem er sich des Wesentlichen ver-

gewissert, vergisst er die kleinen Details. Er konzentriert sich auf die inneren Qualitäten und verliert das Äußere aus den Augen. Er sieht, was er sehen will, und nicht, was er nicht sehen will. Er schaut auf die Dinge, die er sehen sollte, und vernachlässigt die, die er nicht sehen muss. Kao ist ein so geschickter Beurteiler von Pferden, dass er es schafft, etwas Besseres als Pferde zu beurteilen.«

Als das Pferd ankam, erwies es sich tatsächlich als ein Tier der Superlative.

Vier Fragen für Schamanen

1. Was ist es, das mich antreibt?
2. Was ist meine »normale« Rolle?
3. Was ist meine Superkraft?
4. Was ist mein Makel?

Vielleicht liegt es an der abstrakten Natur der Schamanen, aber ihr Wachstumsbogen unterscheidet sich deutlich von dem der beiden vorangegangen genannten Rudel, den Sammlern und Jägern. Wenn wir uns das Wachstum der Sammler vorstellen würden, wäre es wie eine Blase, die sich langsam ausdehnt. Das Wachstum der Jäger hingegen wäre ein zackiges Liniendiagramm, mit so vielen Höhen und Tiefen, dass es dem Börsendiagramm eines aufstrebenden Technologieunternehmens ähnelt. Das Wachstum der Schamanen wäre jedoch etwas ganz anderes. Ich stelle es mir so vor, als würde ich Bob Ross beim Malen zuschauen: Die Umrisse und Schattierungen der Identität eines Schamanen entstehen nach und nach direkt vor meinen Augen. Aber in diesem Fall nimmt Bob Ross das Gemälde, bevor er mit den Lichteinfällen und Schatten beginnt, zerreißt es und fängt neu an. Es ist eine schmerzhafte, aber notwendige Entscheidung. Das erinnert mich an die Szene aus Martin Scorseses *Departed – Unter Feinden*, in der Captain Queenan (gespielt von Martin Sheen) Billy Costigan (Leonardo DiCaprio) fragt: »Wollen Sie Polizist sein oder wollen Sie so tun, als wär'n Sie einer?« (Scorsese, 2006) Letztendlich muss jeder Schamane diese Entscheidung für sich treffen (siehe Abbildung 5.1): »Willst du glücklich sein oder willst du den Anschein erwecken, dass du glücklich bist?«

Der Delfin

Was Delfine von ihren Schamanen-Geschwistern unterscheidet, ist die Leichtigkeit, mit der sie sich in die Gesellschaft eingliedern können. Das heißt nicht, dass es ihnen in Bezug auf ihre emotionale Gesundheit besser oder schlechter geht, aber äußerlich ist der beliebte Delfin ein Ausbund an sozialer Exzellenz. Und im Gegensatz zu der launischen, schelmischen Weltfremdheit eines Pavians gründet sich der Idealismus eines Delfins auf Gemeinschaft, Teamwork und eine emotionale Offenheit, die ihn zum sympathischsten und persönlich zugänglichsten aller Typen macht.

Der Erschaffer von Gemeinschaften

Stimmgewaltig, aber nicht aggressiv, gesellig, aber nicht unterdrückend, nutzen Delfine ihre umfangreichen zwischenmenschlichen Fähigkeiten, um authentische Gemeinschaften aufzubauen, in denen jeder Einzelne er selbst sein kann, ohne soziale Repressalien fürchten zu müssen. Als Gruppenleiter sind Delfine unübertroffen, wenn es darum geht, die intimen Gedanken und Gefühle der anderen Gruppenmitglieder zu ergründen und jeden Einzelnen zu ermutigen, von vergangenen Fehlern, aktuellen Ängsten und Zukunftsträumen zu erzählen. Bei Brainstorming-Sitzungen sorgen Delfine dafür, dass jeder zu Wort kommt und gehört wird, wobei sie ihre eigene Meinung oft bis zum Schluss zurückhalten. Da Delfine Schamanen sind, hüten sie sich immer davor, aus ihrer Position der Autorität heraus zu viel Druck auszuüben. Das ermöglicht einem Delfin, der vielleicht noch keine Erfahrung mit einer bestimmten Situation hat, die besten Antworten aus der Gruppe zusammenzutragen, was schließlich zu einer idealen Lösung führt; ein Delfin muss den Weg nicht kennen, um ihn zu weisen.

Diese Art der Führung kann andere, autoritärere Typen (wie Hirsche und Killerwale) verwirren, die den Führungsstil des Delfins als eine Art »von hinten kommend« betrachten, als übermäßig demokratischen Idealismus, der auf Führungskonferenzen verbreitet und in Büchern verkauft wird, aber in der realen Welt unwirksam ist. Delfine können über diese Ironie nur lachen: Denn die zwei aggressivsten Typen beugen sich dem Willen anderer. Für einen Delfin ist die

Welt das, was wir aus ihr machen, und nicht umgekehrt, und der einzige Grund, warum veraltete Konzepte wie Geschlechter-, Rassen- und Sexualstereotypen weiterhin die Gesellschaft durchdringen, ist, dass sie weiterhin als Realität indoktriniert werden. Der Hauptzweck im Leben eines Delfins ist es, zusammen mit allen Menschen eine bessere Realität zu schaffen.

Der Lehrer

Wie alle Schamanen sind auch Delfine hervorragend darin, mit den unterschiedlichsten Persönlichkeiten, Altersgruppen, Ethnien und dergleichen in Kontakt zu treten und auf einer emotionalen Ebene zu kommunizieren und Ideen zu teilen. Der Hauptunterschied besteht darin, dass der Delfin es als Schamane vorzieht, in einem System von Menschen zu arbeiten, während sich seine Energie darauf konzentriert, seine Botschaft für jedes einzelne Mitglied des Teams, der Klasse oder der Organisation zu formulieren. Egal, ob es sich um einen Superstar handelt, der dringend eine Lektion in Bescheidenheit braucht (vielleicht ein Jäger?), oder um einen apathischen amerikanischen Mittelschüler, dem die Geschichte von Malala vermittelt wird: Diejenigen, die von Delfinen unterrichtet werden, profitieren von deren unkonventionellen Lehrmethoden auf eine Art und Weise, die keine noch so strenge Disziplin (also die traditionelle Methode) erreichen könnte. Das Endergebnis zeigt sich darin, dass sich jedes Mitglied der Gruppe als Individuum akzeptiert fühlt, und dieses Selbstwertgefühl führt zu einem sofortigen Zusammenhalt und einem Engagement für das Wohlergehen aller.

Der zu viel Preisgebende

Delfine können unglaublich offen über ihre Gefühle sprechen, ein wichtiger Unterschied zu ihren ebenso ausdrucksstarken Geschwistern, den Pavianen, die meist ihre Ideen und Meinungen mitteilen, ihre tiefsten Gefühle aber für sich behalten. Das führt dazu, dass Delfine als temperamentvoll und doch geerdet wahrgenommen werden (Emotionen sind für konkrete Persönlichkeitstypen viel zugänglicher als abstrakte Überzeugungen) – ein wichtiger Grund für ihre große Beliebtheit. Sie sind der coole, unprätentiöse Ballkönig oder die Ballkönigin oder die ehemalige Schulsprecherin und der Abschiedsredner, von dem deine Eltern immer wieder als dein Date für Thanksgiving träumen.

Der Nachteil der begrenzten verbalen Diskretion eines Delfins besteht darin, dass er so viele private Informationen preisgibt (sorry, Delfin, aber nicht jeder muss von deinen Inkontinenzproblemen erfahren), dass sich andere unwohl fühlen können. Das kann sie auch übermäßig sensibel und emotional bedürftig erscheinen lassen. Und in den Momenten, in denen Schein und Sein übereinstimmen, fangen Delfine an, die Popularität, die sie so leicht erlangt haben, durch ein Prisma neurotischer Paranoia zu betrachten und sich irrational aufgeregt zu fragen, ob alle sie hassen oder nicht.

Der Diplomat

Es ist interessant, Delfine mit Schmetterlingen zu vergleichen. Obwohl die beiden Typen in vielerlei Hinsicht nicht weiter voneinander entfernt sein könnten, haben sie eine wesentliche Eigenschaft gemeinsam: den Drang, Harmonie zu schaffen. Doch statt Noten, Farben oder Aromen zu mischen, schaffen Delfine Harmonie unter Menschen. Sie lindern sozialen Unfrieden, sind Friedensstifter und Konfliktlöser. Und auch wenn der Frieden seinen Preis hat (Delfine befinden sich oft in der prekären Lage, mal im übertragenen, mal im wörtlichen Sinne mit ausgestreckten Armen zwischen zwei wütenden Gegnern zu stehen und Schläge von beiden Seiten einzustecken), tun sie das mit einer solchen Bescheidenheit, dass es für die Krieg führenden Seiten fast unmöglich ist, ihnen feindlich gesinnt zu sein.

Unreife Delfine können Nachgiebigkeit mit Frieden verwechseln und, vor allem in romantischen Beziehungen, einen Konflikt vermeiden, indem sie ihre eigenen Bedürfnisse unterdrücken. Ein reifer Delfin hingegen erkennt, dass Konflikte nicht ohne Konfrontation gelöst werden können und dass Diplomatie ein langfristiges Spiel ist, für das der Delfin mit seiner großen emotionalen Ausdauer und seinen starken Führungsqualitäten der ideale Spieler ist. La ciencia de la paz es paciencia: Die Wissenschaft des Friedens ist die Geduld.

Der Panda

Haftungsausschluss: Pandas haben kein Monopol auf Entfremdung. Jeder Typ hat, je nach Kontext, wahrscheinlich schon einmal einen kleinen Anflug von Verfolgung in seinem Leben verspürt. Leider ist das auch der Hauptgrund, warum so viele Menschen sich fälschlicherweise als Pandas bezeichnen. Klingeln bei tausend Pandas nun die Ohren bei dem Gedanken: »Jemand will ich sein?« Die gleichen Dinge, die einen Panda in Selbstzweifel versetzen können – ihr Außenseiterstatus, ihre bescheidene Romantik und ihr pragmatischer Idealismus –, können auch Nicht-Pandas vor Neid erblassen lassen.

Der Neurotiker

Es mag anstößig und etwas ungewöhnlich erscheinen, die Beschreibung des Pandas mit einer negativen Eigenschaft zu beginnen, aber wie bei den meisten Typen leiten sich die Stärken von den Schwächen ab und umgekehrt. Um den Panda vollständig zu verstehen, musst du vor allem eines wissen: Er fühlt sich allein. Der Lebenszweck eines Pandas ist es, wie bei allen Schamanen, sein inneres Selbst zu entdecken und anderen dabei zu helfen, dasselbe zu tun. Ähnlich wie seine Schamanen-Geschwister, die Delfine, zieht ein Panda es vor, dies zu erreichen, indem er in einer strukturierten Organisation von Menschen arbeitet, zum Beispiel im Bildungssystem, im Gesundheitssystem oder in der Regierung. Im Gegensatz zum Delfin verfügt der Panda jedoch nicht über ein großes Reservoir an extrovertierter Energie, und anstatt temperamentvoll zu wirken, wird er häufig als sehr zurückhaltend wahrgenommen – eine Besonderheit unter den Schamanentypen.

Ohne den Vorteil gesellschaftlicher Beliebtheit stößt der aufrichtige Idealismus der Pandas oft auf taube Ohren oder, schlimmer noch, auf extremen Widerstand: Sie sind die Lehrer, die versuchen, das Notensystem zu ändern, die Therapeuten, die von der DSM-Klassifikation abweichen [DSM ist engl. für »diagnostischer und statistischer Leitfaden psychischer Störungen«, ein Klassifikationssystem der Psychiatrie – Anm. d. Red.], oder die Politiker, der gegen Korruption wettern. Dieser Kampf des Pandas gegen das Establishment, während er gleichzeitig innerhalb des Establishments arbeitet, kann dazu führen, dass sich ein Panda allein und gefangen fühlt und schließlich an seinen eigenen Überzeugungen zweifelt. Wenn es einem Panda jedoch gelingt, die sozialen Zwänge zu überwinden und sich selbst zu finden (was den meisten dank ihrer natürlichen intrapersonellen Intelligenz gelingt), ist Vorsicht geboten! Ihre Kombination aus Altruismus und Pragmatismus macht sie zu einem perfekten Motor für echte Veränderungen.

Der Bücherwurm

Vielleicht liegt es an der analytischen Natur und dem zurückhaltenden Auftreten der Pandas, dass die Menschen sie mit ihren Schmied-Cousins verwechseln. Vielleicht liegt es aber auch an ihrer unersättlichen Leselust. Belletristik und Sachbücher, Literatur und Poesie, Physik und Geschichte – sie alle stehen auf der Leseliste eines Pandas. Das geschriebene Wort zu konsumieren, ist ihre Art, ohne den Druck der Außenwelt mit Ideen zu interagieren; kein Lehrer springt aus den Seiten, um sie zu belehren, dass sie alles falsch machen, wie ein schreckliches Pop-up-Buch aus der Schamanenhölle. Der Verstand eines Pandas ist ein Zufluchtsort voller Ideen und Gefühle, die er nicht teilen will. Im Gegensatz zu den emotionalen Delfinen haben Pandas Angst, verletzlich zu sein (eine häufige Angst der Pandas ist der Glaube, dass sie, wenn sie ihr wahres Ich zum Ausdruck bringen, zweifellos alle anderen verschrecken), also fungieren Bücher als virtuelle Sparringspartner, die die Pandas auf einen Kampf vorbereiten, den sie unbedingt führen müssen.

Wenn es zu diesem Kampf kommt, findet er normalerweise auf dem Papier statt. Pandas sind hervorragende Schriftsteller, und das liegt nicht nur an ihrer hohen emotionalen Sensibilität und ihrer Begabung für metaphorische Sprache, denn diese Eigenschaften haben alle Schamanen in irgendeiner Form. Es liegt vor allem daran, dass Pandas im Vergleich zu anderen Schamanen vorsichtiger als Delfine, emotional stabiler als Paviane und konzentrierter als Buckelwale sind – alles Eigenschaften, die gutes schriftstellerisches Schaffen begünstigen. Ein großer Teil ihrer literarischen Fähigkeiten kann auch auf die bereits erwähnten Gefühle zurückgeführt werden, die sie in sich aufgestaut haben. Für Pandas ist das Schreiben eine Form der Reinigung, und je mehr Wörter sie aus ihrem kreativen Kopf herauslassen, desto besser ist ihre emotionale Verfassung.

Der Berater

Ein Panda hat in der Regel selbst emotionale Turbulenzen durchlebt und ist daher gut in der Lage, den Schmerz anderer zu erkennen und zu verstehen. Das liegt nicht nur daran, dass er selbst gelitten hat. Es liegt daran, dass der Panda von allen Typen sich seiner selbst am meisten bewusst ist und daher am ehesten die Quelle seines eigenen Leidens versteht. Diese intrapersonale Intelligenz kann ein unglaublich mächtiges Werkzeug sein, denn wenn ein Panda relevante Details aus seiner Vergangenheit preisgibt, kann er sich auf einer persönlichen Ebene mit seinen Patienten, Schülern oder denjenigen, die er als Mentor ausgewählt hat, verbinden.

Diese Art der Beichttherapie wird normalerweise von der Gesellschaft aus zwei Gründen missbilligt. Zum einen besteht die Befürchtung, dass der Berater sich emotional verletzbar macht, wenn er die Dinge persönlich angeht. Der zweite Grund ist, dass der Panda durch das Eingeständnis seiner persönlichen Kämpfe und Schwächen seine professionelle Autorität aufgibt. Wenn es darum geht, Stärke zu zeigen und Autorität zu beweisen, ist das den Pandas völlig egal. Ihre einzige Sorge ist die Frage, welche Methode am wirksamsten ist, und sie sind bereit, große emotionale und berufliche Risiken einzugehen, um anderen zu helfen. Wir anderen können uns glücklich schätzen, dass wir ihren Mut in der Welt haben.

Der entschlossene Entscheider

Pandas haben ein unglaubliches Durchhaltevermögen. Im Gegensatz zu dem Sammler-Bären, der immense körperliche Schmerzen aushalten kann, kann der Panda enormen emotionalen Druck aushalten – eine Fähigkeit, die am ehesten auf seine unvergleichliche Willensstärke zurückzuführen ist. Und anders als der Buckelwal, dessen Idealismus eher zur Selbstaufopferung und zum freiwilligen Exil tendiert, ist der Panda nicht daran interessiert, die Gesellschaft zu verlassen. Er weiß, dass es ihm Zugang zu den Menschen verschafft, denen er helfen möchte, wenn er mittendrin ist, auch wenn er diese Situation verachtet. Leider hilft er auch den Menschen, die häufig emotionalen Druck auf den Panda ausüben.

Getreu seiner diplomatischen Natur wählt der Panda in der Regel den Weg des Kompromisses oder der Passivität, was seine schamanischeren – manche würden sagen: ideologischeren – Geschwister, die Paviane und Buckelwale, manchmal vor den Kopf stößt. Aus dieser gemäßigten Position heraus trifft der Panda jeden Tag seines Lebens Entscheidungen, die unheimlich schwierig sein können, denn es liegt in der Natur des Kompromisses, dass niemand jemals zu 100 Prozent zufrieden ist. Zum Glück sind Pandas pragmatisch und diszipliniert, und wie ein Arzt, der ein bockiges Kind behandelt, versuchen sie, die Gesellschaft von ihren Missständen zu befreien – ob es der Gesellschaft gefällt oder nicht.

Der Pavian

Auf den ersten Blick kann die neurotische Verrücktheit der Paviane als Effekthascherei erscheinen und Beobachter dazu verleiten, sie mit ihrem entfernten Cousin, dem Jäger-Pfau, zu verwechseln. Erst bei genauerem Hinsehen stellt man fest, dass ihre Beweggründe denen ihrer anderen Schamanen-Geschwister sehr ähnlich sind und dass das, was man früher für eine unkontrollierte Erregbarkeit des Körpers gehalten hat, in Wirklichkeit die überschwängliche Begeisterung des Geistes ist.

Der Herold

Der einzige Lebenszweck eines Pavians ist es, die Menschheit zum Handeln zu inspirieren. Er tut dies nicht, indem er die Eigeninteressen der Menschen ausnutzt, Autorität mit Gewalt durchsetzt oder gar die Vernunft einsetzt. Vielmehr beruht die Motivationsfähigkeit eines Pavians auf seiner außergewöhnlichen Fähigkeit, anderen zu helfen, das Gute und das Böse in sich selbst zu erkennen und das Erstere dem Letzteren vorzuziehen. Mit seiner Mischung aus Offenheit und Subversion schafft es ein Pavian wie kaum ein anderer, die Menschen anzusprechen und menschliches Pathos zu enthüllen. Paviane sagen die Dinge, von denen andere Leute wünschten, sie hätten die Kühnheit, sie zu sagen. Sie nehmen Tyrannen auseinander, stärken die Gemobbten und predigen den Ungläubigen.

Natürlich würde das alles sehr scheinheilig wirken, wenn da nicht die Tatsache wäre, dass Paviane das oft mit einem Augenzwinkern und einem Lächeln tun, denn sie gehören zu den humorvollsten Typen; zusammen mit den Schimpansen stellen sie einen großen Teil der Stand-up-Comedians der Welt. Während Jäger-Typen sich vor allem darauf konzentrieren, das Publikum zu unterhalten, versuchen Paviane, menschliche Schwächen und Widersprüche durch Ironie, Satire und Imitation zu entlarven. Im Gegensatz zu den präzisen Affekten der Pfauen und Füchse sind Pavian-Imitationen weniger technisch, nicht besonders spezifisch und mehr darauf ausgerichtet, persönliche Einsichten und Absurditäten auszudrücken, als ihr Können unter Beweis zu stellen.

Der wahre Gläubige

Paviane sind sehr anpassungsfähige Menschen, die sicherlich gut genug von sich denken, um auf solche Gaben hinzuweisen. Das ist aber in der Regel gar nicht nötig, denn die Talente der Paviane in puncto Artikulation, zwischenmenschliche Beziehungen und Improvisation sind leicht zu erkennen. Aus diesem Grund werden Paviane schon im frühen Alter von ihren Lehrern, Mitschülern und Eltern gelobt, denn ihre Begabungen können sowohl auffallend als auch akademisch sein; kein Wunder, dass sie wirklich glauben, dass sie alles gut können. Zusammen mit den Schimpansen gehört der Pavian zu den Typen, die am ehesten als begabt anerkannt werden.

Die äußerliche Frühreife und das scheinbar überdrehte Selbstvertrauen der Paviane kann bei anderen, weniger stimmgewaltigen Typen zu Unmut führen. Reife Paviane verstehen es jedoch, ihren Charme und ihr Charisma zu nutzen, um eine wesentliche Wahrheit zu zeigen: Das Selbstvertrauen der Paviane entspringt nicht dem egoistischen Drang zu dominieren, sondern vielmehr dem Glauben an ihre eigene Intuition. Sie glauben, dass ihr Erfolg vorherbestimmt ist, gehen große Risiken ein und stellen hohe Erwartungen an sich selbst, weil sie sich aufgrund ihrer natürlichen Gaben dazu verpflichtet fühlen. Dieses seltsame Phänomen – dass Paviane in ihren Talenten schwelgen, aber keine Anerkennung dafür annehmen – kann man beobachten, wenn man einem Pavian ein direktes und echtes Kompliment macht; die meisten sind dann sprachlos, was nicht gerade oft vorkommt.

Der unbeständige Freund

Da ihre Ideen von Natur aus flüchtig sind, huschen Paviane regelmäßig von einem Projekt zum nächsten, sind in einem Moment von einer Idee begeistert und vergessen sie im nächsten. Leider kann sich dieses Verhalten auch in ihren Beziehungen bemerkbar machen, vor allem in romantischen Beziehungen. Es ist nicht so, dass es ihnen egal wäre; es ist nur so, dass ihre Fantasie sowohl von Spontaneität als auch von Romantik beflügelt wird, und Paviane fürchten oft, dass es ihren kreativen Motor gefährden würde, wenn sie eines von beiden verlieren würden, so als ob es gleichbedeutend damit wäre, diese beiden für immer aufzugeben, wenn sie ihrer Muse – der figurativen oder realen – nicht folgen würden.

Paviane wollen an allem teilhaben und engagieren sich oft zu sehr für die vielen Aufgaben, die sie interessant finden. Am Wochenende 15 Stunden lang eine Rinderbrust schmoren? Klar. Lernen, wie man alle drei Gymnopédies von Satie fehlerfrei spielt? Kein Problem. Das Drehbuch für den Kurzfilm eines Freundes mitschreiben? Dann nichts wie ran an die Gliederung. Wenn Paviane nicht aufpassen, könnten sie in einen Zeitdruck geraten, der ihnen den typischen Pavian-Enthusiasmus raubt – der auch der Grund dafür ist, warum sie sich überhaupt für so viele Unternehmungen entschieden haben.

Der Revolutionär

In den meisten sozialen Situationen wirken Paviane lebenslustig, unbekümmert und sogar etwas zurückhaltend. Aber lass dich davon nicht täuschen. Ersetze die konkrete Situation durch ein Gespräch über abstrakte Ideen, und du wirst feststellen, dass Paviane eine Fülle von Meinungen zu fast allem haben. Wenn du sie fragst, was sie von einem kontroversen Thema halten, kann es sein, dass du einen langen, aber wahrscheinlich sehr charmanten Monolog über Recycling, die drohende Gefahr der Überbevölkerung oder den Tod des Spielfilms durch Franchise-Verfilmungen hörst. Sie belehren dich über die besten Filme, die du dir ansehen solltest, den besten Plattenladen und das beste Restaurant, in dem du etwas Authentisches bekommst; erwarte nur nicht, dass du ohne Anstrengung wieder in das Gespräch einbezogen wirst.

Da aggressiver als seine Schamanen-Kollegen, kann der Eifer eines Pavians oft so weit gehen, dass er an Fanatismus grenzt. Wenn der »Weg zur Hölle mit guten Absichten gepflastert ist«, dann kannst du sicher sein, dass ein Pavian diesen Weg schon einmal beschritten hat. Er kann so sehr von seinem Standpunkt überzeugt sein, dass er vergisst, die andere Seite anzuerkennen oder zu berücksichtigen. In solchen Momenten kann ein Pavian fordernd, energisch und rabiat gegenüber Freund und Feind sein, und seine gesteigerte Intensität und die damit einhergehenden Übertreibungen bringen ihn oft in Schwierigkeiten. Doch je reifer ein Pavian ist, desto leichter fällt es ihm, sich in den stürmischen Gewässern seiner eigenen Überzeugungen zurechtzufinden. Die Gesellschaft ist ihm meistens dankbar für seinen revolutionären Geist.

Der Buckelwal

Die Augen, die konzentriert auf nichts Bestimmtes zu starren scheinen, die ruhige Stärke, die sich im Biegen, aber nicht im Brechen seiner Stimme zeigt – das sind die markanten Merkmale des Buckelwals. Äußerlich sind diese zurückhaltenden Individuen kaum von ihren Panda-Geschwistern zu unterscheiden; manchmal sind sie sogar von ihrem entfernten Cousin, dem Jäger-Schmetterling, schwer zu unterscheiden. Aber wenn du mit einem Buckelwal sprichst, vor allem über ein Thema, das ihm wichtig ist, wirst du feststellen, dass sich die Illusion schnell auflöst und der schüchterne, distanzierte Weltraumkadett, den du anfangs für einen Zwergstern gehalten hast, jetzt zu einer echten Supernova expandiert.

Die alte Seele

Es scheint immer so, als wüssten Buckelwale mehr als wir und unendlich viel mehr, als sie zugeben. Vielleicht liegt das daran, dass sie nicht wie so viele von uns an die Gesellschaft gebunden sind. Wie ihre Pavian-Geschwister ziehen es die Wale vor, außerhalb des sozialen Systems zu arbeiten, zum Beispiel als Schriftsteller, Dichter, Künstler, Geistheiler oder Kleinunternehmer. Während Paviane jedoch ständige menschliche Interaktion (manche würden sagen: Aufmerksamkeit) brauchen, um zu funktionieren, sind Wale ganz zufrieden damit, ihre Zeit in tiefer Selbstbeobachtung mit ihren Büchern und Erkenntnissen zu verbringen, die ihnen Gesellschaft leisten. Es ist dieses robuste Innenleben, das häufig den Eindruck erweckt, dass ein Buckelwal im Umgang mit dem Rest der Gesellschaft ein Philosoph inmitten einer Konföderation von Dummköpfen ist.

Die natürliche Neigung des Buckelwals, über den äußeren Schein und die Erwartungen hinauszublicken, führt in der Regel dazu, dass er als Erster ein moralisches Dilemma erkennt, in dem sich die Gesellschaft befindet. Für Wale ist ein korrupter Status quo etwas, das beseitigt werden muss, nicht immer durch eine Revolution (wie es ein Pavian empfehlen würde), sondern durch Selbstreflexion. Für Buckelwale gibt es kein großes Unglück, das nicht durch einen Blick in unser Inneres behoben werden kann. In Zeiten des Krieges fordern sie den Frieden ein. In einer Zeit des Materialismus predigen sie emotionales Wohlbefinden. Wenn Schule und Ausbildung nur noch eine Zwischenstation auf dem Weg zum Beruf sind, ermutigen Buckelwale die Schüler*innen, den weniger befahrenen Weg zu wählen.

Der Träumer

Als der entrückteste aller Schamanen lebt ein Buckelwal eine fantasievolle Kindheit, die sich meist bis ins Erwachsenenleben fortsetzt. Tagträume sind zwar wichtig für seine emotionale Gesundheit, aber wenn er sich in einer Telefonkonferenz mit dem Chef ausmalt, wie Alligatoren mit Nilpferden tanzen, oder wenn er sich vorstellt, wie er von seinem Arbeitsplatz, an dem er mit Zahlen zu kämpfen hat, aus dem Fenster steigt und in ein weniger gewöhnliches Leben flieht, geht das nie gut.

Buckelwale müssen unbedingt Berufe oder Hobbys finden, die ihnen die Möglichkeit geben, ihre starke Vorstellungskraft zu nutzen. Andernfalls könnte es passieren, dass sie wie ein emotionaler Vagabund durch das Leben irren, ohne Ziel und immer auf der Suche nach unbekannten Orten, sowohl in der physischen als auch in der spirituellen Welt. Das könnte jedoch unvermeidlich sein, denn trotz ihrer Bemühungen, sich zu erden, herrscht im Leben eines Buckelwals immer ein wenig Chaos. Mit ihrer Exzentrik, Spontaneität und Offenheit für neue Erfahrungen sind zufällige Abenteuer vorprogrammiert.

Der Ausgestoßene

Der Buckelwal lässt sich am einfachsten dadurch vom Panda, dem anderen zurückhaltenden Schamanen, unterscheiden, weil er gesellschaftliche Normen wie das Bildungssystem, die typischen Werte der Kernfamilie und konventionelle Mode- und Schönheitsstandards missachtet. Die meisten Buckelwale lehnen auch »kommerzielle« Unterhaltung ab, da sie der Meinung sind, dass diese nur dazu dient, die künstlichen Werte, die sie so verachten, zu unterstützen und zu rechtfertigen. Das bringt sie in Konflikt mit der Gesellschaft im Allgemeinen; und im Gegensatz zu den Pandas gehen Buckelwale keine Kompromisse ein, um sich besser in das soziale Gefüge zu integrieren. Dies wiederum kann dazu führen, dass sie an den Rand der Gesellschaft gedrängt werden, verfolgt und allein. Oder schlimmer noch: Der Buckelwal erliegt dem sozialen Druck und beginnt, an seinen Überzeugungen zu zweifeln, während er sich gleichzeitig dafür tadelt, nicht authentisch genug zu sein.

Aus diesem Grund ist es nicht ungewöhnlich, dass Buckelwale Hobbys nachgehen, die ihnen helfen, ihre spirituelle Verwirrung zu überwinden, wie zum Beispiel Yoga (obwohl sie sich nicht in der typischen Yogakleidung blicken lassen würden) oder Meditation. Dass diese Aktivitäten ihren Weg in den Mainstream gefunden haben, sagt viel darüber aus, wie die Authentizität der Buckelwale gemeinhin in die coole Kultur übernommen wird.

Der Aufenthalt in der Natur ist ein weiterer Zufluchtsort für Buckelwale. Durch einen dichten Kiefernwald zu wandern oder das Gefühl eines kühlen Wasserlaufs an den Füßen zu genießen, hat etwas sehr Echtes, und die Natur in all ihrer »Unprätentiosität« scheint den Buckelwalen nicht nur ein Gefühl des Friedens zu geben, sondern auch etwas viel Besseres: ein neues Vertrauen in ihre eigene Authentizität.

Der Held

Eine der faszinierendsten Tatsachen über Buckelwale ist, dass sie der Archetyp des mythologischen Helden sind. Sie sind die Typen, über die Joseph Campbell in *Der Heros in tausend Gestalten* schrieb, obwohl es natürlich viel mehr als tausend Buckelwale unter uns gibt. Von fiktionalen Geschichten über nicht-fiktionale Berichte bis hin zu fiktionalen Berichten über nicht-fiktionale Geschichten – die

Geschichte der Menschheit und die Popkultur sind voll von gefühlvollen, sich selbst aufopfernden Buckelwalen wie König Artus, Frodo Beutlin, Harry Potter, Luke Skywalker und Jeanne d'Arc.

Ein Buckelwal scheint eine seltsame Wahl für einen Helden zu sein. Im Durchschnitt sind Buckelwale weder körperlich imposant, noch sind sie schnell auf den Beinen – weder im wörtlichen noch im übertragenen Sinne. Aber sie haben ein gutes Herz, einen offenen Geist und die Gewissheit, dass alles, was ihnen widerfährt, aus einem bestimmten Grund geschieht. Dieser Glaube gibt ihnen nicht nur die Zuversicht, sich den schwierigsten Herausforderungen zu stellen, sondern auch die Kraft, sie zu meistern.

	Was ist es, das mich antreibt? Ich bin …	**Was ist meine »normale« Rolle?** Ich bin …	**Was ist meine Superkraft?** Ich bin …	**Was ist mein Makel?** Ich bin …
Delfine	Der Erschaffer von Gemeinschaften	Der Lehrer	Der Diplomat	Der zu viel Preisgebende
Pandas	Der Bücherwurm	Der Berater	Der entschlossene Entscheider	Der Neurotiker
Paviane	Der wahre Gläubige	Der Herold	Der Revolutionär	Der unbeständige Freund
Buckelwale	Die alte Seele	Der Träumer	Der Held	Der Ausgestoßene

Abbildung 5.1 Die Rollen der Schamanen

KAPITEL 6

DIE SCHMIEDE

»Hast du mal ein menschliches Herz gesehen?«

»Sie sind so etwas wie meine Lakaien. Ich kann sie dazu benutzen, meine Wünsche auszuführen.« Sprach das ein James-Bond-Bösewicht? Oder ein galaktischer Eroberer aus dem neuesten Marvel-Film? Fehlanzeige. Das kam von einem zwölfjährigen Mädchen.

Sie war mehrere Jahre lang meine Schülerin und sagte dies während unserer ersten Nachhilfestunde als Antwort auf meine Frage: »Was magst du am meisten an deinen Freunden?« Das Bemerkenswerte – oder vielleicht auch nicht so Bemerkenswerte – an meinem Leben, in dem ich verschiedene Persönlichkeiten studiert habe, ist, dass mich in Bezug auf die Menschen nichts mehr überrascht. Das Normale gibt es nicht, zumindest nicht so, wie ich es früher angenommen hatte. Ich habe auf die harte Tour gelernt, was passiert, wenn man etwas annimmt, so wie es sicher die meisten tun.

Der *Oxford Dictionary of English* definiert Normalität als

1. einem Standard entsprechend; üblich, typisch oder erwartet
2. der übliche, durchschnittliche oder typische Status oder Zustand

In einer Bevölkerungsgruppe kann man mit dem Begriff *normal* den Standard beschreiben, dem viele Menschen in dieser Gruppe folgen. Ziemlich einfach. Ein reines Zahlenspiel. Wenn man 100 Leute hat und 85 davon Rechtshänder sind, dann kann man sagen, dass der »normale, durchschnittliche« Mensch in dieser Gruppe Rechtshänder ist, was allerdings nicht dasselbe ist, wie zu sagen: »Lasst uns die anderen 15 verprügeln, bis sie lernen, ihre rechte Hand besser zu benutzen als ihre linke.« Der Begriff *normal* wird zunehmend mit *ideal* gleichgesetzt, als ob ein armes Dorfkind, das an der Elfenbeinküste aufwächst, seinen »typischen Status oder Zustand« jemals als ideal bezeichnen würde. Wenn wir anfangen, Normalität nicht als eine Idee zu betrachten, die ein Element der Realität definiert, wie zum Beispiel die Schwerkraft oder die Relativitätstheorie, sondern als die tatsächliche, schriftlich festgehaltene Definition der Normalität (s. o.), werden wir die vielen kleinen und großen Eigenheiten unserer Mitmenschen besser verstehen und akzeptieren.

Als ich hörte, wie meine Schülerin ihre Freunde als »Lakaien« bezeichnete, die dafür da sind, ihre »Wünsche« auszuführen, konnte ich natürlich nicht umhin, die logische Folgefrage zu stellen:

> Ich: »Was genau lässt du sie für dich tun?«
> Sie: »Na ja, wenn ich jemanden nicht mag, lasse ich sie Sachen mit dieser Person machen.«
> Ich: »Was für Sachen?«
> Sie: »Ich weiß es nicht. Vielleicht lasse ich sie gemeine Sachen sagen oder sie ein bisschen ärgern – oder viel.«

Das machte mich neugierig. Es ist sehr selten, dass man eine solche Misanthropie laut ausgesprochen hört, schon gar nicht von jemandem, der zu jung ist, um zu wissen, was dieses Wort bedeutet. Irgendwie war es erfrischend. Es schien, als hätten die vielen Jahre – zwölf, um genau zu sein –, in denen sie von der Sammler-Orthodoxie geplagt wurde, wenig bis gar keine Auswirkungen auf sie gehabt. Sie ist zweifelsohne eine Schmiedin und, was noch wichtiger ist (wenn ich an das mögliche moralische Urteil der Leser denke), ein fantastisches Kind, das gerne schauspielert, Science-Fiction liest und all die anderen Dinge mag, die ein Mädchen in ihrem Alter mögen könnte. Sie hat nichts Grausames an sich. Ich weiß das, weil ich ihr gegenüber einmal versucht habe, den coolen Erwachsenen zu spielen, und erwähnt habe, dass ich ein Fan von Billie Eilish bin. Sie antwortete ganz sachlich: »Oh ja, sie ist cool. Alle Mädchen in meiner Klasse mögen sie.« Ja, es ist immer ein tolles Gefühl, wenn man hört, dass man den Musikgeschmack eines zwölfjährigen Mädchens hat. Doch meine Erniedrigung hat sie nicht genossen. Sie wusste nicht einmal, dass es einen Grund dafür gab. Für sie war Billie Eilish eine coole Musikerin, die von den Mädchen der siebten Klasse bewundert wurde. Eine objektive Tatsache. Peinlich war für sie daran nichts – eine Lektion, die wir alle von den Schmieden lernen sollten.

Viele Leute finden es vielleicht nicht gut, wenn jemand – und schon gar nicht ein junges Mädchen – seine Freunde als nützliche Lakaien betrachtet. Eigentlich ist das noch eine Untertreibung. Wenn sie das einem ihrer Lehrer gesagt hätte, hätte sie wahrscheinlich eher als Reaktion auf ihre eigenwillige Sichtweise eine Empfehlung für einen Psychiater bekommen. Ich glaube, meine genauen Worte waren: »Das ist ganz schön viel Macht, die du hast.«

Schmiede sollten sich glücklich schätzen, dass diese Art von Gesprächen mit ihren Lehrern im Großen und Ganzen nicht allzu oft stattfinden. Normalerweise sind Schmiede gute Schüler und durchlaufen das Bildungssystem ohne große Probleme, solange sie ihren Mund halten, wenn es um ihre ambivalente Sicht der Welt geht (sie würden es »objektive Sicht« nennen). Das ist wie damals, als der aus North Carolina stammende, tiefgläubige Baptist Madison Bumgarner ein Star-Pitcher für die San Francisco Giants war. Die liberalen Fans in der Bay Area fragten ihn nicht nach seinen politischen Überzeugungen, und er teilte sie wohlweislich auch nicht. Stattdessen bescherte er ihnen drei World-Series-Titel.

Schmiede profitieren außerdem davon, wenn ihre Leistungen im Mittelpunkt stehen und nicht die Beweggründe und Ideen, die hinter diesen Leistungen stehen – ein weiterer Grund, warum die Leute Elon Musk immer wieder sagen, er soll die Klappe halten. Dies ist jedoch ein heikler Balanceakt. Im Gegensatz zu den auf Anpassung versessenen Schamanen ist es den Schmieden egal, ob die Gesellschaft sie akzeptiert oder nicht. Von allen Typen haben Schmiede das stärkste Selbstwertgefühl, eine Selbstkenntnis und ein Selbstvertrauen, das sich oft schon in jungen Jahren zeigt. Sie wissen, wer sie sind, und sind nicht geneigt, ihre Meinung für sich zu behalten. Ihre Ehrlichkeit ist sowohl eine Stärke als auch eine Bürde, denn andere Typen bewundern die Weigerung der Schmiede, Zweideutigkeiten zu äußern, aber sie werden auch schnell als seltsame, asoziale

Ausgestoßene oder als kalte, herrschsüchtige Soziopathen abgestempelt – sie planen entweder den nächsten Amoklauf oder den nächsten Putsch in der Dritten Welt.

Meine Schülerin war weder das eine noch das andere. Sie träumte nicht davon, ihre Schule in die Luft zu jagen. Es ist erwähnenswert, dass die Gesellschaft häufig – und ungerechterweise – soziale Unbeholfenheit mit Gewalt gleichsetzt und dabei die Tatsache ignoriert, dass viele Täter von nationalem Terrorismus ihre Motivation aus der Wut darüber beziehen, nicht dazuzugehören – eine Angst, die den meisten Schmieden fremd ist. Und unabhängig davon, wie sie ihre Freunde anführte, war meine Schülerin auch nicht frei von Gefühlen. Als ich sie nach ihrer Schwester fragte, die in diesem Jahr aufs College gehen würde, brach sie bei dem Gedanken daran in Tränen aus – überrascht über ihre eigenen Tränen und unfähig, ihre Gefühle klar auszudrücken. Hinter ihren spielerischen Machenschaften verbarg sich eine Quelle unterdrückter Gefühle, die nur darauf wartete, dass sie reif genug wurde, sie zu äußern. Das ist der echte Schmied. Und im Gegensatz zu den feurigen Gemütern der Jäger oder den aufgewühlten Leidenschaften der Schamanen sind die Emotionen der Schmiede wie kalte Blitze: direkt, ohne Vorwarnung und ohne die Fähigkeit, ihre Kraft vollständig zu kontrollieren.

Ihren Sinn für Menschlichkeit erweitern

Die Suche nach Informationen ist das Herzstück des Wachstumsbogens der Schmiede – *Herz* ist das richtige Wort. Schmiede versuchen, den menschlichen Faktor beim Wissenserwerb auszuschalten; persönliche Gefühle werden zu Kollateralschäden, wenn sie um die objektive Wahrheit kämpfen. Das Problem besteht jedoch darin, dass sie eine Schlacht nach der anderen gewinnen und trotzdem den Krieg verlieren könnten. Wir haben nicht ohne Grund Gefühle. Wenn wir anfangen, uns von ihnen zu lösen, verlieren wir den Kontext des Wissens, das wir gewinnen, und dessen Auswirkungen auf unsere Welt und die Menschen, die wir lieben. Ich denke dabei immer an Julius Robert Oppenheimer, den Vater der Atombombe, der aus der Bhagavad Gita zitierte, nachdem er einen Atomtest beobachtet hatte: »Jetzt bin ich der Tod geworden, der Zerstörer der Welten« (zitiert in: Freed und Giovannitti, 1965). Wissen ohne Kontext hat seinen Preis.

Es ist nicht so, dass Schmiede nicht in der Lage sind, Zusammenhänge zu verstehen; es ist nur so, dass es für einen Schmied schwierig ist, Menschen zu verstehen, was allerdings eine Voraussetzung ist, um Zusammenhänge zu erkennen. Wir Menschen sind oft eine irrationale Spezies, die von Gefühlen und Launen getrieben wird und andere und vor allem sich selbst täuschen kann. Ideen sind jedoch eine Quelle des Trostes. Die Schwerkraft ist wie die Liebe eine mächtige Kraft, aber sie ruft dich nicht um drei Uhr nachts betrunken an, wenn du schon zur Heisenbergschen Unschärferelation übergegangen bist. Abstrakte Konzepte sind eine wunderbare Sache und es besteht kein Zweifel daran, dass sie einen spürbaren Einfluss auf die konkrete Welt haben. Und doch hat ihre Unpersönlichkeit etwas Begrenzendes, so als ob der Elfenbeinturm sowohl als intellektuelle Zuflucht als auch als geschlossenes Gefängnis dient. Das folgende Gespräch fand zwischen einem befreundeten Schmied und meinem jüngeren Bruder statt, der gerade *Final Fantasy XI* spielte, ein MMORPG (Massively Multiplayer Online Role-Playing Game) aus den frühen 1980er-Jahren, ein Vorläufer von *World of Warcraft*, ein Spiel, in dem du über einen digitalen Avatar mit Tausenden von Menschen in einer Fantasy-Welt interagierst.

Mein Freund: »Wie oft spielst du?«
Mein Bruder: »Äh, eine Stunde am Tag. Willst du auch spielen?«
Mein Freund: »Oh nein, solche Spiele kann ich nicht spielen.«
Mein Bruder: »Warum nicht?«
Mein Freund: »Weil sie zu viel Spaß machen. Ich würde dann ewig spielen. Und wenn das Fantasieleben dann mehr Spaß macht als das echte Leben, dann sollte man damit aufhören.«

Dieses Aufhören, dem ein Bewusstsein für die potenzielle Gefahr vorausgeht, ist für die Entwicklung eines Schmieds unerlässlich. Reife Schmiede wissen, wann sie von Zeit zu Zeit zu den Menschen in ihrem Leben zurückkehren müssen, um sie besser zu verstehen, denn es liegt auch Weisheit darin, Menschen zu kennen. Ein Beispiel dafür lieferte Einstein, ein offensichtlicher Schmied, in einem Gespräch, das er 1946 mit einem Teilnehmer einer Konferenz in Princeton führte:

Teilnehmer: »Dr. Einstein, wie kommt es, dass der menschliche Verstand so weit gereift ist, um die Struktur des Atoms zu entdecken, wir aber nicht in der Lage waren, politische Mittel zu finden, um das Atom davon abzuhalten, uns zu zerstören?«
Einstein: »Das ist ganz einfach, mein Freund. Es liegt daran, dass die Politik schwieriger ist als die Physik.« (Dora Dore, Ku und Jackson, 2014)

Vier Fragen für Schmiede

1. Wie verstehe ich Moral?
2. Wie drücke ich meine Kreativität aus?
3. Wie diene ich der Menschheit?
4. Was ist mein Makel?

Der Wachstumsbogen der Schmiede ist fast wie der Bogen der Schamanen in umgekehrter Form. Schmiede beginnen bereits mit einem starken Verständnis von sich selbst; was sie jedoch nicht haben, ist die Bereitschaft der Schamanen, andere an sich heranzulassen. Sie halten ihre Selbstkenntnis fälschlicherweise oft für eine Gewissheit – ein Fehler, den sie selten dann begehen, wenn sie sich mit objektiveren Ideen befassen, bei denen, wie es der Nobelpreisträger und Schmied Richard Feynman (1964) ausdrückte, »die Menschen nach Gewissheit suchen, wobei es aber keine Gewissheit gibt«. Und genau in dieser Diskrepanz liegt das Problem. Unreife Schmiede neigen dazu, objektives Wissen und Wissen über Menschen als einander ausschließend zu betrachten, wobei sie in der Regel Ersteres loben und Letzteres abwerten.

Wenn wir uns den Wachstumsbogen der Schmiede bildlich vorstellen würden, wäre er (sehr zur Freude der Schmiede) ein einziges großes Gehirn. Dieses Gehirn ist jedoch in zwei Hälften gespalten, wobei die logische linke Hemisphäre von der emotionalen rechten abgetrennt wurde. Um zu reifen, muss ein Schmied lernen, die Kluft zwischen den beiden zu überbrücken. Wissenswert: Eine postmortale Untersuchung von Einsteins Gehirn ergab, dass die einzige signifikante physische Anomalie ein ungewöhnlich großer Corpus callosum war, der Teil des Gehirns, der für die Integration von Informationen zwischen beiden Hemisphären verantwortlich ist. Anstatt ihre Emotionen als unverständliche Regungen zu betrachten, die unterdrückt werden müssen, erkennen reife Schmiede, dass die Erforschung der Komplexität ihrer Gefühle der beste Weg ist, um ihre Kraft zu nutzen und ihren Einfallsreichtum zu fördern. Schließlich ist es nicht unmöglich, kalte Blitze zu kontrollieren; frag einfach Edison.

Der Killerwal

Es gibt verschiedene Persönlichkeitstypen, die gerne hinter den Kulissen arbeiten und das Rampenlicht so gut wie möglich meiden. Der Killerwal gehört nicht dazu. Killerwale sind für ihren natürlichen Drang zu führen bekannt. Im Gegensatz zu den ähnlich befehlshaberischen, aber viel autoritäreren Hirschen beziehen sie ihre Macht aus der Kraft ihres Intellekts und überzeugen ihre Anhänger auf nicht ganz so subtile Weise davon, dass sie die klügste Person im Raum sind und es daher töricht wäre, einem anderen zu folgen.

Der Chef

Unter allen Typen gehören die Killerwale zu den hervorragendsten Schülern, nur übertroffen von ihren Schmied-Geschwistern, den Spinnen. Doch was den Killerwalen im Vergleich zu den Spinnen an Geduld und intellektueller Genauigkeit fehlt, machen sie durch ihren Ehrgeiz mehr als wett. Sie wollen nicht das Sagen haben, sondern erwarten es, denn sie betrachten ihre Führungsrolle als unvermeidliches Ergebnis ihrer überlegenen Tatkraft und Vision.

Wie alle Schmiede verfügen auch Killerwale über ausgeprägte analytische Fähigkeiten, aber sie akzeptieren bereitwillig, dass ihre Fähigkeiten im Vergleich zu den innovativen Schimpansen und theoretischen Eulen blass erscheinen. Wovor sie nicht kapitulieren, ist die Kontrolle. In ihren Augen gibt es nur zwei Typen, die in der Lage sind, all die unpraktischen, unzusammenhängenden und spekulativen Ideen der Schimpansen und Eulen in ein echtes, sinnvolles Produkt zu verwandeln: sie und die Spinnen; aber die Vorsicht der Spinnen führt eher dazu, dass sich die Räder im Kreis drehen, als dass sie ein erfolgreiches Unternehmen gründen. Sobald die notwendigen Informationen gesammelt sind, handeln die Killerwale entschlossen, rekrutieren qualifizierte Verbündete und finden optimale Rollen für sie. Es ist keine Überraschung, dass viele Firmenchefs Killerwale sind; ihre Fähigkeit, die einzigartigen Talente einer Person zu erkennen und zu nutzen, ist eine Voraussetzung für den Erfolg eines Unternehmens.

Der Kommandant

Ihre Fähigkeit, Stärken und Schwächen zu erkennen, ist zwar für ihre Verbündeten und Anhänger von Vorteil, kann Killerwale aber auch zu gefährlichen Gegnern machen. Ob ein Footballtrainer, der sich spezielle Tricks ausdenkt, um einen langsamen Quarterback auszutricksen, oder ein General, der Truppenbewegungen auf der Grundlage von Schwachstellen in den gegnerischen Reihen plant – Killerwale haben immer einen Angriffsplan parat. Sie sind darauf spezialisiert, gleichzeitig mehrere Aktionen zu koordinieren, wobei die Stärke ihrer Strategie nicht aus einem bestimmten Teil, sondern aus der überwältigenden Summe des gesamten Plans resultiert. Diese Strategien werden immer über einen längeren Zeitraum hinweg entwickelt, und es ist nicht ungewöhnlich, dass ein Killerwal ein Spielbuch – im wörtlichen oder übertragenen Sinne – besitzt, nach dem er regelmäßig arbeitet.

Wie Spinnen verlassen sich auch Killerwale am liebsten auf Pläne, die nachweislich erfolgreich sind (in der Regel auf die ihres eigenen Erfolgs), und sie geben sie auch schnell auf, wenn sich eine Strategie als unwirksam erweist. Im Gegensatz zu einer Spinne, deren Eventualitäten darauf zugeschnitten sind zu reagieren, genießt es ein Killerwal, die Aktion zu erzwingen. Das ist nicht mit Rücksichtslosigkeit zu verwechseln, denn jeder Zug wird mit viel Voraussicht gemacht. Allerdings verstecken sich Killerwale nicht gerne im Schatten, und es ist viel schwieriger, die Zielscheibe auf ihrem Rücken zu treffen, wenn sie dich über den Haufen rennen.

Der Dominierende

Die gewaltige Natur des Killerwals macht ihn genau zu: einer Naturgewalt. Und weil sie so mächtig sind, können Killerwale, wie jede Naturkatastrophe, ein gewaltiges Ausmaß an Zerstörung anrichten. Um es unverblümt auszudrücken (was sie auch tun würden), können Killerwale im schlimmsten Fall gefühllose Kontrollfreaks sein, allerdings nicht auf die kalte, gleichgültige Art, die man gemeinhin mit Schmieden assoziiert. Es kann sogar sein, dass Killerwale zu intensiv sind und ihr Verlangen, ihr angestrebtes Ziel zu erreichen, so überwältigend wird, dass sie anfangen, die Verbündeten, die ihnen beim Erreichen dieses Ziels helfen, zu vernachlässigen. Die gleichen analytischen Fähigkeiten, die einen Killerwal in die Lage versetzen, objektive, strategische Entscheidungen zu treffen, können auch dazu führen, dass er die verschiedenen gesellschaftlichen Elemente, die an einem Vorhaben beteiligt sind (soziale Normen, vorherrschende Protokolle, persönliche Gefühle), bestenfalls nicht wahrnimmt und schlimmstenfalls ablehnt.

Verständlicherweise kann dieses aggressive Verhalten, selbst wenn es durch Altruismus motiviert ist (wenn zum Beispiel Hermine Granger einen nicht ganz so gelehrigen Harry Potter ausschimpft), dazu führen, dass ein Killerwal seine Freunde, Kollegen und Familienmitglieder verärgert. Killerwale sind niemals erfolglos – auch nicht in Beziehungen – und versuchen daher, die zerbrochenen Bande wieder zu kitten. Leider führt das oft dazu, dass sie noch mehr Öl ins Feuer gießen, denn ihre kontrollierenden, wenn auch gut gemeinten Bitten wirken eher wie manipulative Machtspiele als wie ein Ausdruck von Reue. Reife Killerwale lernen jedoch, dass man einen Menschen nicht zwingen kann, etwas zu fühlen. Und die glücklichen Menschen, die klug genug – und mutig genug – sind, um hinter die oberflächliche Aggression des Killerwals zu blicken, werden keinen treueren Freund, keinen liebevolleren Liebhaber und keine ehrlichere Meinung finden.

Der zynische Pragmatiker

Trotz gelegentlicher Ausrutscher in den Diktator-Modus sind Killerwale normalerweise in der Lage, ihre Macht an andere in der Gruppe zu übertragen. Aber versteh das nicht falsch: Dieser Akt der Ehrerbietung ist eher Ausdruck ihres Pragmatismus als eines Gefühls der Demut. Sie wissen, dass die effektivste Strategie, um eine komplexe Maschine am Laufen zu halten, darin besteht, dafür zu sorgen, dass all die unzähligen Teile dieser Maschine gut geölt sind. Aus diesem Grund sind Killerwale ziemlich zynisch, wenn es um Fragen der Moral geht; die Sichtbarkeit einer Führungsposition, die sie einnehmen könnten, veranlasst reife Killerwale häufig dazu, kontroverse Themen ganz zu vermeiden.

Bei einem Killerwal kann sich seine öffentliche Meinung von seiner privaten unterscheiden, im Gegensatz zu einer Spinne, einem Zyniker, der sich regelmäßig dafür entscheidet, überhaupt keine Meinung zu äußern. Diese Mischung aus Zynismus und Pragmatismus ist es auch, die Killerwale zu so scharfsinnigen Talentbeurteilern macht. Indem sie oberflächliche Merkmale wie Geschlecht, Sexualität, Rasse und Nationalität beiseiteschieben, können Killerwale Personen nach dem aussuchen, worauf es wirklich ankommt: nach den Fähigkeiten und dem Wissen, die sie dem Unternehmen zur Verfügung stellen können.

Die Spinne

Wenn das Leben im sprichwörtlichen Sinne wie ein Spiel ist, dann scheint die Spinne Schach zu spielen, während der Rest von uns Dame spielt. Spinnen haben nicht nur immer einen Plan, sondern in der Regel auch mehrere Ausweichmöglichkeiten, falls etwas in diesem Plan schiefgehen sollte. Und im Gegensatz zu den Killerwalen, den Schmied-Geschwistern, die ihre Beweggründe bereitwillig offenlegen wie ein Pokerspieler, der sein Gewinnerblatt auf den Tisch knallt, enthüllen die ernsten und zurückhaltenden Spinnen nur sehr selten die persönliche Agenda, die ihre weitsichtigen Machenschaften antreibt.

Der Empiriker

Wenn Forschung ein Gott ist, dann ist die Spinne ein wahrer Gläubiger. Spinnen sind fleißiger als Killerwale und bodenständiger als Schimpansen und Eulen und stützen sich bei ihren Überlegungen vor allem auf empirische Beweise. Daher gelten sie gemeinhin als die vernünftigsten unter ihren Schmied-Geschwistern. Spinnen legen mehr Wert auf die Anwendung von Theorien als auf die Erstellung von Theorien – eine Eigenschaft, die sie mit den Killerwalen teilen, obwohl Spinnen viel detailorientierter sind. Sie haben die erstaunliche Fähigkeit, nicht nur den verschiedenen Wendungen einer komplexen Theorie zu folgen, sondern auch ein System zu entwickeln, in dem diese Ideen in der realen Welt gedeihen können. Spinnen betrachten Wissen als ein Mittel, um ein Ziel zu erreichen, das die Welt hoffentlich zum Besseren verändern kann.

Ein Großteil dieser Arbeit findet im Verborgenen statt, denn äußerlich ähnelt die Spinne der introvertierten Eule und ihrem Schamanen-Cousin, dem Panda. Im Gegensatz zu diesen Typen, die eher pazifistisch eingestellt sind, lehnt die Spinne den Krieg an sich nicht ab. Wie alles in ihrem Verständnisbereich ist auch der Krieg nur ein abstraktes Konzept, dessen Wert allein von der Praxis und dem Kontext bestimmt wird. Für eine Spinne sind Ideen in erster Linie Mittel, um greifbare Auswirkungen zu erzielen. Etwas automatisch als positiv oder negativ zu bewerten, ohne den Kontext in der realen Welt zu verstehen, ist in ihren Augen voreingenommen. In dieser Hinsicht sind Spinnen ziemlich objektiv und äußern eine enorme Skepsis, wenn es um Werturteile wie Gut und Böse geht. Ihnen zu unterstellen, dass sie nicht an solche Dinge glauben, wäre jedoch übertrieben. Sie sind lediglich agnostisch und vertrauen darauf, dass die Daten, die sie gesammelt haben – ein lebenslanges Unterfangen für die meisten Spinnen –, ihnen den Weg weisen.

Der äußerlich Widersprüchliche

Spinnen sind ein lebendes Oxymoron. Auf der einen Seite sind sie fleißige, karrierebewusste Menschen. Auf der anderen Seite schaffen sie sich Systeme mit dem ausdrücklichen Ziel, nicht mehr zu arbeiten, als sie für nötig halten. Karriereambitionen als Mittel zum materiellen Erfolg sind ihnen ein Gräuel. In allgemeinen Gesprächen können sie sich kurzfassen, aber wenn man sie nach ihrem aktuellen Projekt fragt, reden sie ohne Unterlass über jedes Detail. Ihre Gedanken sind methodisch zusammengetragen. Ihr Arbeitsbereich ist ein einziges Durcheinander. Eine Spinne nutzt ein Online-System, um ein Treffen zu planen, das perfekt in den Zeitplan aller Teilnehmer passt, ein Treffen, bei dem sie die komplizierten Details eines Plans präsentieren wird, den sie akribisch ausgearbeitet hat, und kurz vor dieser Präsentation fährt sie auf dem Weg zum Büro versehentlich gegen einen Pfosten.

Der tragischste aller Widersprüche: Spinnen werden oft als kalt und gleichgültig angesehen, obwohl in ihrem Inneren eine Quelle intensiver Gefühle schlummert. Vielleicht ist es ihr Wunsch, immer die Kontrolle über eine Situation zu haben (nur der Killerwal ist ein noch größerer Kontrollfreak), der dazu führt, dass Spinnen ihre Gefühle unterdrücken, weil sie befürchten, dass sie sich dadurch verletzbar machen könnten. Eine Spinne könnte sich dazu entschließen, die meisten Menschen einfach komplett auszuschließen, was ihre zwischenmenschlichen Fähigkeiten unweigerlich beeinträchtigt, da ihr Einblick in die Menschen auf die Bücher beschränkt ist, in denen sie zu diesem Thema recherchieren kann. Glücklicherweise sind reife Spinnen in der Lage, das Bedürfnis nach absoluter Kontrolle aufzugeben und sich einer kleinen Auswahl von vertrauenswürdigen Personen zu öffnen.

Der Eventualitäten-Planer

Als Meister des Algorithmus ist es nicht ungewöhnlich, dass eine Spinne bedingte Aussagen wie »Wenn dies, dann das« verwendet, wenn sie eine Strategie entwirft. Spinnen sind stolz darauf, allen anderen immer drei Schritte voraus zu sein. Wundere dich nicht, wenn du herausfindest, dass eine Spinne bereits die Pläne B und C für den fünftwahrscheinlichsten Ausgang eines bestimmten Szenarios vorbereitet hat.

Langfristige Planung ist für die objektiv denkende Spinne üblich. Es können Tage, Wochen, Jahre oder sogar Jahrzehnte vergehen, bis eine Spinne bekommt, was sie will (jede Spinne hätte den Marshmallow-Test bestanden). Das ist kein Beweis für Angst oder Leidenschaftslosigkeit, sondern lediglich für die Geduld zu warten, bis bestimmte Bedingungen erfüllt sind und das Ziel der Spinne zum Greifen nahe ist. Leider kann eine solch engstirnige Hingabe auch negative Folgen haben, denn Spinnen sind nicht die selbstbewusstesten Menschen, und die Wachsamkeit, die sie für ihre Pläne aufbringen, erstreckt sich nicht immer auf ihr emotionales Wohlbefinden. Eine Spinne könnte sich in einer Situation wiederfinden, die sie jahrelang geplant hat, um ein bestimmtes Ergebnis zu erreichen, bei dem sie aber erst jetzt merkt, dass sie es nicht will.

Der effiziente Problemlöser

Die besondere Begabung der Spinne ist ihre Fähigkeit, eine Vielzahl unterschiedlicher, ja sogar widersprüchlicher Ideen in ein harmonisches Netz der Synchronizität zu integrieren, ein elegantes, praktisches und funktionierendes System, das ein bestehendes

Problem löst oder einen vorhersehbaren Bedarf erfüllt. Für die Spinne liegt die Schönheit des Designs in seiner greifbaren Effizienz – ein deutlicher Unterschied zu den anderen Schmied-Designern, dem fantasievollen Schimpansen und der spekulativen Eule. Der Plan der Spinne besteht immer darin, den Input zu minimieren und den Output zu maximieren, und zwar auf eine Weise, die sich leicht in die allgemeinen Abläufe des Unternehmens oder der Institution, für die sie arbeitet, integrieren lässt.

Aus diesem Grund findet man Spinnen häufig in Bereichen, in denen es auf strukturelle Präzision ankommt, zum Beispiel in der Wirtschaft, im Bildungswesen, bei der Softwareentwicklung und in der akademischen Forschung. Egal, ob sie eine feindliche Übernahme, einen Lehrplan, eine SaaS-Plattform oder eine experimentelle Studie entwerfen – Spinnen arbeiten unermüdlich daran, ein System zu schaffen, das im schlimmsten Fall die Produktivität steigert und im besten Fall die jeweilige Branche revolutioniert.

Der Schimpanse

Was einem Schimpansen wichtig und eigen ist, in Kurzfassung: Innovation um der Innovation willen, Cleverness um der Cleverness willen und ein Augenzwinkern für diejenigen, die zu langsam sind, um mitzuhalten. Ohne die pragmatischen Ziele des Killerwals und der Spinne und viel auffälliger als die unauffällige Eule, sehen sich Schimpansen als eine andere Art von Schmied. Sie stehen sowohl der Spezialisierung als auch lachfreien Räumen sehr skeptisch gegenüber, was sie zu den vielseitigsten und schelmischsten unter allen Typen macht.

Der Lösungsfinder

Die Vielseitigkeit der Schimpansen rührt von ihrem unermüdlichen Wunsch her, neue Konzepte in einer Vielzahl von Bereichen zu entdecken – vielleicht sogar zu erfinden. Im Gegensatz zu den kontrollierenden Killerwalen und Spinnen lassen sich Schimpansen nur selten aus der Ruhe bringen, wenn sie nicht alle Antworten kennen. Es macht ihnen sogar mehr Spaß, wenn sie keine haben. Ironischerweise sind sie gerade deshalb so geniale Problemlöser. Wenn die Akribie einer Spinne sie zum Meister darin macht, Strategien zum Erreichen langfristiger Ziele zu entwickeln, dann macht die Kreativität eines Schimpansen ihn zum Meister darin, innovative Lösungen für unmittelbare Probleme zu finden. Der experimentelle Stil des Schimpansen ermöglicht es ihm, Lösungsmodelle vorzuschlagen, die niemand, der bei klarem Verstand ist, jemals vorschlagen würde – genau das sind die Ideen, die der Schimpanse in schneller Folge ausspuckt.

Schließlich ist die Fehlersuche nur eine natürliche Erweiterung der Vorliebe des Schimpansen für Tüfteleien. Alles, was getestet, verfeinert, erneut getestet und noch einmal verfeinert werden kann, fällt in den Bereich des Schimpansen. Bedauerlicherweise sind weibliche Schimpansen einem enormen sozialen Druck ausgesetzt, denn sie lernen normalerweise schon früh, dass es sich für ein Mädchen nicht gehört, im Schlamm zu wühlen und Schnecken zu sammeln. Vielleicht liegt es an der Kühnheit und der Gefahr, die mit dem Schimpansendasein verbunden sind; von Mädchen wird erwartet, dass sie sich »anständig« verhalten und die gefährliche Arbeit den Jungen überlassen. MINT-Fächer, also Arbeitsbereiche, in denen männliche Schimpansen vorherrschen, sind seit jeher frauenfeindlich, und selbst heutzutage ist die geringe Anzahl von Frauen in den Naturwissenschaften sehr deprimierend. Deshalb sind sie oft gezwungen, ihre Innovation in Berufen auszudrücken, die eher »weiblich« sind (es ist keine Überraschung, dass viele davon mit Schönheit zu tun haben), wie Industriedesignerin, Architektin, Konditorin, Kleinunternehmerin und kreative Beraterin.

Der praktische Spaßvogel

Es stimmt, dass die meisten Schmiede absolut nichts von traditionellen gesellschaftlichen Werten halten, die nicht durch Logik gestützt werden, obwohl jeder Schmied auf seine eigene Weise mit sozialem Druck umgeht. Die pragmatischen Killerwale und Spinnen passen sich so weit an, wie sie müssen, um ihre Ziele zu erreichen. Die zurückgezogene Eule ignoriert sie völlig. Der Schimpanse, der normalerweise als der mutigste der vier angesehen wird, verkündet seine gegenteiligen Meinungen laut, deutlich und mit einem subversiven Hauch von Unfug. Schimpansen gelten gemeinhin als coole Rebellen oder intellektuelle Komiker, deren Witze zwar gesellschaftskritisch und abwertend sind, aber dadurch gemildert werden, dass sie nichts ernst zu nehmen scheinen.

Der Schimpanse ist der Typ, der am ehesten Streiche spielt, sarkastische Kommentare abgibt und bei offiziellen Anlässen schmutzige Geschichten erzählt (ja, er ist der Kollege, der immer unpassende Memes in den E-Mail-Thread bei der Arbeit einfügt). Genau wie sein heißsporniger Cousin, der Pavian, setzt der Schimpanse die Komik als trojanisches Pferd ein, um andere zu überzeugen, seine Argumente anzunehmen, was besser gelingt als bei jeder ernsthaften Diskussion.

Der Exzentriker

Für den außenstehenden Betrachter kann der Verstand eines Schimpansen wie ein Wirbelsturm wahlloser Gedanken erscheinen. (Können Rotoren das Fliegen bewirken? Was sind die Vorteile der Nanotechnologie? Wo gibt es die beste Grillbude westlich von Texas?) Und im Auge des Sturms sitzt der Schimpanse, der das alles in Echtzeit begreift. Leider zeigt sich das, was in seinem Kopf vorgeht, nicht immer im Äußeren. Ohne die Geduld der Spinne und der Eule, die beide versuchen, ihre komplexen Ideen verständlich darzustellen, plappern die Schimpansen, die vielleicht noch nicht einmal ihre eigenen Konzepte verstehen, in einem Holmes'schen Gedankenstrom (Sherlock ist selbst ein Schimpanse) vor sich hin, der selbst das aufmerksamste Publikum in Verwirrung stürzt. Erschwerend kommt hinzu, dass der Schimpanse versucht, den Mangel an Verständnis zu beheben, indem er die Informationen nicht destilliert, sondern die Geschwindigkeit erhöht, mit der er sie weitergibt. Am Ende gibt der unreife Schimpanse arrogant der offensichtlichen Unwissenheit des Publikums die Schuld.

Auf diese Weise versuchen Schimpansen, ähnlich wie ihre Schmied-Geschwister, sich vom Rest der Bevölkerung abzugrenzen – wobei die Killerwale vielleicht eine Ausnahme bilden, da sie kein Problem damit haben, mit anderen Menschen zu interagieren, solange sie einen gewissen Grad an Dominanz über sie haben. Dieses potenziell schädliche Verhalten äußert sich bei den anderen drei unterschiedlich. Während die Spinne anderen die Tür vor der Nase zuschlägt und die Eule einfach den Raum verlässt, hockt der Schimpanse auf dem höchsten Punkt seines Elfenbeinturms und stichelt gegen alle, die er für intellektuell minderwertig hält.

Der Erfinder

Trotz all ihrer Ausstrahlung und Energie fühlen sich Schimpansen im Labor, im Atelier oder an irgendeinem »erfinderischen« Arbeitsplatz am wohlsten. Wenn sie nur einen Wunsch frei hätten, dann wäre es der, ein Leben zu führen, das dem Erfinden cooler Dinge gewidmet ist. Und nicht nur erfinden, sondern auch weiterentwickeln. Ob sie nun einen besseren Stuhl bauen oder ein besseres Bier brauen, es sind die winzigen, spezifischen Anpassungen von Modell zu Modell, von Experiment zu Experiment, durch die der Schimpanse die Welt besser versteht.

Dieser Prozess verläuft nicht immer reibungslos, und man könnte sogar sagen, dass genau die Kühnheit und die Vernachlässigung von praktischen Ergebnissen, die die revolutionären Erfindungen der Schimpansen möglich machen, auch zu ihrem Verderben führen können. Die Geschichte und die Literatur sind voll von brutalen, oft tödlichen Ergebnissen von Schimpansen-Innovationen: die Hindenburg, Tschernobyl, Frankensteins Monster. Dies scheint jedoch nur zu verdeutlichen, wie riskant das Experimentieren an sich ist – ein Prozess, der nichts für Feiglinge ist. Stell dir eine Welt ohne Flugzeuge, Funk, Fernsteuerung oder Elektrizität vor! Die wäre beängstigend.

Die Eule

Wenn ein Buckelwal die alte Seele der Persönlichkeitstypen ist, dann ist die Eule einfach nur alt. Das mag beleidigend klingen, aber für die informationsbesessene Eule ist fortgeschrittenes Alter, oder zumindest der Anschein davon, ein Zeichen von Weisheit. Jedes zerzauste Haarbüschel und jede vermeintlich graue Haarsträhne gelten als Beweise für ein Leben, das dem Streben nach Wissen gewidmet war.

Der Theoretiker

Eulen haben die einzigartige Fähigkeit, komplexe Theorien mit relativer Leichtigkeit zu analysieren. Dadurch können sie diese Theorien in einfachere, verständliche Fäden bündeln, mit denen sie einen theoretischen Wandteppich weben, der sowohl zugänglich als auch schön ist. Um dies zu erreichen, kapseln sich Eulen immer wieder von der materiellen Welt ab und eliminieren so alle Ablenkungen, die ihrer Suche nach der abstrakten Wahrheit schaden.

Zu sagen, dass eine Eule nach Wissen strebt, wäre nicht ganz zutreffend, doch allein die Erwähnung von Wissen führt dazu, dass sich viele Menschen fälschlicherweise als Eulen oder Schmiede im Allgemeinen bezeichnen. Richtiger wäre es zu sagen, dass Eulen Informationen über alles andere stellen. Zu diesen anderen untergeordneten Dingen gehören bestimmte irdische Wünsche, die für andere Typen automatisch Priorität haben, wie Familie, Freunde oder materieller Reichtum und die Sicherheit, die diese Dinge bieten. Das wird oft fehlinterpretiert als »Eulen sorgen sich nicht um ihre Lieben«. Nichts könnte weiter von der Wahrheit entfernt sein. Ihre Vorstellung von Fürsorge drückt sich eher in der ständigen Neugier auf ihren Partner oder ihr Kind aus als in irgendeiner Art von obligatorischer und in ihren Augen oberflächlicher Zuneigung, die von ihnen aufgrund ihrer Rolle als Partner oder Elternteil erwartet wird.

Der Pazifist

Eine Eule hat keine Angst vor dem Sterben. Durch ihre Loslösung von ihrem körperlichen Selbst akzeptiert sie die Unausweichlichkeit des Todes sogar ziemlich gut. Der Krieg widerspricht jedoch allem, woran Eulen glauben. Während andere Schmiede daran glauben, dass Krieg den technischen Fortschritt durch die Entwicklung neuer Waffen ankurbelt, könnte eine Eule argumentieren, dass die Geschichte beweist, dass Krieg oft den intellektuellen Fortschritt hemmt (nicht umsonst wird die Feudalzeit vor der Renaissance als das dunkle Zeitalter bezeichnet). Für Eulen ist Krieg nichts anderes als die Zerstörung von Eigentum, die Zweckentfremdung von Ressourcen und eine völlige Zeitverschwendung. Die Tatsache, dass er häufig als Mittel und Rechtfertigung für die Ausdehnung von Territorialgrenzen dient, die Eulen ohnehin für fragwürdig halten (die Missachtung geistiger Grenzen durch Eulen erstreckt sich häufig auch auf politische Grenzen), macht Krieg für sie noch widerwärtiger.

Dieselbe Haltung zeigt sich auch im sozialen Umfeld, wo die Eule in der Regel nachgibt, um Streit in der Gruppe zu vermeiden, selbst wenn der Frieden auf Kosten ihres eigenen Vergnügens geht. Diese Nachgiebigkeit kann sie schwach erscheinen lassen, männliche Eulen wirken dadurch sogar seltsam verweichlicht, aber Tatsache ist, dass Eulen nicht viel von gesellschaftlichen Normen halten, auch nicht von denen, die sich auf Geschlechterrollen beziehen. Abgesehen von den offensichtlichen körperlichen Unterschieden zwischen den Geschlechtern, die eindeutig auf biologische Ursachen zurückzuführen sind, betrachten Eulen viele der vermeintlichen Unterschiede zwischen Männern und Frauen lediglich als Produkt der sozialen Programmierung. Aus diesem Grund sind sie von allen Typen am androgynsten.

Der Einsiedler

Es ist nicht verwunderlich, dass Eulen sich regelmäßig Zeit zum Alleinsein nehmen. Diese Rückzugszeiten geben ihnen die Möglichkeit, sich von den ständigen Nörgeleien der Gesellschaft zu erholen. Im Gegensatz zu ihren Mit-Schmieden, die in der Regel mit äußerster Verachtung auf jeden reagieren, der es wagt, sie dazu zu drängen, sich anzupassen, versuchen Eulen aufgrund ihrer pazifistischen Tendenzen, Streitigkeiten aus dem Weg zu gehen, indem sie streitlustige Menschen gänzlich meiden. Wenn sie sich selbst überlassen sind, suchen Eulen die Einsamkeit, um sich auf ihre wichtigste Motivation zu konzentrieren: coole Ideen zu entwickeln.

Eulen sind im Grunde ihres Herzens Minimalisten. Die Freiheit eines ungestörten und ungehinderten Geistes hat Priorität gegenüber materiellen Gütern, von denen Eulen glauben, dass sie an Wert verlieren, je weiter sie von einem tatsächlichen Nutzen entfernt sind. Eine Eule möchte vielleicht ein funktionierendes Auto und saubere Kleidung, die ihr passt, aber wundere dich nicht, wenn sie in einem ramponierten 1995er Toyota Corolla mit irgendeinem T-Shirt, Cargoshorts und Socken, die nicht zusammenpassen, bei dir zu Hause vorfährt.

Der Berater

Ihre Fähigkeit, sich abzugrenzen und damit eine sichere emotionale Distanz zu jeder Situation zu wahren, ist genau das, was Eulen zu fantastischen Beratern macht. Sie sind Menschen, die über den Tellerrand schauen und stolz auf ihre Bereitschaft sind, kleine Details und aktuelle Sorgen zu ignorieren. Das kann zwar zu Konflikten mit bodenständigeren Typen führen, die sich an der Vorstellung stören, dass die gegenwärtigen Momente und die Menschen, die daran beteiligt sind, entbehrlich sind, aber Eulen glauben, dass es diese Fähigkeit ist, die ihre Originalität im Denken fördert. Und im Gegensatz zu den rasanten Ideensalven, die die Brainstorming-Sitzung eines Schimpansen – des engsten Schmied-Verwandten – ausmachen, ist die Eule darauf spezialisiert, sich eine umfassende, einzigartige Vision der Zukunft vorzustellen. Nirgendwo wird dies besser deutlich als in Jeffersons Unabhängigkeitserklärung, einem Dokument, das Hunderte von ähnlichen Dokumenten – und vor allem Regierungen – auf der ganzen Welt beeinflusst hat.

Die Methode der Eule, Theorien aufzustellen, ist bei Weitem die intuitivste von allen Schmied-Methoden. Während eine Spinne Pläne für verschiedene Eventualitäten entwirft und versucht, alle möglichen Szenarien vorherzusagen, genießt eine Eule das Geheimnis des Nichtwissens. Denn dies ermöglicht es ihr, mit ihren Theorien in bisher unerforschtes Gebiet vorzudringen und bewährte Methoden völlig außer Acht zu lassen – selbst solche, die sie für pragmatisch effektiv hält. Es ist kein Wunder, dass ihr Rat so gefragt ist: Die Abkehr von der Vergangenheit und der Gegenwart ermöglicht es den Eulen, von einer schöneren Zukunft zu träumen.

	Wie verstehe ich Moral? Als …	**Wie drücke ich meine Kreativität aus?** Als …	**Wie diene ich der Menschheit?** Als …	**Was ist mein Makel?** Ich bin …
Killerwale	*Der zynische Pragmatiker*	*Der Chef*	*Der Kommandant*	*Der Dominierende*
Spinnen	*Der Empiriker*	*Der Eventualitäten-Planer*	*Der effiziente Problemlöser*	*Der äußerlich Widersprüchliche*
Schimpansen	*Der praktische Spaßvogel*	*Der Erfinder*	*Der Lösungsfinder*	*Der Exzentriker*
Eulen	*Der Pazifist*	*Der Theoretiker*	*Der Berater*	*Der Einsiedler*

Abbildung 6.1 Die Rollen der Schmiede

KAPITEL 7

FANTASTISCHE MENSCHEN UND WO SIE ZU FINDEN SIND

Ein Goodbye-Kuss vor der Typisierung

Synergie. Damals an der Uni hatte ich einen Professor in einem Drehbuchseminar, der dieses Wort bestimmt tausendmal benutzt hat. Es war seine Antwort auf alles:

»Ist es falsch, hier eine Montage einzusetzen?«
»Hat sie *Synergie?*«

»Soll ich eine Rückblende einbauen?«
»Synergie?«

»Sollte ich meinen Protagonisten früher einführen?«
»Synergie.«

»Moscow Mule oder Old-Fashioned?«
»Synergie!«

Nach einer Weile hörte er sich an wie einer dieser Politiker, die in Politshows eingeladen werden, um sicherzustellen, dass beide Seiten eines Themas vertreten sind, und die den Großteil ihrer Sendezeit damit verbringen, ziemlich unzusammenhängende Argumente zu wiederholen. Aber ich verstehe den Kern dessen, was mein Professor sagte: Der Wert eines einzelnen Teils an sich hängt davon ab, ob er zur Harmonie des Ganzen beiträgt. Zu verstehen, wie alle Details, ob groß oder klein, mit der größeren Geschichte verbunden sind – das war es, was er mit Synergie meinte. Entweder das oder er bewarb sich für einen Job bei CNN.

Dieselbe Anschauung ist wichtig, um die Persönlichkeit einer Person zu typisieren. Wir nehmen einen bunten Strauß an Beobachtungen und Erkenntnissen und finden dann eine Synergie mit der Lebensgeschichte der Person. Das erfordert Zeit, Übung und vor allem die Einsicht, dass die gewonnenen Erkenntnisse nicht das Ende der Reise sind, sondern erst der Anfang. Apropos, wir sind endlich bei dem Teil des Buches angekommen, der schon vor einigen Kapiteln versprochen wurde: wie man jemanden typisiert. Du kannst die folgenden Kapitel wie ein eigenes Abenteuerbuch betrachten, in dem du nach dem ersten Einführungskapitel – in diesem Fall dieses Kapitel – von Seite zu Seite reist, je nachdem, wohin dich dein Typisierungsabenteuer führt.

Mach dich darauf gefasst, dass du dich von all den komplizierten Theorien (ja genau, zum Beispiel den Funktionstypen) und Tests mit mehr als 50 Fragen verabschieden musst, die uns ein Gefühl von Sicherheit und Gewissheit geben sollen. David Ben-Gurion, der erste Ministerpräsident Israels, beschrieb Einstein einmal als einen »Wissenschaftler, der kein Labor, keine Geräte und keine Werkzeuge braucht. Er sitzt einfach in einem leeren Raum mit einem Bleistift, einem Blatt Papier und seinem Gehirn« (zitiert in: Jordan, 1997). Mit der *EdP*-Methode verhält es sich ähnlich. Alles, was du brauchst, sind deine Augen und Ohren, ein gutes Gedächtnis und ein Gehirn, das nicht annähernd so begabt sein muss wie das von Einstein, und ich garantiere dir, dass du am Ende dieses Kapitels alles hast, was du brauchst, um festzustellen, ob jemand ein Sammler, Jäger, Schamane oder Schmied ist.

Noch eine kleine Warnung: Dieses Kapitel ist sehr lang und könnte dir endlos vorkommen, wie das *Les Misérables* aller Kapitel – der Roman, nicht das Musical. Ich verspreche dir aber, dass du am Ende des Kapitels weißt, zu welchem Rudel (Sammler, Jäger, Schamane oder Schmied) jemand gehört, ohne dass du eine fragwürdige Bewertung nach Schema F vornehmen musst. Und ganz im Sinne von *Les Misérables* – dem Musical, nicht dem Roman – gibt es sogar eine Pause in Anspielung auf den Broadway und für kleine Blasen.

Wenn sich der Vorhang öffnet, musst du dich an diese Regel erinnern: Es ist wichtig, was jemand tut, aber es ist noch wichtiger, *warum* er es tut. Suche nach konkreten, beobachtbaren Handlungen und interpretiere sie dann auf abstrakte Weise. Du denkst jetzt wahrscheinlich: »Was zum Teufel bedeutet ›abstrakt interpretieren‹?« Ich will damit sagen, dass du das, was Menschen tun oder sagen, nicht immer für bare Münze nehmen kannst. Unter der Oberfläche verbirgt sich fast immer noch etwas anderes. Ich würde es als Subtext bezeichnen, aber das würde dem Ganzen einen Hauch von Komplexität verleihen, was nicht immer der Fall ist, weil auch dumme Menschen doppelzüngig sein können. Das ist so, wie wenn jemand zu dir sagt: »Schönen Tag noch!« oder »Lass deine Haare ruhig lang. Das sieht toll aus!« Sie meinen es nicht wirklich so. Ersteres ist nur ihre Art, höflich zu sein und eine nichtssagende, allgemeine Freude in den Äther zu schicken. Im zweiten Fall wollen sie dich nur heimlich dazu bringen, wie deine Schwester auszusehen. Was auch immer der Fall sein mag, in dieser Interpretation oder diesem Bullshit-O-Mat, je nachdem, welchen Begriff du bevorzugst, wird die meiste Arbeit bei der Persönlichkeitstypisierung geleistet.

Was die Handlungen und Worte der Person selbst angeht, ist es am besten, sie als eine Reihe von Entscheidungen zu betrachten. Es geht nicht so sehr darum, dass eine Person sich dafür entscheidet, etwas zu tun, sondern vielmehr darum, dass sie sich dafür entscheidet, etwas anderes nicht zu tun. Wenn wir versuchen würden, die Handlung an sich zu analysieren, wäre sie zu gleichen Teilen undurchsichtig und anfällig für eine weit gefasste Interpretation. Die Tatsache, dass jemand darüber spricht, eine Familie zu gründen, fällt zum Beispiel nicht sonderlich auf, vor allem nicht in der Welt der Sammler, in der der Familiengedanke eine große Rolle spielt. Wie sollen wir also eheliche und elterliche Neigungen interpretieren, wenn wir keine anderen Prioritäten haben, mit denen wir sie vergleichen können? Es ist unglaublich schwierig, Persönlichkeitsmerkmale ohne eine Gegenüberstellung zu erkennen und zu verstehen. Hast du schon mal ein NBA-Spiel im Fernsehen gesehen? Basketballspieler sehen durchschnittlich groß aus – bis du sie neben dem Schiedsrichter stehen siehst.

Es gibt eine ökonomische Theorie mit dem Namen »offenbarte Präferenzen«, die besagt, dass der beste Weg, die Präferenzen eines Verbrauchers zu bestimmen, darin besteht, seine Entscheidungen zu beobachten, wenn er verschiedene Optionen hat (Tipoe, Adams und Crawford, 2022). Die Entscheidung einer Person, Vanilleeis zu kaufen, wenn es keine andere Möglichkeit gibt, ist kein Hinweis auf eine Präferenz; aber wenn sie dieses Eis gegenüber Schokolade, Stracciatella und Pistazie bevorzugt? Eine offenkundige Vorliebe lässt auch Raum für Abweichungen aufgrund von Budgetbeschränkungen: Hmmm, mal sehen, eine Sieben-Euro-Packung von Ben and Jerry's oder die Gut&Günstig-Version für 2,50 Euro?

Bei der Persönlichkeitstypisierung verhält es sich genauso. Wir müssen zwar die möglichen Abweichungen berücksichtigen, die durch viele der in Kapitel 2 genannten Faktoren verursacht werden (elterlicher Einfluss, Unreife und so weiter), aber alles in allem führen uns die Vorlieben, die eine Person bei der Auswahl aus verschiedenen Optionen zeigt, unweigerlich zu ihrem Persönlichkeitstyp. Und all die »aufgeschlossenen« Menschen, die reflexartig kritisieren, dass wir Menschen in Schubladen stecken, verweise ich auf ihre letzten Google-Suchanfragen oder ihre Netflix-Sehgewohnheiten oder ihren Amazon-Browserverlauf, um sie daran zu erinnern, dass wir uns jeden Tag mit jeder Entscheidung selbst in Schubladen stecken. Es gibt einen Grund, warum du ständig Pop-up-Werbung für Tiernahrung bekommst, und der liegt nicht darin, dass du Socken mit Sesamstraßenmotiv kaufst (oder vielleicht liegt es *genau* daran, dass du Socken mit Sesamstraßenmotiv kaufst).

Kehren wir zu unserer Metapher von der Persönlichkeit als Geschichte zurück. Wenn wir uns die Typisierung einer Person so vorstellen, als würden wir einen Film sehen, dann erkennen wir, wie jede neue Szene die Integrität der Geschichte stärkt. Je mehr Informationen über eine Person gesammelt werden, desto runder und definierter wird sie. Aber das kann auch chaotisch sein. Wie in einem Tarantino- oder Iñárritu-Film müssen wir aus einem Durcheinander von Szenen und präzisen, aber bruchstückhaften Details den Handlungsbogen einer Person und, im Fall der Persönlichkeitstypisierung, ihren Tiertyp ableiten. Manchmal können bestimmte Entscheidungen, die eine Person trifft, einen Tiertyp komplett ausschließen, zum Beispiel eine Szene, die nicht zu einem bestimmten Genre passt. In den meisten Fällen trägt jede neue Information jedoch nur zum Gesamtbild der Geschichte bei, indem sie entweder deine ursprüngliche Annahme bestätigt oder dich zu einem anderen, wenn auch ähnlichen Tiertyp führt.

Warnung: Es wird einige Fakten und Beobachtungen geben, die wie Ablenkungsmanöver wirken, denn genau wie bei bestimmten Geschichten sind die

Menschen komplexer, als sie zugeben. Es könnte auch Fehlinformationen geben – selbst in den fantastischen Filmen gibt es schlechte Szenen (beispielsweise die Szene in »Pulp Fiction«, als Bruce Willis seine Freundin abholt: »Ich verstehe schon. Sie ist schwanger. Können wir jetzt zum Thema ›Zed ist tot‹ übergehen?« – Tarantino, 1994). Aber tröste dich. Wenn du dir etwas Mühe gibst, wirst du feststellen, dass die meisten deiner Beobachtungen übereinstimmen, dass die meisten Geschichten Sinn ergeben und dass der Persönlichkeitstyp einer Person so klar und elegant zum Ausdruck kommt, dass du seine Entdeckung fast für selbstverständlich hältst, als hättest du ihn schon immer gewusst. Auf diese Weise hat die Geschichte eines jeden Menschen Synergien.

Eine »Szene« aufschlüsseln

Nachdem ich nun viel Zeit damit verbracht habe, die allgemeine Philosophie der Interpretation von persönlichkeitstypischen Informationen zu erläutern, muss ich erklären, wie man diese Informationen sammelt. Ich weiß, »Informationen sammeln« klingt schlimmstenfalls wie der Albtraum jeder dystopischen Science-Fiction-Maschine und bestenfalls furchtbar unmenschlich, aber ich versichere dir, dass die *EdP*-Methode so angenehm anzuwenden ist wie ein Einkauf auf deinem örtlichen Bauernmarkt. Und wie ein verwöhnter Kalifornier – zu denen ich auch gehöre – kannst du das ganze Jahr über die Früchte ernten.

Als Erstes muss ich dir ein paar grundlegende Techniken vorstellen, die ich von Mentalisten, Wahrsagern und Hellsehern übernommen habe, einer Berufsgruppe, über die die Meinungen von Bewunderung bis Zweifel reichen. Unabhängig davon, ob du glaubst, dass sie magische Kräfte besitzen, oder ob du glaubst, dass das alles ein großer Schwindel ist (zugegeben, diese beiden Möglichkeiten schließen sich nicht gegenseitig aus), denke ich, dass wir alle darin übereinstimmen, dass diese Menschen über extrem starke Wahrnehmungsfähigkeiten und emotionale Intelligenz verfügen, die durch jahrelange Erfahrung des Lesens in den Herzen und Gedanken völlig Fremder geschärft wurden. Es ist nur logisch, dass wir einige ihrer Methoden übernehmen sollten, wenn wir versuchen, dasselbe zu tun.

Hier ein Glossar der grundlegenden Terminologie:

- **Einblick:** eine Information, die durch verschiedene Mittel gewonnen wird
- **Thin-Slice-Technik:** das Auffinden von Verhaltensmustern auf der Grundlage von engen Erfahrungs- und Informationsfenstern, bekannt geworden durch Malcolm Gladwells (2007) *Blink: Die Macht des unbewussten Denkens*
- **Hot Reading:** Informationen, die man über eine Person erhält, bevor man mit ihr interagiert, entweder durch vorherige Recherche oder passive Beobachtung
- **Cold Reading:** Informationen über eine Person, die man während der Interaktion mit ihr erhält, entweder durch aktive Beobachtung oder durch ihre Antworten auf bestimmte Fragen oder Aussagen

Der Unterschied zwischen Hot Reading und Cold Reading ist ziemlich einfach. Ich verwende hierfür mal das Online-Dating als Beispiel. Nehmen wir an, du bist auf *Hinge* auf der Suche nach einem Date und dir fällt ein sexy Anmachfoto ins Auge. Ein Hot Reading beinhaltet alle Informationen, die du aus dem Profil des potenziellen Partners herauslesen kannst: dass er Katzen und Hunde gleichermaßen liebt, dass er in einer lokalen Prog-Rock-Band Bass spielt, dass er Vorlieben, Abneigungen, Interessen und Hobbys hat – abgesehen davon, dass er sich halb nackt im perfekten Licht für ein Selfie bewegt. Ein Cold Reading wäre, wenn du ihn im Restaurant triffst und er auf die Frage, ob er es komisch findet, Pommes mit Mayo zu essen, eine 15-minütige Schimpftirade darüber ablässt, warum der Benzinpreis in den letzten Jahren in die Höhe geschossen ist.

Von diesen beiden Methoden erfordern Cold Readings mehr Geschick, da du dich in der Schusslinie befindest und dich schnell auf die Situation einstellen musst. Hot Readings hingegen sind mit Abstand die einfachste potenzielle Informationsquelle. Es ist wie in dem Film *Léon – Der Profi*, in dem der Auftragsmörder Léon (gespielt von dem unterschätzten Jean Reno) seiner Ersatztochter (gespielt von der jungen Natalie Portman) erklärt, dass man umso geschickter sein müsse, je näher man dem Ziel kommt. Das Scharfschützengewehr sei das Erste, mit dem man umzugehen lernt, und das Messer das Letzte (Besson, 1994). Man könnte sich vorstellen, dass ein weniger erfahrener Auftragskiller – ein mittelmäßiger Schüler in der Welt des professionellen Tötens – auf Nummer sicher geht und sein ganzes Berufsleben lang ein Scharfschützengewehr benutzt, ohne dass ihm dies schadet. Genauso sind Hot Readings das Werkzeug zur Persönlichkeitsanalyse, das die Menschen täglich benutzen. Ich würde sogar eine Million Dollar darauf wetten, dass du in deinem Leben schon Hunderttausende von Hot Readings durchgeführt hast. Natürlich ist Erfahrung nicht immer gleichbedeutend mit Können (jemand kann sein ganzes Leben lang Rührei auf die falsche Weise zubereiten). Du musst deine Hot-Reading-Fähigkeiten verfeinern. Wenn du das geschafft hast, wirst du feststellen, dass sie oft alles sind, was du brauchst, um jemanden zu typisieren.

Nun zu den offensichtlichen Hinweisen (siehe Abbildung 7.1). – Ich wusste, dass dieser Button nützlich sein würde. Aber im Ernst: Viele dieser hier vorgestellten heißen Tipps werden nicht immer passen. Nur weil eine Person herrisch wie ein Hirsch ist, heißt das nicht, dass sie ein Hirsch ist. Und nur weil eine Person nicht rechthaberisch ist, heißt das nicht, dass sie kein Hirsch ist. Und es gibt noch viele andere Eigenschaften, die hier nicht aufgeführt sind, weil ich sie wahrscheinlich vergessen habe. Nimm diese Dinge also nicht so hin, als wären sie eine harte wissenschaftliche Theorie oder ein mathematischer Beweis. Es gibt keine epistemischen Gewissheiten. Bei der Persönlichkeitstypisierung geht es weniger um »wenn ... dann«, sondern mehr um »wenn ... dann vielleicht?«.

Abbildung 7.1 Nicht vergessen

Dem Prozess vertrauen

Der erste Schritt, um jemanden zu typisieren, ist herauszufinden, zu welchem Rudel er gehört: Sammler, Jäger, Schamane oder Schmied. Meine erste Vermutung ist immer Sammler, und der Grund dafür ist reine Mathematik. Sammler machen etwa die Hälfte der Weltbevölkerung aus, sodass die Wahrscheinlichkeit, dass ich auch ohne einen einzigen Beweis richtigliege, immer noch einen respektablen Wert ergäbe. Lass es dir von mir gesagt sein: Nimm an, dass jeder ein Sammler ist, bis er das Gegenteil beweist. Bei den Jägern ist dieser Beweis nicht schwer zu finden, denn die Eigenschaften der Jäger treten deutlich hervor und sind in der Regel gut von denen der Sammler zu unterscheiden. Das macht Jäger zu den am leichtesten zu typisierenden Menschen.

Stell dir eine typische Grundschulklasse vor. Jeder weiß, dass immer die Hälfte der Klasse geduldig sitzt und dem Unterricht der Lehrperson zuhört, während ein Drittel der Klasse herumzappelt, andere Kinder anstupst oder vielleicht sogar im Kreis herumläuft. Das sind deine Sammler und Jäger, aufgedeckt mit der Thin-Slice-Technik. Natürlich verbleiben dann noch etwa 17 Prozent der Kinder in einer Art Niemandsland der Persönlichkeit, das schwieriger zu bestimmen ist, aber eindeutig nicht zu den Sammlern oder Jägern gehört. Das sind die Schamanen und Schmiede, und wie ich schon oft geschrieben habe, ziehen sie es häufig vor, sich zu verstecken. Deshalb sind ihre Eigenschaften auf den ersten Blick weniger offensichtlich.

Ich habe einige Sammler und Jäger kennengelernt, denen diese Vorgehensweise nicht gefällt. Sie denken, dass die Beschreibung ihrer Eigenschaften als »durchschaubar« gleichbedeutend mit dem Vorwurf ist, sie seien einfältig. Ich hingegen verstehe diese Transparenz so, dass sie selbstbewusst genug sind, um zu zeigen, wer sie wirklich sind. Außerdem hat Coco Chanel gesagt: »Einfachheit ist der Schlüssel zu wahrer Eleganz« (zitiert in: Bazaar, 2017), Sammler und Jäger: Versteht es also als Kompliment. Ihr wollt nicht wirklich in diesem anonymen Streifen auf der anderen Seite stehen, vor allem weil Schamanen und Schmiede gemeinhin als unbeholfene, weniger geschliffene Versionen ihrer bevölkerungsreicheren, konkreten Vettern angesehen werden. Seien wir ehrlich, Sammler und Jäger, ohne dieses Buch wüsstet ihr vielleicht gar nicht, dass Schamanen und Schmiede überhaupt existieren.

Es bleibt also die Frage: Wie finden wir Schamanen und Schmiede? Ich möchte nicht taoistisch klingen – vor allem, weil alles, was ich über diese Religion weiß, aus dem *Tao Te Puh* stammt (ja, genau der Pu-Bär; Hoff, 1982) – aber der Schlüssel zum Aufspüren von Schamanen und Schmieden ist es, es einfach zu versuchen. Irgendwann werden sie sich dir zeigen. Wenn du bestimmte Menschen genau beobachtest, wirst du feststellen, dass sie Dinge tun, die dir – in Ermangelung eines besseren Ausdrucks – etwas seltsam vorkommen. Ich habe die Definition von »normal« bereits erläutert, deshalb kann ich mit gutem Gewissen und ohne Vorurteile sagen, dass Schamanen und Schmiede häufig Dinge tun, die nicht normal sind. Die meisten Menschen wissen zum Beispiel, dass du, wenn eine Frau dich fragt, wie ihr Outfit aussieht, immer sagen solltest: »Es sieht toll aus«, es sei denn, du stehst auf ihrer Gehaltsliste – oder vielleicht gerade deshalb. Oder du kannst ein Gespräch führen wie das zwischen einem meiner Schmied-Freunde und seiner Freundin:

Freundin: »Wie sehe ich in dem Kleid aus?«
Schmied: »Du siehst darin fett aus.«
Freundin: »Was?!«
Schmied: »Du hast mich gefragt, wie du aussiehst! Ich war nur ehrlich.«
Freundin: »Indem du mich fett nennst?!«
Schmied: »Genau genommen habe ich das nicht gesagt. Ich habe gesagt, dass das Kleid dich fett aussehen lässt.«

Ich denke, wir können alle erraten, wie der Rest des Gesprächs verlief.

Erste Eindrücke

Der erste Eindruck ist der Grundstein für das Hot Reading. Die Direktheit und Spärlichkeit der durch diesen ersten Eindruck erlangten Informationen ist ein Segen, weil er uns davor bewahrt, zu viel nachzudenken, wie es bei zu vielen Informationen der Fall ist. Keine Ablenkungen, keine Rationalisierungen, keine Ausreden oder obskuren Gründe, warum eine Person so ist, wie du sie haben willst. Es ist wie bei Maya Angelou, die sagte: »Wenn dir jemand zeigt, wer er ist, dann glaube ihm.« (zitiert in: Winfrey, 2011) Es gibt eine gewisse Reinheit, wenn man jemanden zum ersten Mal trifft. Selbst wenn die Person lügt, geschieht das mit der reinen, unverfälschten Amateurhaftigkeit von jemandem, der nicht genau weiß, wie er dich anlügen soll. Und wie sollte er auch? Ich glaube, wir vergessen manchmal, wenn wir jemanden zum ersten Mal treffen, dass er uns auch zum ersten Mal trifft, was es für ihn schwierig macht, seine Persönlichkeit an unsere anzupassen, so wie er das gewöhnlich tut.

Stell dir das so vor wie bei der Einführung von Figuren in einem Film: Indiana Jones' aufregende Flucht mit einem gestohlenen Artefakt in den Händen; Darth Vader, der einen Rebellensoldaten erwürgt, während er ihn mit einem Arm vom Boden aufhebt; das unterschwellige Misstrauen, das sich im freundlichen Geplänkel der Bankräuber in *Reservoir Dogs – Wilde Hunde* versteckt. Die Eigenschaften, die der Filmemacher hervorhebt, sind in der Regel ein guter Indikator dafür, wer die Figur ist. Das Gleiche gilt auch im wirklichen Leben. Der erste Eindruck führt dazu, dass sich bestimmte Eigenschaften herauskristallisieren, die dir einen Hinweis auf den Persönlichkeitstyp einer Person geben können. Wenn du das nächste Mal jemanden zum ersten Mal triffst, achte darauf, welche Eigenschaften dir am ehesten auffallen. Als eine Freundin zum ersten Mal das Thema MBTI ansprach, erklärte sie, sie sei ein INTP (die MBTI-Version einer Eule). Ich habe fast instinktiv gelacht.

Ich (unwillkürlich grinsend): »Du bist keine Eule. Du bist ein Pfau.«
Pfau: »Du kannst nicht einfach sagen, dass ich das nicht bin! Das habe ich im Test herausgefunden!«
Ich: »Der Test ist falsch.«
Pfau: »Ich habe schon zwei Tests gemacht! Beide sagten, ich sei ein INTP!«
Ich: »Nein, du bist ziemlich sicher ein Pfau.«
Pfau: »Warum sagst du das?!«
Ich: »Weil du laut bist.«
Pfau: »ICH BIN NICHT LAUT! Okay, ich bin laut. Aber ich bin noch mehr als das!«
Ich: »Ich weiß. Aber deine Lautstärke ist das, was man am ehesten bemerkt. Ich kann nicht mit Sicherheit sagen, ob du ein Pfau bist, weil es auch andere laute Typen gibt, aber ich kann definitiv sagen, dass du keine Eule bist.«

Ich habe gelogen. Aufgrund ihrer bunten, schillernden Kleidung, ihrer auffälligen Schals und Kopfbedeckungen und ihrer Vorliebe fürs Tanzen und Feiern – alles Hot-Reading-Informationen – war ich mir absolut sicher, dass sie ein Pfau ist.

Im Folgenden findest du einige erste Eindrücke zu jedem der vier Rudel.

Erste Eindrücke von den Sammlern

- Verantwortungsbewusst
- Geerdet
- Soziales Bewusstsein
- Verkörperung des Pfadfindergesetzes (vertrauenswürdig, loyal, hilfsbereit, freundlich, höflich, nett, gehorsam, fröhlich, sparsam, mutig, sauber, ehrfürchtig)
- Robust
- Realistisch
- Rücksichtsvoll
- Halten vielleicht zurück, was sie denken oder fühlen
- Fühlen sich mit Förmlichkeit und sozialer Etikette wohl
- Starker Sinn für Autorität
- Konservativ
- Unnachgiebig
- Erstickend
- Nicht besonders abenteuerlustig
- Zögernd
- Behutsam
- Familie: Ab einem bestimmten Alter sind Sammler fast immer verheiratet und/oder haben Kinder; jüngere wollen verheiratet sein und/oder Kinder haben
- Haben ein überwältigendes Gefühl von »Normalität«
- Gleichmäßige Energie
- In sozialen Situationen: Sie konzentrieren sich auf den sozialen Status (im Sinne von: Verhält er sich richtig?)
- Benehmen sich in der Schule gut
- Sie betrachten die Gesellschaft wie eine maßgeschneiderte Jacke, die perfekt sitzt, und haben ein Gefühl der Sicherheit (»So ist es nun mal«)

Erste Eindrücke von den Jägern

- Flatterhaft
- Lustig
- Spontan
- Gegenkultur
- Extrem offen dafür, neue Dinge auszuprobieren
- Rastlose Energie
- Ausdrucksstarke Langeweile
- Auffälligere Garderobe (vor allem Frauen)
- Vorliebe für Werkzeuge und andere konkrete Objekte
- Rücksichtslos
- Wetteifernd
- Neigen dazu, sich körperlichen Herausforderungen zu stellen (Skateboards, Tricks, Sprünge etc.)
- Konsumfreudig
- Spielen gerne
- Verletzen sich oft (vor allem, wenn er/sie jung ist)
- Kinetische Energie
- In sozialen Situationen: Sie konzentrieren sich auf das Aussehen (wie sehen die Dinge aus, wie klingen sie, wie riechen sie usw.)
- Als Schüler kinästhetische Lerntypen
- Sie sehen die Gesellschaft als eine zu eng sitzende Jacke an und warten nur darauf, sie auszuziehen, damit sie herumtanzen können, ohne sie zu zerreißen, ganz im Stil von Chris Farley

Erste Eindrücke von den Schamanen

- Einfühlsam
- Fantasievoll
- Tagträumer
- Unpraktisch
- Im schlimmsten Fall Ideologen

- Unsicher
- Launisch
- Hochsensibel
- Empathisch
- Sie wirken, als ob sie nicht dazugehören
- In einer Menschenmenge wirken manche, als ob sie allein wären; andere stehen am Rande und sind buchstäblich allein
- Sie müssen voll und ganz an etwas glauben, um daran teilzunehmen
- Sie sehen ihre Handlungen als eine Darstellung ihrer selbst
- Gute Zuhörer (vor allem, wenn sie etwas über Menschen lernen)
- Leidenschaftlich
- Innerer Aufruhr
- Spirituelle Energie
- In sozialen Situationen: Sie sind konzentriert darauf, wie sich die Menschen im Raum fühlen
- Als Schüler bevorzugen sie Fächer wie Geisteswissenschaften, Geschichte und Kunst
- Sie sehen die Gesellschaft als eine Jacke, die ihnen nicht passt, und sind skeptisch, ob sie es jemals tun wird

Erste Eindrücke von den Schmieden

- Sind sich der sozialen Etikette womöglich nicht bewusst oder scheren sich nicht darum
- Gleichgültig
- Kalkulierend
- Analytisch, immer am Nachdenken
- Sozial unbeholfen: entweder ruhig, aggressiv oder arrogant
- Unsensibel
- Könnten leicht autistisch wirken
- Intelligent
- Kenntnisreich
- Ehrlich

- Ehrfürchtig gegenüber der Wahrheit
- Objektiv, äußern ihre Meinung meist unvoreingenommen
- Direkt
- Leichtes Desinteresse an Dingen, die sie für oberflächlich halten
- Achten nicht immer auf ihr Äußeres
- Kühle Energie
- In sozialen Situationen: Sie konzentrieren sich darauf, die diskutierten Ideen vollständig zu verstehen
- Heiße und kalte Schüler*innen: Einige sind außergewöhnlich und ehrgeizig; andere sind desinteressiert und rebellisch
- Betrachten die Gesellschaft wie eine Jacke, die nicht passt, aber im Gegensatz zu den Schamanen sind sie skeptischer gegenüber der Jacke selbst

Was machst du? Macht es dir Spaß?

Technisch gesehen beinhaltet das Hot Reading im Allgemeinen nicht das Stellen von Fragen, weil das eher in den Bereich des Cold Readings fällt. Wir versuchen hier nicht, Hellseher zu sein und scheinbar verborgenes Wissen zu erlangen, sondern wir versuchen, die Persönlichkeit einer Person zu erfassen, deshalb gelten direkte Fragen, die nicht aufdringlich sind, für mich als Hot Reading. Und die Frage Nummer eins, die man einer Person stellen sollte, wenn man sie typisieren will, ist: »Was machst du beruflich – und macht es dir Spaß?«

Unter den richtigen Umständen kann der Beruf eines Menschen ein perfektes Fenster zu seiner Persönlichkeit sein. In vielen anderen Fällen ist ein Job jedoch einfach nur ein Job. Er ist zum Geldverdienen da, sodass man Miete und Strom bezahlen kann; er ist also eher ein Mittel zum Überleben als ein Spiegelbild der Persönlichkeit. Wie in Chris Rocks Stand-up-Sendung *Kill the Messenger*, in der er scherzte: »Manche Leute haben einen Job, manche Leute machen Karriere, und die Leute mit Karriere sollten die Klappe halten, wenn sie mit Leuten mit Job zusammen sind.« (Callner, 2008) Selbst bei denjenigen, die Karriere machen, sollten wir nicht immer davon ausgehen, dass sie zufrieden sind. Manche Menschen wählen ihren Beruf aus finanziellen Gründen und stellen dann überraschenderweise fest, dass Geld allein nicht glücklich macht. Andere müssen sich dem familiären Druck beugen (wie im *Club der toten Dichter*). Und dann gibt es noch einige von uns, die feststellen, dass die Berufe, die sie gewählt haben, nicht so gut zu ihnen passen, wie sie dachten oder hofften.

Bei denjenigen, denen ihr Beruf wirklich Spaß macht, ist es sehr wahrscheinlich, dass die Anforderungen ihres Jobs gut zu den Fähigkeiten und Interessen passen, die ihrem Persönlichkeitstyp entsprechen. Es gibt aber auch etliche Überschneidungen, denn viele Berufe sind für verschiedene Persönlichkeitstypen attraktiv. Was den Typ einer Person kennzeichnet, ist nicht der Job selbst, sondern das, was sie an ihm mag. Diese Vorlieben sind meist eindeutig. Welche Aspekte haben für diese Leute Priorität? Gibt es bestimmte Bereiche, zu denen sie sich hingezogen fühlen? Gibt es bestimmte Bereiche, die sie meiden? Wie spielen sie ihre Stärken aus und verbergen ihre Schwächen? Das Unterrichten und Schreiben zum Beispiel zieht Menschen aus dem gesamten Persönlichkeitsspektrum an: Sammler, Jäger, Schamanen und Schmiede.

Als Lehrer …

- **Sammler:** Sind vorherrschend in der Grundschule, wo sie die Möglichkeit haben, einen sicheren Raum zu schaffen, in dem sie für Struktur sorgen und den Schülern beibringen können, wie sie sich in der Gesellschaft zurechtfinden.
- **Jäger:** Unterrichten häufig Fächer wie Kunst, Sport und handwerkliche Fähigkeiten (Holz- und Metallarbeiten usw.), wobei sie sich auf die Beherrschung von Technik und Handwerk konzentrieren.
- **Schamanen:** Neigen zu Fächern, die sich auf die menschliche Entwicklung konzentrieren (Sozial- und Geisteswissenschaften usw.), wo sie ihre zwischenmenschlichen Fähigkeiten einsetzen können.
- **Schmiede:** Häufig an Universitäten anzutreffen, wo sie ihren enormen Wissensschatz nutzen, um den freien Austausch von Ideen anzuregen.

Als Schriftsteller …

- **Sammler:** Sie sind die Meister der Gesellschaft und ergründen die komplizierten Abläufe, subtilen Umgangsformen und unausgesprochenen Regeln, die alle Gesellschaftssysteme bestimmen (Austen, Updike, Clancy usw.).
- **Jäger:** Sie sind Sensationsjunkies und bevorzugen üppige Bilder und eindringliche Geschichten, egal, ob sie einen Stierkampf beschreiben, über ihre sexuellen Abenteuer berichten oder einen guten, altmodischen Krimi schreiben (Hemingway, Puschkin, Sand etc.).
- **Schamanen:** Sie sind von Natur aus empathisch und erforschen das Innenleben der Seele. Oft ziehen sie melancholische Höhenflüge und neurotische Elemente spannenden Erzählungen oder komplexen Handlungsstrukturen vor (Salinger, Tolstoi, die Brontë-Schwestern usw.).
- **Schmiede:** Sie sind Theoretiker und Skeptiker, die auf der Suche nach der Wahrheit Ideen und konzeptionelle Strukturen untersuchen; ihre Geschichten lassen das Abstrakte lebendig werden (Rand, Orwell, Atwood usw.).

Sieben Fähigkeiten

Wenn es darum geht, wie sich Menschen in einem Arbeitsszenario verhalten, gibt es drei Eigenschaften, die sich von allen anderen abheben:

- **Führungsqualitäten:** Was ist ihr besonderer Führungsschwerpunkt?
- **Intelligenz:** Was ist ihr intellektueller Vorteil gegenüber einem anderen Typ?
- **Zustand des Seins:** Wie nehmen sie die Welt wahr?

Jede dieser Eigenschaften beruht auf einer bestimmten Fähigkeit, die für das Rudel einer Person einzigartig ist. Diese drei Fähigkeiten bedingen sich gegenseitig und bilden eine Grundlage, von der sich alle anderen Fähigkeiten ableiten. Passenderweise bilden sie ein Dreieck, das zeigt, wie stark und wichtig diese grundlegenden Fähigkeiten sind.

Egal, ob du in einem Unternehmen angestellt, selbstständig oder freiberuflich tätig bist, es gibt einen bestimmten Kompetenzbereich, auf den du dich verlassen kannst, wenn du deine Ressourcen für eine Aufgabe zusammenstellen musst. Das gilt sogar für Aktivitäten, die nichts mit der Arbeit zu tun haben. Nehmen wir zum Beispiel die Beatles. Jedes Mitglied hatte seine eigene Rolle innerhalb der Band. George war der einfühlsame, spirituelle Kern. John war der Skeptiker, der das Weltgeschehen analysierte. Paul war der Handwerker, der Melodien scheinbar aus dem Nichts komponierte. Und Ringo war der geerdete Typ, der sie alle zusammenhielt. Für diejenigen, die noch nicht im Rentenalter sind, ist vielleicht das Beispiel der Teenage Mutant Ninja Turtles interessanter: Leonardo (der organisierte Anführer), Michelangelo (der Typ, der sich in einen Kampf stürzt), Raphael (der grüblerische, emotionale Rebell) und Donatello (der Wissenschaftler). Wenn du die grundlegenden Fähigkeiten und den organisatorischen Schwerpunkt einer Person herausgefunden hast, ist es leicht zu erkennen, wie die übrigen vier Teilkompetenzen zusammenhängen. Noch einfacher ist es, wenn du Diagramme wie die Abbildungen 7.2 bis 7.5 zur Verfügung hast.

Abbildung 7.2 Die sieben Fähigkeiten des Sammlers

Die sieben Fähigkeiten des Sammlers

Grundlegende Fähigkeiten:

- **Logistik:** Meister der Lieferkette, spezialisiert auf Ressourcen (Beschaffung, Lagerung, Transport und Nutzung)
- **Soziale Intelligenz:** Taktgefühl, gesunder Menschenverstand und ein hervorragendes Wissen über die gesellschaftlichen Verhältnisse
- **Praktisch:** Beschäftigt sich mit den tatsächlichen Gegebenheiten eines Szenarios; sucht nach konkreten, machbaren Lösungen für Probleme

Organisatorische Fähigkeiten (Schwerpunkt Management):

- **Verwaltung:** Leitung und Beaufsichtigung des Tagesgeschäfts
- **Durchsetzung:** Einhaltung von Regeln und Vorschriften erzwingen
- **Anwerbung:** Anwerbung von neuen Mitgliedern und Helfern
- **Unterstützung:** Sicherstellung der ordnungsgemäßen Instandhaltung und Gesunderhaltung

Abbildung 7.3 Die sieben Fähigkeiten des Jägers

Die sieben Fähigkeiten des Jägers

Grundlegende Fähigkeiten:

- **Taktik:** Virtuosen des spontanen Vorgehens, spezialisiert auf Aktion, Reaktion und schnelle Problemlösung
- **Räumliche Intelligenz**: Sie besitzen die Fähigkeit, Objekte im Raum visuell zu manipulieren und feine Details zu erkennen.
- **Achtsamkeit:** Sie sind darauf bedacht, im Moment zu sein, sich auf die Gegenwart einzustellen und sich nicht von vergangenem Bedauern oder Zukunftssorgen ablenken zu lassen.

Organisatorische Fähigkeiten (operativer Fokus):

- **Werbung:** Marketing, Verkauf und Networking
- **Fortgeschrittener Werkzeuggebrauch:** Anwendung mit geübter Präzision und Technik
- **Vorführung:** Präsentation von Konzepten mit Anmut und Gespür
- **Ästhetisches Design:** Komposition von Schönheit für alle fünf Sinne

Abbildung 7.4 Die sieben Fähigkeiten des Schamanen

Die sieben Fähigkeiten des Schamanen

Grundlegende Fähigkeiten:

- **Diplomatie:** Natürliche Vermittler und Berater, die darauf spezialisiert sind, Menschen zusammenzubringen, entweder auf der äußeren sozialen Ebene oder auf der inneren emotionalen Ebene
- **Emotionale Intelligenz:** Sie verfügen über tiefgreifende empathische Fähigkeiten, die es ihnen ermöglichen, in die Herzen und Köpfe von Menschen zu sehen, selbst von völlig Fremden.
- **Empathie:** Sie achten auf die emotionale Temperatur im Raum und messen ständig die Gefühle anderer und die von sich selbst.

Organisatorische Fähigkeiten (Schwerpunkt Personalwesen):

- **Teambildung:** Coaching von Teamarbeit und Selbstverbesserung
- **Counseling:** Förderung der emotionalen Entwicklung des Einzelnen
- **Kommunikation:** Unmissverständliche Vertretung und Verbreitung von Idealen
- **Heilung der Moral:** Linderung von emotionalen und spirituellen Wunden

Abbildung 7.5 Die sieben Fähigkeiten des Schmieds

Die sieben Fähigkeiten des Schmieds

Grundlegende Fähigkeiten:

- **Strategie:** Sie sind nachdenkliche Architekten des großen Ganzen, die sich auf Zukunftsprojektionen und große Pläne spezialisieren, anstatt sich um die Gegenwart und den Alltag zu kümmern.
- **Logische Intelligenz:** Sie verfügen über logische Fähigkeiten und halten sich an die Vernunft, um komplexe Ideen und Systeme zu zerlegen.
- **Objektivität:** Sie beschäftigen sich mit der Ermittlung und Prüfung abstrakter Wahrheiten, frei von Emotionen und anderen Ablenkungen der konkreten Welt.

Organisatorische Fähigkeiten (analytischer Fokus):

- **Ausführende Koordination:** Kräfte für eine bestimmte Aufgabe bündeln
- **Organisatorisches Design:** Systeme der Effizienz schaffen
- **Produktdesign:** Neue Modelle erfinden, alte Modelle verbessern
- **Forschung:** Nach neuen Konzepten und Schlussfolgerungen forschen

Mögliche Berufe

Ein befreundeter Hirsch erzählte mir, dass er in seinem derzeitigen Job als Bilanzprüfer nicht glücklich sei. Er sagte, er hasse es, zu einer unchristlichen Zeit aufzustehen, wenn es draußen noch dunkel ist, und eine Stunde über die verkehrsreiche Autobahn 405 zu fahren, nur damit er sich in eine winzige Arbeitskabine quetschen und den Rest des Tages mit Zahlen zubringen muss. Zu dieser Zeit war ich damit beschäftigt, mein Bildungsunternehmen aufzubauen – keine leichte Aufgabe für jemanden wie mich, der keine Ahnung hatte, was er da tat. Trotzdem genoss ich die Zeit, denn ich konnte aufstehen, wann immer ich wollte. Mein Freund war neidisch. Er sagte, dass er darüber nachdenke, seine eigene Wirtschaftsprüfungsfirma zu gründen, woraufhin ich voller Elan ausrief: »Alter, das ist so geil. Du kannst aufstehen, wann du willst, deine Arbeitszeiten selbst bestimmen und ein Hochbett kaufen, in dem du oben schlafen kannst!« Okay, der letzte Teil stimmt vielleicht nicht, aber damals fühlte ich mich als Unternehmer so unbeschwert und frei wie Tom Hanks in *Big*. Ich hatte sogar eines meiner alten Transformers-Spielzeuge, Shockwave (1980er-Jahre-Kinder wissen, wie cool er war), auf meinem Schreibtisch stehen.

Ich erzähle diese Geschichte nicht, um mich über meine Unreife von damals lustig zu machen (es ist viel einfacher, sich über meine *heutige* Unreife lustig zu machen), sondern um zu zeigen, dass sich zwar unsere Berufe ändern, nicht aber unsere Persönlichkeitstypen. Mein Freund hat sich selbstständig gemacht, und weißt du, was dann passierte? Anstatt zu einer unchristlichen Zeit aufzustehen, um im Stau zu stehen, stand er nun zu einer unchristlichen Zeit auf, um jeden Morgen sein Trainingsprogramm durchzuziehen und anschließend zu arbeiten.

> Ich: »Was hat das für einen Sinn, wenn du doch zur gleichen Zeit aufstehst?«
>
> Mein Hirsch-Freund: »Mach ich, aber jetzt habe ich tagsüber mehr Zeit, um Sachen zu erledigen.«

Ich hätte es wissen müssen. Er ist ein Hirsch. Hirsche lieben es, früh aufzustehen, um »Sachen zu erledigen«. Ein Hirsch steht auf, läuft zwei Kilometer, geht früh ins Büro, erledigt seine Arbeit so schnell, dass er ohne schlechtes Gewissen früher gehen kann, kauft Lebensmittel ein und ruft dann seine Freunde an, um zu prahlen, wie produktiv sein Tag war. Mein Freund hat zwar seinen Beruf vom angestellten Bilanzprüfer zum selbstständigen Wirtschaftsprüfer verändert, aber er ist immer noch ein Hirsch, und dieser organisierte, verantwortungsbewusste und detailorientierte Geist überträgt sich auf beide Berufe.

Behalte das im Hinterkopf, wenn du die folgenden Listen mit möglichen Berufen liest. Es gibt Tausende von Berufen, die einem Tiertyp gefallen könnten. Es gibt auch Tausende von Berufen, die auf keiner der folgenden Listen stehen. Verfluche mich nicht lauthals, nur weil dein Beruf nicht auf der Liste steht oder weil er auf der Liste eines anderen Rudels steht. Berufe sind in der Regel eine risikoarme und lohnende Möglichkeit für die Persönlichkeitstypisierung. Entweder helfen sie dir, jemanden in Sekundenschnelle zu typisieren, oder sie sind nur eine Fußnote in einer viel längeren Geschichte. In jedem Fall musst du dich nur wenig anstrengen, um die Informationen zu erhalten – das ist das Schöne an einem Hot Reading.

Mögliche Berufe für Sammler

- Bildungswesen: Lehrer, Verwaltungsangestellte, Hilfskräfte, Hilfspersonal (Cafeteria-, Büro- und Hausmeistertätigkeiten)
- Finanzwesen: Wirtschaftsprüfer, Buchhalter, Kreditsachbearbeiter, Finanzberater, Versicherungsexperte
- Gesundheitswesen: Ärzte, Apotheker, Pflegekräfte, Büroangestellte
- Militär und Strafverfolgung
- Logistik in der Versorgungskette
- Ingenieurwesen, insbesondere Bau- und Maschinenbauingenieure
- Juristen, die sich auf Verträge, Vorschriften und Politik spezialisieren und normalerweise für ein großes Unternehmen oder die Regierung arbeiten
- Regierung
- Religion: Mitglieder des Klerus, Gottesdienstleiter, Hilfskräfte

Mögliche Berufe für Jäger

- Finanzen: Börsenmakler, Investmentbanker, Risikokapitalgeber
- Unternehmerische Tätigkeit
- Professionelles Handwerk: Schweißer, Tischler, Klempner, Maurer
- Unterhaltungsbranche
- Künstlerische Gestaltung: Grafikdesigner, Innenarchitekten, Industriedesigner, Fotografen
- Kulinarische Künste: Köche, Konditoren, Barkeeper, Sommeliers
- Marketing, Werbung und Verkauf: Verkäufer, Immobilienmakler, Geschäftsmakler
- Dienstleistungsgewerbe: Manager im Gastgewerbe, Kellner, Massagetherapeuten
- Recht, spezialisiert auf Prozessrecht und Rechtsstreitigkeiten

Mögliche Berufe für Schamanen

- Pädagogen, die in der Regel einen flexibleren Lehrplan bevorzugen, oft Bildungsprofessoren und Berater
- Akademiker, insbesondere in den Geistes- oder Sozialwissenschaften
- Schriftsteller: Romanautoren, Drehbuchautoren, leidgeprüfte Werbetexter
- Psychische Gesundheit: Therapeuten, Berater, Sozialarbeiter, Psychiater
- Besitzer eines kleinen Unternehmens
- Spirituelle Beratung: religiöse Führer, Wahrsager, Motivationsredner
- Comedy, spezialisiert auf Satire und Stand-up-Comedy
- Gemeinnützige Arbeit
- Recht, spezialisiert auf Verfassungsrecht

Mögliche Berufe für Schmiede

- Technischer Sektor: Projektmanager, Softwareentwickler, Programmierer
- Akademiker, insbesondere in den Naturwissenschaften oder der Mathematik
- Unternehmen: Vorstandsvorsitzende, Betriebsleiter, Finanzanalysten
- Forschung und Entwicklung
- Technisches Design: Erfinder, Produkttester, Stadtplaner
- Ingenieurwesen, insbesondere Architektur und Informatik
- Data Science und Analytik
- Recht: oft Rechtsgelehrte und Richter
- Regierung: spezialisiert auf die Gestaltung von Politik

Pause

Wie versprochen! Du hast nun eine Viertelstunde Zeit, um auf die Toilette zu gehen, Popcorn zu machen und deinen besten Pinot Noir zu entkorken. Der Vorhang öffnet sich pünktlich, Leute.

Die Pepsi-Challenge

Für jedes Kind, das in den 1980er-Jahren in Amerika aufgewachsen ist, war die Pepsi-Challenge in Einkaufszentren, Vergnügungsparks und überall dort, wo man eine große Gruppe von willigen Teilnehmern finden konnte, allgegenwärtig. Ich habe tolle Kindheitserinnerungen an Wild Rivers, einen Wasserpark in Irvine, Kalifornien, und daran, wie ich zwischen kurvenreichen Rutschen, die einen Anwalt für Personenschäden zum Lachen bringen würden, und dem Abfeuern von überdimensionalen Wasserkanonen auf unschuldige Schlauchbootfahrer zum Pepsi-Challenge-Stand schlich (im Grunde ein Klapptisch und ein Highschool-Schüler, dessen einzige Aufgabe es war, auszuschenken und eine Frage zu stellen), um meine zwei kostenlosen Schlucke Cola zu bekommen und meine Meinung darüber abzugeben, welche Cola besser war. Als ziemlich gesprächiger Neunjähriger bin ich mir nicht sicher, welche der Sorten mir mehr zusagte. Bei dem Geschmackstest entschied ich mich jedes Mal für Pepsi. Ich wusste nicht, dass es bei der Challenge einen kleinen Trick gab.

In Malcolm Gladwells (2007) Buch *Blink: Die Macht des unbewussten Denkens* wird erläutert, dass der Zweck der Pepsi-Challenge darin bestand, den ersten Eindruck einer Person auszunutzen. Pepsi hatte herausgefunden, dass Verkoster, die einen Schluck von zwei verschiedenen Getränken probieren, in der Regel das süßere der beiden (Pepsi) bevorzugten. Wenn sie jedoch die gleiche Auswahl bei einer ganzen Dose hatten, entschieden sie sich meist für die weniger süße Variante (Coke).

Mit der Persönlichkeitstypisierung verhält es sich genauso. Der erste Eindruck kann ein Hinweis auf den Tiertyp einer Person sein, aber allzu oft ziehen wir endgültige Schlüsse, die unverhältnismäßig stark auf diesen Typus ausgerichtet sind. Wir müssen einer Person mehr Zeit geben, um sich zu offenbaren. Die Tatsache, dass ich bis heute Pepsi bevorzuge, bestätigt meinen ersten Eindruck, aber ich musste trotzdem eine ganze Dose trinken – Tausende von Dosen –, um ihn zu bestätigen. Und um ehrlich zu sein, bin ich mir nicht sicher, wann ich mir sicher war. War es nach der ersten Dose? War es nach der 440sten? Wann genau hatte ich meine Koffein-Erleuchtung? Zum Glück habe ich ein besseres Gedächtnis, wenn es um Menschen geht. Später in diesem Kapitel, wenn ich anfange, die Gegenüberstellung als Persönlichkeitstypisierungstechnik zu verwenden, gehe ich auf bestimmte Momente ein – »Pepsi-Challenge-Momente« –, in denen sich die Persönlichkeitstypen einer Person, die ich gut kannte (oder in manchen Fällen kaum kannte), für mich herauskristallisierten. So wie die Erleuchtung, die ich hatte, als ich zum ersten Mal Crystal Pepsi trank: »Moment, Pepsi und Coke sind tatsächlich durchsichtig?!«

Cold Reading

Als Lehrer, der mit Kindern arbeitet, lernt man als Erstes (abgesehen von der Tatsache, dass Kinder keine Vorstellung vom Alter haben – egal, wie alt du bist, du bist alt), dass die Wahrscheinlichkeit, dass sie ehrlich antworten, sinkt, je mehr Fragen du stellst. Es ist so, als würdest du einen mutmaßlichen Verbrecher verhören: Je direkter du vorgehst, desto mehr zieht er sich zurück und fragt selbstgefällig nach seinem Anwalt. (Natürlich bin ich ein Experte für polizeiliche Verhöre, weil ich viele Folgen von *Law and Order* gesehen habe – zumindest alle Jill-Hennessy-Folgen.) Auch Erwachsene können ausweichend sein, aber im Gegensatz zu Kindern bekommen die meisten von uns nicht mehr so viel Aufmerksamkeit und brennen darauf, Fragen über sich selbst zu beantworten, ob wir es zugeben wollen oder nicht. Kinder sind in der Regel so erschöpft vom Umgang mit ihren neugierigen Eltern, dass sie keine Lust haben, einen weiteren neugierigen Erwachsenen zu beschwichtigen, der sich durch den kindlichen Krempel in ihrem Kopf wühlt.

An dieser Stelle kommt das Cold Reading zum Einsatz. Es ist eine Methode, um die Abwehrhaltung einer Person zu lockern, da sie dann viel eher bereit ist, Informationen als Reaktion auf einen indirekten Reiz preiszugeben als auf eine direkte Frage. Cold Reading ist eine subtile Methode, um die Distanz zwischen dir und der Person, die du zu typisieren versuchst, zu verringern, auch wenn das Cold Reading schwer zu meistern ist (erinnerst du dich an meinen fanboyhaften Verweis auf *Léon – Der Profi* – es ist viel sicherer, ein Scharfschützengewehr zu benutzen als ein Messer). Egal, ob die Distanz physisch oder emotional ist: Je näher du einer Person kommst, desto verletzlicher seid ihr beide. Aber wie bei den meisten Dingen im Leben gilt: Wenn du die Wahrheit wissen willst, darfst du dich nicht davor scheuen, ein paar Risiken einzugehen und dir die Hände schmutzig zu machen. Stell dir das Cold Reading wie eine scharfe Klinge vor: Richtig eingesetzt, kann es tief in die Knochen schneiden, ohne dass die Person etwas spürt. Es gibt zwei Cold-Reading-Techniken, die, wenn sie leicht abgewandelt werden, bei der Persönlichkeitsanalyse sehr effektiv sind.

Shotgunning

Beim Shotgunning (abgeleitet von einer Schrotflinte = Shotgun, die eine Menge Kugeln verschießt) verwendet der Deutende weit gefasste Behauptungen, die auf eine große Mehrheit von Menschen zutreffen können, um eine »übersinnliche« Verbindung herzustellen:

- »Ich spüre, dass du eine wichtige Person in deinem Leben verloren hast.«
- »Deine Energie zeigt, dass du kürzlich einen Konflikt mit einer Autoritätsperson hattest.«

Aussagen wie diese können auf die meisten Menschen zutreffen (eine kürzliche Trennung, eine verlorene Freundschaft, ein Todesfall in der Familie, Streit mit den Eltern oder dem Chef; Rowland, 2002).

Genauso können wir mithilfe von Shotgun-Aussagen die Persönlichkeit einer Person erkennen. Über ein Thema zu sprechen, mit dem sich die meisten Menschen auf einer beiläufigen, aber persönlichen Ebene identifizieren können, ist eine nützliche Methode, um eine Reaktion hervorzurufen. Dabei kann es sich um eine Meinung, eine Beobachtung oder sogar einen Witz handeln. Am effektivsten ist es jedoch, wenn die eigentliche Absicht – Informationen zu erhalten – nicht im Vordergrund steht. Meine bewährte Methode bei der Arbeit mit Schülern war es, mich über meine Mutter lustig zu machen. Schließlich hat jeder eine Mutter, und Witze auf ihre Kosten zu machen (was nicht schwer ist, wenn man von einem schelmischen Schimpansen als Vater großgezogen wurde), macht nicht nur Spaß, sondern führt auch zwangsläufig zu einer Reaktion. Der Schlüssel liegt darin, die Reaktion als Zeichen für den Persönlichkeitstyp zu deuten.

Gemäß meiner Erfahrung als Lehrer ist es sehr wahrscheinlich, dass ein Schüler ein Sammler ist, wenn er ängstlich oder verblüfft über den Witz über meine Mutter reagiert. Erwachsene Sammler reagieren allerdings eher mit Verurteilung als mit Angst. Sammler respektieren Autorität, und zwar so sehr, dass sie nicht anders können, als jede Mutter zu verteidigen, die von einem undankbaren, respektlosen Sohn angegriffen wird. Jäger haben meist kein Problem damit, auf Kosten ihrer Eltern zu lachen – selbst wenn der Witz nicht lustig ist, erhellt seine Dreistigkeit die limbische Region eines Jägers wie einen Weihnachtsbaum. Wie bei jedem unvollkommenen, aber angenehm überraschenden Geschenk ist es der Gedanke, der zählt. Schamanen und Schmiede reagieren in der Regel nachdenklich, obwohl ein Schmied sich mehr Gedanken darüber macht, welche Informationen er aus dem Scherz ziehen kann, während ein Schamane sofort an die Beziehung zu seiner Mutter denkt. In jedem Fall ist die Reaktion auf diese Shotgun-Aussage bei den Nicht-Sammlern nicht immer einheitlich. Daher betrachte ich jede von der Sammler-Reaktion abweichende Reaktion als eine weniger spezifische Bestätigung für den Nicht-Sammler-Status der Person.

Der Barnum-Effekt

Der Barnum-Effekt ist auch bekannt als der »Forer-Effekt« oder als »Täuschung durch persönliche Validierung« oder als »Selbsttäuschungseffekt« – ich weiß, diese Cold-Reading-Technik hat mehr Decknamen als Daenerys Targaryen (der Khaleesi-Effekt wäre doch mal ein viel besser klingender Vorschlag). Barnum-Aussagen sind weit gefasste, schmeichelhafte Behauptungen über eine Person, die oftmals schnell als wahr bestätigt werden. Der Schlüssel dazu ist natürlich, dass die Aussagen so weit gefasst sind, dass sie auf die meisten Menschen zutreffen. Der große Unterschied besteht jedoch darin, dass es sich um Komplimente handelt. Barnum-Aussagen funktionieren in der Regel, weil Menschen positive Dinge über sich selbst glauben wollen. Solange sie sich nicht zu weit von der Realität entfernen (zum Beispiel die Behauptung, dass eine sehr schüchterne Person hervorragend vor Publikum sprechen kann), ist die Person oft bereit, die Lücken auszufüllen, wo sie es für richtig hält (Dutton, 1988).

Wenn du Führungsqualitäten erwähnst, kann es sein, dass der Typ auf seine Zeit als stellvertretender Vorsitzender der Schülervertretung zurückblickt; wenn du auf ein natürliches sportliches Talent anspielst, wird er einen auf Bundy machen (wie Al Bundy aus der Sitcom *Eine schrecklich nette Familie*) und dir erzählen, wie er vier Touchdowns erzielt und seine Highschool-Fußballmannschaft zur Stadtmeisterschaft geführt hat. Um den Trick wirklich zu verkaufen und Skepsis zu zerstreuen, kannst du unverbindliche Wörter wie »oft« und »gelegentlich« verwenden. Mit dieser Technik kann selbst die unsportlichste Person deinen Behauptungen über ihr sportliches Talent zustimmen und sich an die Zeit erinnern, »als ich mit ein paar Freunden einen Fünf-Kilometer-Lauf gemacht habe«.

Das ist ein häufiges Problem bei den meisten Persönlichkeits-Typisierungssystemen (Enneagramm, MBTI usw.). Zu viele der Beschreibungen konzentrieren sich ausschließlich auf positive Eigenschaften. Das führt dazu, dass sich die Menschen beim Ausfüllen der Formularfelder häufig vertun. Wenn du jemandem sagst, dass er eine natürliche Führungspersönlichkeit ist, die über Genialität, Zähigkeit und Schnelligkeit verfügt und Laserstrahlen aus ihren Augen schießen kann – was glaubst du, wie er darauf reagieren wird? »Oh nein, ich bin nur ein gewöhnlicher Mensch mit mittelmäßigem Talent und banalen Träumen«? Es gibt jedoch eine Möglichkeit, die Barnum-Aussagen zu nutzen, um die Genauigkeit der Persönlichkeitstypisierung zu erhöhen und nicht nur das Ego aufzupolstern. Um genau zu sein, gibt es zwei Möglichkeiten.

Ich nenne die erste Methode die »Costigan-Variante«, nach Leonardo DiCaprios Figur in *Departed – Unter Feinden*. Jeder, der den Film gesehen hat, erinnert sich wahrscheinlich an den Moment, in dem Billy Costigan, der sich für einen Job als Polizist bewirbt, von seinen potenziellen Vorgesetzten hart verhört wird. Zwischen den Sticheleien und Beleidigungen ist eine wichtige Frage versteckt (die in diesem Buch bereits erwähnt wurde): »Wollen Sie Polizist sein oder wollen Sie so tun, als wär'n Sie einer?« (Scorsese, 2006) Daraus lässt sich schließen, dass viele Bewerber die Macht und Autorität eines Polizisten wollen, ohne zu verstehen, wie ernst die Verantwortung ist. Die Vorgesetzten schlussfolgern zu Recht, dass Billy nicht das Zeug für den Polizeidienst hat, aber stattdessen den Intellekt und die Vielschichtigkeit für die Undercover-Arbeit besitzt.

Das Ziel der Costigan-Variante ist es, die Bereitschaft einer Person für eine bestimmte Eigenschaft zu testen, zum Beispiel indem man sie schlecht sitzende Kleidung anziehen und sich dann im Spiegel betrachten lässt. Ein Beispiel: Ich kenne eine Eule, die versucht hat, mich davon zu überzeugen, dass sie ein Schimpanse sein könnte. Als ich sagte, dass Schimpansen viel aggressiver sind als Eulen (man denke an Tony Stark gegen Bruce Banner), behauptete sie, dass auch sie aggressiv sei. Anstatt ihr zu widersprechen, testete ich ihre Aggression in Form eines hypothetischen Beispiels: »Wenn dich jemand auf der Autobahn schneidet, würdest du dann die Spur wechseln, um neben ihm herzufahren, zu hupen, ihm den Vogel zu zeigen und ihn dann auch zu schneiden?« Das Entsetzen in ihrem Gesicht verriet mir ihre Antwort: kein Schimpanse. Nebenbei bemerkt: Ich kenne auch nicht viele Schimpansen, die das tun würden, aber die Reaktion des schelmischen Schimpansen wäre eine ganz andere – und vielleicht eine bessere Form der Rache – als die der pazifistischen Eule.

Wie bereits erwähnt, beanspruchen Menschen schnell Persönlichkeitstypen auf der Grundlage einer vollständigen Beschreibung, vor allem wenn diese positiv ist. Die Costigan-Variante isoliert eine einzelne Eigenschaft eines Typs und nutzt ein extremes Szenario, um zu testen, wie sehr sich eine Person dieser Eigenschaft und damit diesem Typ verpflichtet fühlt. Sie eignet sich daher am besten, wenn du den Verdacht hast, dass sich eine Person in der Selbstbewertung vertan hat, und es dein Ziel ist, diesen bestimmten Persönlichkeitstyp auszuschließen.

Die zweite Methode ist die negative Bestätigung oder, was vielleicht einfacher zu merken ist, die »Idlewild-Variante«, benannt nach dem 2006er-Album von Outkast. *Idlewild* war, um es freundlich auszudrücken, kein großartiges Album, vor allem nicht nach dem Mainstream-Erfolg von *Speakerboxxx/The Love Below* und der puren Ehrfurcht vor *Stankonia* – selbst die tollsten Bands können mal danebengreifen. Es ist sogar fast eine wissenschaftliche Gewissheit, dass sie das tun (okay, wahrscheinlich ist es keine wissenschaftliche Gewissheit). Michael Jackson hatte *Michael*, die Beatles hatten *Yellow Submarine* und sogar Fiona Apple hatte – nein, Moment – Fiona Apple hatte noch nie ein schlechtes Album. Aber du verstehst, worauf ich hinauswill. Solche Dinge passieren, und es ist sinnvoller, wenn ein Künstler die Tiefpunkte in seiner Diskografie als Teil des kreativen Prozesses akzeptiert, anstatt so zu tun, als hätte es sie nie gegeben. In manchen Fällen ist es sogar ermutigend, sie anzunehmen. Die leidenschaftlichsten Fans, die ihren inneren »Widerspruch ist cool«-Hipster in sich tragen, bejubeln diese Alben oft als die besten (ich gebe zu, ich liebe *Pinkerton* von Weezer).

Die Idlewild-Variante existiert mit folgender Annahme im Hinterkopf: Wenn der Durchschnittsmensch bereit ist, alle positiven Eigenschaften zu verinnerlichen, wie man an den typischen Barnum-Aussagen sehen kann, dann gilt das Gegenteil für negative Eigenschaften: Er meidet sie um jeden Preis. Aber wie bei den oben erwähnten Musikern verlangt der gesunde Menschenverstand und/oder die Bescheidenheit, dass der Durchschnittsmensch zumindest ein paar negative Eigenschaften zugibt. Und so wie es schockierend wäre, wenn Snoop Dogg die Schuld für Kanyes *Jesus Is King* auf sich nehmen würde, sind die meisten Menschen abgeneigt, die Schwächen anderer zu übernehmen. Wenn sie schon Schwächen zugeben, dann sollten es auch ihre eigenen sein. Ein Pfau zum Beispiel akzeptiert den Vorwurf, ein Aufmerksamkeitsfanatiker zu sein, viel eher als den, ein pingeliger Regelbefolger zu sein. Das Gleiche gilt für einen Biber, aber in umgekehrter Reihenfolge.

Selbstbewusstere Persönlichkeiten, die im Grunde genommen glühende Fans ihrer selbst sind, geben sich ihrem inneren Idlewild hin. Ein Beispiel: Ich hatte eine Reihe satirischer Beschreibungen verfasst – die in einem späteren Kapitel dieses Buches zu finden sind –, in denen die abweichende Rolle jedes Persönlichkeitstyps beschrieben wird, ein Einblick in die schlimmsten Momente eines Typs. Eine meiner Schülerinnen, eine reife, ernsthaft denkende Hirschin, bestand darauf, ihre abweichende Rolle zu lesen (Spoiler-Alarm: Die Rolle heißt der Faschist), und als sie die Zeile las: »Wenn du die Führung [der Welt] übernimmst, würde der Planet ein bisschen näher an Nadia Comăneci herankommen und weniger wie eine Gesellschaft aussehen, die von einem bunten Haufen von Schwachköpfen, Lüstlingen und Schwächlingen geführt wird«, lachte sie und rief aus: »Die Menschen sind dumm, und es kotzt mich an, wenn sie nicht auf mich hören!« Das ist das Schöne an negativer Bestätigung. Sie ermöglicht es einer Person nicht nur, ihren Typ mit ihren eigenen Worten zu erklären, sondern dient auch als Messlatte für ihre Reife. Je reifer wir sind, desto mehr erkennen wir, dass wir unsere Stärken nicht trotz, sondern wegen unserer Schwächen haben. Die jugendliche Starrheit und Rechthaberei eines Hirsches entwickelt sich oft zu Offenheit und Stärke. Es ist wie bei Nietzsche ([1886] 1998), der sagte: »Die großen Epochen unsres Lebens liegen dort, wo wir den Mut gewinnen, unser Böses als unser Bestes umzutaufen.«

Kontextuelle Gegenüberstellung

Inzwischen solltest du in der Lage sein, das Rudel einer Person auf der Grundlage von ersten Eindrücken (beobachtete Eigenschaften, ihr Beruf und andere Hot-Reading-Informationen) und mittels Cold-Reading grob zu identifizieren. Nehmen wir an, du kennst einen Grafikdesigner, der in seiner Freizeit gerne wandert, sich für Shibari (die alte japanische Fesselkunst) begeistert und sich jedes Mal vor Lachen krümmt, wenn du deine Version des Fasswitzes erzählst. All diese ersten Anzeichen sprechen für einen Jäger. Du willst aber sichergehen, dass du bei der endgültigen Bestätigung einen differenzierten Ansatz wählst – hier ermöglicht dir die kontextuelle Gegenüberstellung, genau das zu tun. Es ist eine Methode, die auf offengelegten Präferenzen basiert. Erinnerst du dich an die ökonomische Theorie, die ich vor gefühlten Ewigkeiten in Form von Infohäppchen und zufälligen Nebenbemerkungen beschrieben habe? Bei der aufgedeckten Präferenz geht es darum, zwischen einer Reihe von Optionen zu wählen: in diesem Fall zwischen zwei konkurrierenden Rudeln. Du denkst vielleicht, dass dein Freund, der Grafikdesigner, alle Jäger-Kategorien erfüllt, aber was ist, wenn seine Eigenschaften im Vergleich eher einem Schmied ähneln? Seine Liebe zum Wandern könnte weniger von dem Wunsch getrieben sein, in die Wälder einzutauchen, sondern eher von dem Wunsch, die Tiere zu katalogisieren, die in diesen Wäldern leben. Vielleicht ist es nicht das Gefühl der Seile, sondern die psychologische Wirkung des Gefesselt-Seins, die ihn reizt. Und der Fasswitz? Er ist einfach nur lustig. Durch die Gegenüberstellung können Persönlichkeitsmerkmale mit bloßem Auge sichtbar gemacht werden.

Sammler kontra Jäger

Als bekennender Fan von 90er-Jahre-Kinofilmen behaupte ich von ganzem Herzen, dass die beste Darstellung des Unterschieds zwischen Sammlern und Jägern in der Eröffnungsszene von *Der 1. Ritter* zu finden ist, einer Merlin-losen (und damit langweiligen) Nacherzählung der Artus-Sage mit Sean Connery (Artus), Julia Ormond (Guinevere) und Richard Gere (Lancelot) in den Hauptrollen. In der Szene duelliert sich Lancelot, ein Vagabund mit Van-Halen-Locken und Zatōichi (Schwertfähigkeiten), mit übermächtigen Herausforderern und besiegt sie. Als ein besiegter Gegner ihn nach den Geheimnissen seines Könnens fragt, gibt Lancelot ihm einen Rat, der leicht zu befolgen scheint. Aber gerade, als er den höflichen Kerl denken lässt: »Hey, das könnte ich eines Tages auch schaffen«, schleudert sein letzter Ratschlag den armen Kerl wieder auf den Boden der Tatsachen zurück: »Du darfst dich nicht darum sorgen, ob du lebst oder stirbst.« (Zucker, 1995) Diese Worte bringen einen Sammler jedes Mal zum Erstarren. Und ich weiß, dass du weißt, warum.

Sammler schätzen Sicherheit über alles; warum zum Teufel sollten sie ihr Leben riskieren, nur um ein bedeutungsloses Duell zu gewinnen? Für Jäger hingegen ist es das Risiko, das das ganze Unterfangen erst lohnenswert macht. Ihr wichtigster Wert, die Erregung, beruht auf der Spannung, nicht zu wissen, wie die Dinge ausgehen werden, was einen Sieg noch süßer macht. Zwar geht es in der Regel nicht um Leben und Tod, aber der Instinkt, Risiken einzugehen, bleibt derselbe.

Sicherheit und Erregung: Diese beiden Wünsche sind polar entgegengesetzt. Es überrascht nicht, dass man am einfachsten feststellen kann, ob eine Person ein Sammler oder ein Jäger ist, wenn man sie einander gegenüberstellt.

Sowohl Sammler als auch Jäger halten sich an bewährte Methoden; egal, wie sehr reife Jäger die Grenzen ihres Handwerks erweitern, in ihrem Anfangsstadium halten sie sich an die Grundlagen, ganz im Sinne des Nietzsche'schen Spruchs: »Wer einst fliegen lernen will, der muss erst stehn und gehn und laufen und klettern und tanzen lernen – man erfliegt das Fliegen nicht!« (Nietzsche, [1883] 1961) Der große Unterschied zwischen den Arbeitsmethoden von Sammlern und Jägern liegt in den Gründen, mit denen diese Methoden angenommen wurden. Sammler wenden gerne Techniken an, die von einer anerkannten Autorität akzeptiert wurden. Jäger nutzen Techniken, die als anerkannte Praxis übernommen wurden. An dieser Stelle können wir eine Shotgun-Aussage verwenden, um diesen Unterschied zu verdeutlichen.

Ein Beispiel, das ich schon oft benutzt habe, ist meine Methode, Reis zu kochen. Kochen ist eine sehr praktische Fähigkeit und findet daher bei den konkreten Typen meist großen Anklang. Ich sage dem potenziellen Sammler oder Jäger: »Reis kochen ist ganz einfach. Zuerst gießt du das Wasser in den Topf. Dann steckst du deinen Zeigefinger so hinein, dass die Spitze den Reis kaum berührt. Der Wasserstand sollte deinen ersten Fingerknöchel erreichen.« Dies sind die üblichen Antworten auf meine Shotgun-Aussage:

Sammler:

- »Was?! Wie kann das überhaupt eine Messung sein?«
- »Google sagt, dass wir für jede Tasse Reis zwei Tassen Wasser nehmen sollten.«
- »Wer hat dir gesagt, dass du das so machen sollst? Was sind dessen Qualifikationen?«

Jäger:

- »Oh, lass mich das mal probieren!«
- »Cool.«
- »Das mache ich auch immer so.«

Einmal habe ich mit zwei Sammler-Freunden gekocht, und als es an der Zeit war, den Reis zu machen, habe ich natürlich die Fingertechnik benutzt. Sie waren verblüfft. Einer von ihnen riss mir fast den Topf aus der Hand. »Wir müssen das abmessen!« Ich konnte ihnen ihre Angst vor einem schlecht gekochten Reis nur dadurch nehmen, dass ich ihnen versicherte, dass ich gesehen hatte, wie der Starkoch Ming Tsai diese Technik ständig anwandte, und dass er ein Restaurant besaß, eine französische Kochausbildung hatte, in Yale studierte und so weiter. Eine ähnliche Erfahrung machte ich, als ich über das Grillen von Rinderbrust sprach. Ein Freund, ein Biber, um genau zu sein, erzählte mir von seiner Messmethode beim Grillen von Rippchen (mit einem Fleischthermometer) und fragte mich, ob ich wüsste, bei welcher Temperatur die Rinderbrust fertig sei. Ich sagte: »Ich benutze kein Thermometer. Ich hebe sie einfach hoch, und wenn sie wackelt, ist sie wahrscheinlich fertig.« Sein Gesichtsausdruck war skeptisch, mit einem Anflug von Argwohn. Es war, als hätte ich ihm gesagt, dass er adoptiert ist.

Ein weiteres konkretes Thema, das sich für eine Gegenüberstellung eignet: Sport. Sammler identifizieren sich häufig mit den sich zerreibenden Sportlern, den Spielern, die stolz auf ihre Zähigkeit und Willenskraft sind und all die kleinen Dinge tun – diese undankbaren Opfer für das Team –, die der Durchschnittsfan nicht sieht. Im Football zum Beispiel sind diese Arten von Spielern oft Offensive Linemen (die den Quarterback beschützen und ohne viel Aufhebens Wege für den Runningback schaffen), Defensive Tackles (die in den Trenches Double-Team-Blocks übernehmen) oder Runningbacks (die um die harten 4-and-1-Yards auf der Torlinie kämpfen und Blitzer abfangen). Jäger allerdings beziehen sich eher auf dynamische Athleten, erfahrene Spieler mit explosiver Geschwindigkeit und Kraft: die auffälligen Receiver und Cornerbacks oder die physischen Naturgewalten der Linebacker und Defensive Ends.

Wahrscheinlich hast du diesen letzten Absatz gelesen und einen von zwei Gedanken gedacht: »Ich hasse Sport und verstehe nicht, was diese Dinge bedeuten«

oder »Moment mal, nur weil ich ein Sammler bin, stehe ich mit all den fetten Typen rum, während die Jäger wie Adonis aussehen?« Wenn es der erste Gedanke ist, dann wirst du nicht verstehen, was ich als Nächstes sage. Wenn es der zweite Gedanke ist, würde ich zwei Dinge sagen:

1. Ich würde einen Mann, der 1,98 Meter groß ist und 350 Pfund wiegt und 40 Meter in fünf Sekunden laufen kann, niemals »fett« nennen, schon gar nicht würde ich ihm das ins Gesicht sagen.
2. Ich möchte dich daran erinnern, wenn es um sportliche Anerkennung geht, dass Geld eine Rolle spielt und dass die drei bestbezahlten Positionen im Profi-Football der Quarterback (alle Arten von Quarterbacks), die Offensive Line (genauer gesagt der Offensive Tackle) und der Defensive End (der Typ, der den Quarterback schlägt) sind. Sammler und Jäger werden also beide gut bezahlt.

Apropos Geld: Das ist ein weiterer Bereich, in dem du Sammler und Jäger unterscheiden kannst. Erstens gehen beide gerne mit Geld um, aber auf unterschiedliche Art und Weise. Jäger sprechen 700 Prozent häufiger über persönliche Finanzen als Sammler. Sie lieben ein bisschen bescheidenes Prahlen, Angeberei, durchaus auch nicht ganz so bescheidenes Prahlen und das Posieren an exotischen Orten während eines Urlaubs, den ich mir vielleicht nicht leisten kann, auf Instagram. Sammler lieben die Autorität, die damit einhergeht, dass sie die Person sind, die »für das Geld verantwortlich ist«; sie lieben es, beim Monopoly-Spiel die Bank zu sein. Reife Sammler ziehen es vor, ihr finanzielles Gewicht wie George Foreman zu behandeln. Sie mögen höflich lächeln und Grillgeräte anpreisen, auf denen man angeblich gesunde Burger zubereiten kann (ein Widerspruch in sich?), aber im Grunde ihres Herzens sind sie echte Künstler, und wenn du zu sehr vor ihnen tanzt und dich aufplusterst, schlagen sie mit einem guten rechten Haken zu (in diesem Fall ein beträchtliches Vermögen), der nur darauf wartet, dich auf den Boden zu befördern.

Die beste Beschreibung für die Finanzplanung eines Sammlers ist umsichtig. Für einen Jäger ist es klug. Beide versuchen, ihr Portfolio zu diversifizieren und ihr Anlagerisiko auf verschiedene Finanzsektoren und Vermögenswerte zu verteilen, aber Jäger bevorzugen einen risikofreudigeren Ansatz (Wachstumsaktien), während der

Plan eines Sammlers risikoscheuer ist (dividendenstarke Blaublüter). Stell dir das so vor wie die Kauf- und Verkaufstaktiken, das Timing am Markt, Aktienoptionen und die Leerverkäufe eines Daytraders im Gegensatz zu dem langfristigen Ansatz von Warren Buffett, der ein solides Unternehmen sucht und es hält. Beide können effektiv oder ineffektiv sein, je nachdem, wie reif und fähig der Einzelne ist.

Pepsi-Challenge-Moment

Nun eine Situation, in der die ersten Eindrücke im Widerspruch zueinander standen, und eine einfache, direkte Folgefrage – nicht einmal ein Cold Reading – genügte zur Klärung. Ich war bei einem Geburtstagsessen eines Freundes, bei dem das Thema Persönlichkeitstypen aufkam (ich schwöre, ich habe es nicht initiiert). Eine Frau, die ich noch nie getroffen hatte, mischte sich in das Gespräch ein und bestand darauf, dass ich sie typisiere. Zufälligerweise waren wir gerade dabei, das Abendessen zu beenden und zu dem Escape Room zu gehen, den wir gebucht hatten, also sagte ich ihr, sie solle mir etwas Zeit lassen und ich würde sie später typisieren.

Als wir dann im Escape Room waren und in einem dunklen Gang standen und darauf warteten, in einen geheimnisvollen Raum geführt zu werden, in dem wir eine Stunde lang wie Laborratten gefangen sein würden, kam sie wieder auf mich zu und fragte: »Hast du mich schon typisiert?« Innerlich dachte ich: »Verdammt, ist die aufdringlich«, aber äußerlich ließ ich mich darauf ein:

Ich: »Was machst du beruflich?«
Sie: »Ich bin Inhaberin eines Innenarchitekturbüros.«

Ausgehend von ihrem Job war der natürliche erste Eindruck von ihrem Rudel – der, wenn du die erste Hälfte dieses Abschnitts liest, leicht zu bestimmen sein sollte (ich gebe dir ein paar Sekunden Zeit, bevor du weiterliest) –,

… dass sie eine Jägerin war. Genauer gesagt, ein Schmetterling, denn Schmetterlinge sind die Könige und Königinnen der visuellen und räumlichen Schönheit. Aber Schmetterlinge sind normalerweise nicht so aggressiv oder aufdringlich, und diese Frau war fest entschlossen, die Informationen zu bekommen, die sie wollte. Also fragte ich nach:

Ich: »Was gefällt dir mehr an deinem Job: das Design an sich oder die Leitung des Unternehmens – du weißt schon, den Leuten zu sagen, was sie tun sollen?«
Sie: »Oh, auf jeden Fall den Leuten zu sagen, was sie tun sollen.«

Und schon hatte ich eine klar umrissene Vorliebe offenbart. Sie zog es vor, die Aufsicht zu führen. Sie war unverblümt, aggressiv und selbstbewusst, wenn es darum ging, ihre Ziele zu erreichen. Sie war kein Schmetterling. Sie war nicht einmal eine Jägerin. Sie war ein Hirsch (ein Sammler, aber das solltest du inzwischen wissen)!

Sammler kontra Schamanen

Zwei der nützlichen Dinge daran, mit 27 Jahren ein Bildungsunternehmen zu besitzen, ist, dass sie dir nicht nur zeigen, wie wenig du wirklich darüber weißt, wie man etwas leitet, sondern auch, dass sie den Konflikt zwischen Sammlern und Schamanen in den Mittelpunkt rücken. Ein Bildungssystem ist das perfekte Zusammentreffen des Wunsches der Sammler nach Sicherheit und des Wunsches der Schamanen nach Selbsterkenntnis, und deshalb wimmelt es im Bildungswesen nur so von Menschen aus diesen beiden Rudeln. Und glaub mir, sie kommen nicht immer miteinander aus. Es gibt große philosophische Meinungsverschiedenheiten zwischen den beiden, und als junger Unternehmer im Bildungsbereich bekam ich einen nicht gerade kleinen Vorgeschmack (eher eine ganze Mahlzeit, wenn du mich fragst) auf die beiden Hauptkonflikte, um die es hier geht:

1. Tradition kontra Intuition
2. Praktisch kontra schamanisch

Mein Unternehmen führte viele Aufträge für öffentliche Schulbezirke aus. Dazu gehörte auch die Teilnahme an verschiedenen Sitzungen und Veranstaltungen, bei denen ich mit Lehrern, Eltern, Bezirksverwaltungen und anderen Bildungsanbietern (also der Konkurrenz) zu tun hatte. Ich kann dir gar nicht sagen, wie oft ich mit einem Studenten und/oder einem Angestellten des Unternehmens, das ich besitze, verwechselt wurde. Wenn es darum ging, den eigentlichen Geschäftsvertrag zu unterschreiben, warfen mir die Bezirksangestellten häufig einen zweifelhaften und frustrierten Blick zu, als ob sie sich im Geiste schon darauf vorbereiteten, den Vertrag für die Person, die eigentlich zur Unterschrift berechtigt war, neu zu drucken. »Das muss der Eigentümer unterschreiben«, wurde mir ein paar Mal gesagt. Dies ist ein großartiges Beispiel für den Einfluss – oder besser gesagt die Dominanz – des Bildungssystems durch die Sammler.

Sammler respektieren Traditionen, ein Fakt, der dazu führt, dass ältere Personen (ich werde einen großzügigeren Begriff verwenden und »erfahren« sagen) im Bildungssystem fast automatisch respektiert werden. Je erfahrener jemand ist, desto mehr gilt er als zuverlässig, desto wahrscheinlicher ist es, dass er traditionelle Methoden beibehält und bei der Erziehung der kommenden Generationen keine unnötigen Risiken eingeht. Als jemand, der aussah (eine weitere großzügige Interpretation) wie das Highschool-Kind, das immer hinten in der Klasse saß und Witze auf Kosten der Lehrer machte, war es für einige Bezirksangestellte unvorstellbar, dass ich ein Unternehmen leiten könnte, das für den Unterricht von Hunderten von Schülern pro Jahr verantwortlich ist.

Schamanen betrachten einige der traditionellen Ziele der Bildung und damit der Gesellschaft mit großer Skepsis, wie James Baldwin (1963) bemerkte: »Das Paradoxe an der Bildung ist genau das: dass man, wenn man anfängt, bewusst zu werden, anfängt, die Gesellschaft zu untersuchen, in der man erzogen wird.« Das veranlasst Schamanen oft dazu, sich über Normen hinwegzusetzen und Regeln zu ignorieren, um etwas, das ihrer Meinung nach etwas Größeres ist, zu erreichen: eine tiefere Verbindung mit ihren Schülern. Dieser zwischenmenschliche Kontakt macht Schamanen nicht nur zu einem wandelnden möglichen Gerichtsverfahren, sondern ermöglicht es ihnen auch, sich mehr auf ihre Intuition zu verlassen, wenn es darum geht herauszufinden, wie sie ihren Schülern am besten dabei helfen können zu wachsen.

Der Film *Der Club der toten Dichter* ist ein perfektes Beispiel für diesen Unterschied in der Philosophie. Allerdings ist er eindeutig auf die Perspektive der Schamanen ausgerichtet (deshalb wird er auch im Kapitel über Schamanen in diesem Buch ausführlich erwähnt). Ein großer Teil der sympathischen Hauptfiguren des Films sind Schamanen, und der Film selbst stellt die Charaktere der Sammler im Allgemeinen als begriffsstutzige, zynische Autoritätspersonen dar. Aber wenn wir den Film als eine Art Shotgun-Aussage in Langform verwenden, können wir viel über die Ergebnisse herausfinden. Schamanen lieben den Film, Punkt. Ich habe noch nie einen Schamanen getroffen, der das nicht getan hätte, und ich habe mehr getroffen, als die demografischen Daten vermuten lassen. Bildung, Persönlichkeitstypisierung und Schreiben sind absolute Lockmittel für Schamanen; sie kommen in Scharen. Die Sammler sehen den Film so, wie sie die meisten Filme sehen, die das Bildungssystem infrage stellen (wie *School of Rock*): mit einer Mischung aus Belustigung und Skepsis. Unterhaltsam, vielleicht sogar inspirierend, aber kein bisschen ernst zu nehmen.

Das soll nicht heißen, dass Sammler es nicht hassen, wie sie häufig porträtiert werden. Es macht keinen Spaß, immer den harten Kerl zu spielen. Aber wenn du über die einseitige Charakterisierung hinwegschaust, gibt es eine Wahrheit, die nicht ignoriert werden kann. Wenn Mr. Nolan, der Schuldirektor in *Der Club der toten Dichter*, prahlt: »[Letztes Jahr] haben einundfünfzig [Schüler] graduiert, und mehr als 75 Prozent von ihnen sind in die Ivy League gewechselt« (Weir, 1989), dann soll das die Schule als einen Ort der abgeschotteten und gestelzten Eliten darstellen. Aber wenn man die Aussage selbst liest, klingt sie wie die Broschüre eines jeden Bildungsprogramms, ob privat oder öffentlich, das neue Schüler ansprechen will. Welche Eltern würden es nicht verlockend finden, ihr Kind auf eine Schule zu schicken, die drei Viertel ihrer Absolventen nach Harvard und Yale schickt?

Entgegen der landläufigen Meinung sind nicht alle Sammler väterliche Zuchtmeister und Tigermütter; meist sehen sie die Schule nur als eine Möglichkeit für ihre Kinder, bessere Bürger zu werden. Einige treiben ihre Kinder hart an, aber die meisten wollen einfach nur, dass sie »gute Kinder« sind. Das war der häufigste Begriff, mit dem Sammler-Eltern ihr Kind in der üblichen Befragung meiner Nachhilfefirma vor dem Programm beschrieben. Sammler-Lehrer nutzen das Notensystem zwar als Kontrollinstrument, sind aber in der Regel mehr darauf bedacht, ihre Schüler an die praktischen Anforderungen der Gesellschaft und des Lebens im Allgemeinen zu gewöhnen, als auf die schulischen Leistungen. Sie sind im Grunde ihres Herzens Realisten; sie fördern die Schüler, die sie für besonders begabt halten, aber bei den meisten Schülern geht es darum, ihnen beizubringen, wie sie sich letztendlich selbst ernähren und kleiden und produktive Mitglieder der Gesellschaft werden können.

Schamanen-Lehrer konzentrieren sich eher auf abstraktere Ziele wie Selbstwert und Identität und sehen ihre Rolle im Wesentlichen als eine Art Schutzschild, das ihre Schüler davor bewahrt, in ein, wie Thoreau (1854) es ausdrückte, »Leben der stillen Verzweiflung« zu verfallen. Wenn es nach ihnen ginge (was oft nicht der Fall ist), würde der primäre Ansatz für den Unterricht ganzheitlich sein. Aber ähnlich wie die Montessori-Methode hört sich das in der Theorie gut an (es überrascht nicht, dass viele Bildungsprofessoren Schamanen sind), ist aber schwer umzusetzen, da die meisten Verwalter, Schulräte, Eltern und andere Entscheidungsträger Sammler sind, die den traditionellen Ansatz bevorzugen.

Es kann manchmal schwierig sein, Sammler und Schamanen auseinanderzuhalten. Wie bereits erwähnt, versuchen unreife Schamanen, sich in die Gesellschaft der Sammler einzugliedern, indem sie einige ihrer eigenen Werte schmerzhaft herunterschlucken. Es wird dich aber freuen zu hören, dass wir unsere eigene Version einer Magenpumpe haben: eine Barnum-Erklärung im Costigan-Stil. Sobald du den Verdacht hast, dass du dich mit einem Schamanen im Sammler-Gewand unterhältst, wirf etwas Sammler-Fleisch in das Gespräch (Ehe, Hochzeiten, Familienklatsch, Karrieredetails usw.), und dann pass gut auf. Wenn die Person ein Sammler ist, wird sie die Happen nicht nur aufessen, sondern verschlingen wie ein Veganer eine Wanne voll Hummus. Wenn die Person ein Schamane im Verborgenen ist, solltest du ein gewisses Gefühl des Zweifels oder des inneren Konflikts spüren können, so wie wenn jemand versucht, dich davon zu überzeugen, dass er oder sie auf Smooth Jazz steht – niemand steht auf Smooth Jazz. Die Person könnte sich sichtlich unwohl fühlen, ihr Tonfall könnte an Selbstvertrauen verlieren und ihre Meinung könnte weniger zu ihr passen als zu einer Hallmark-Karte, die unpersönlich und sehr, sehr standardisiert ist.

Pepsi-Challenge-Moment

Manchmal widersprechen sich die ersten Eindrücke. Und dann gibt es diese Momente, in denen die Person, die wir zu typisieren versuchen, in aktivem Gegensatz zu den ersten Eindrücken steht, die sie vermittelt. Vor ein paar Jahren war ich in einer Bar und diskutierte mit einer Delfinin, die ich einigermaßen gut kannte, über Persönlichkeitstypen. Eine andere Person, die ich nicht so gut kannte, von der ich aber aufgrund begrenzter Informationen annahm, dass sie ein Biber war, kam auf uns zu und wollte wissen, worüber wir sprachen. Als die Delfinin die Persönlichkeitstypisierung erwähnte, schaute mich der Biber skeptisch an. Biber lehnen die Persönlichkeitstheorie oft ab, weil sie der Meinung sind, dass sie die Menschen in Schubladen steckt (ironisch, wenn man bedenkt, dass sie ein übernatürliches Talent haben, Dinge zu kategorisieren, zu organisieren und *buchstäblich* in Schubladen zu stecken). Trotz seiner sichtbaren Abneigung beteiligte er sich an dem Gespräch. Um ehrlich zu sein, glaube ich, dass er sehr daran interessiert war, etwas über meine Delfinfreundin zu erfahren (nicht in Bezug auf die Persönlichkeit, sondern im biblischen Sinne, wenn du verstehst, was ich meine), und deshalb versuchte er sein Bestes, um an der Unterhaltung teilzunehmen:

Delfinin: »Oh, was denkst du, was er ist?«
Ich: »Hmmm, er sieht aus wie ein Biber.«
Biber (beunruhigt): »Wie soll denn ein Biber aussehen?«
Ich: »Verantwortungsbewusst, organisiert, pflichtbewusst, umsichtig ...«
Delfinin: »Das bist eindeutig du!«
Biber: »Das bin ich nicht. Ich gehe Risiken ein.«

An diesem Punkt spürten meine Freundin und ich, dass er sich an der Beschreibung etwas störte, also wechselten wir das Thema. Wir kannten ihn zwar nicht gut, aber schon auf den ersten Blick war uns klar, dass Risikobereitschaft nicht zu seiner natürlichen Lebensweise gehörte. Wahrscheinlich dachte er: »Der Kerl kennt mich nicht« oder »Dieses anmaßende Arschloch kann mich mal«, und in beiden Fällen hatte er recht. Ich kannte ihn nicht, und meistens bin ich ein anmaßendes Arschloch, aber Anmaßung liegt in der Natur der Persönlichkeitstypisierung. Du hörst auf deine ersten Instinkte und wartest dann auf den Moment, in dem sie sich entweder bestätigen oder als falsch herausstellen. Ich hatte Glück, dass ich nicht lange warten musste.

Das Gesprächsthema hatte sich auf das Reisen verlagert. Die Delfinin war eine begeisterte Reisende (wie viele Delfine), und der Biber, der in einem anderen Land geboren worden war und selbst viel gereist war, freute sich, über etwas zu sprechen, bei dem er sich auf Augenhöhe fühlte. Er nahm an, dass ihre Ansichten über das Reisen übereinstimmten. Das war aber nicht der Fall. Die Delfinin, ganz die selbstverwirklichende Schamanin, zog in Erwägung, ein oder zwei Jahre in der Türkei zu leben, einem Land, in dem sie noch nie gewesen war. Die automatische Antwort des Bibers: »Das kannst du nicht machen! Das ist zu gefährlich!« Es war nicht nur die Schnelligkeit des Kommentars, die uns überraschte – die Worte waren kaum aus ihrem Mund, als er seinen Kommentar abgab –, sondern auch die Gewissheit, die an jemanden gerichtet war, den er kaum kannte. Das war eine ebenso gute Bestätigung wie jede andere.

Ich wusste nichts über seine risikofreudigen Unternehmungen, die er vielleicht in seiner Vergangenheit unternommen hatte. Was ich jedoch wusste, war, dass sein Reflex, wenn er mit einem gewissen Risiko konfrontiert wurde, der eines Sammlers war: vorsichtig, befehlend und wachsam. Denke daran, dass nicht das, was wir tun, sondern das, warum wir es tun, unseren Typ verrät. Er hätte als Hochseefischer oder Feuerwehrmann arbeiten oder sogar ein paar Jahre bei den Marines dienen können, um Bomben auf den Feldern Afghanistans zu entschärfen, es hätte nichts daran geändert, dass seine oberste Priorität die Sicherheit war. Und ich weiß, du denkst jetzt vielleicht: »Diese knallharten Kerle aus *Tödliches Kommando – The Hurt Locker* sind auf keinen Fall sicherheitsorientiert!« Doch, sogar die. Ganz besonders sie. Ich meine, sie machen aus Waffen undifferenzierter Zerstörung harmlose Wissenschaftsprojekte. Ich kenne tatsächlich einen Typen, der genau das getan hat. Und weißt du was? Er ist auch ein Biber.

Sammler kontra Schmiede

Es gibt eine Szene in dem Film *Blade* [für die Uneingeweihten unter den Comic-Filmen: ein Vampirfilm mit Wesley Snipes in der Hauptrolle, dessen Fortsetzung Roger Ebert (2002) treffend als »Vomitorium der Eingeweide« beschrieb], in der Blade, der halb menschliche, halb vampirische Protagonist, dessen Mission es ist, Vampire bis zur Ausrottung zu jagen, von dem Vampir-Antagonisten als jemand beschrieben wird, der »all unsere Stärken und keine unserer Schwächen« hat (Norrington, 1998). Und das ist eine perfekte Beschreibung der Beziehung zwischen Sammlern und Schmieden, zumindest aus der Sicht der Sammler. Wie bereits in einem früheren Kapitel erwähnt, gibt es einen bestimmten Teil der Sammler, der sich fälschlicherweise mit den meisten Stärken der Schmiede (logische Analyse, Objektivität, Einfallsreichtum) identifiziert, während er keine ihrer Schwächen (mangelndes zwischenmenschliches Bewusstsein, Leidenschaftslosigkeit, soziale Unbeholfenheit) besitzt. Ein anderer Teil der Sammler bezweifelt die Existenz der Schmiede vollständig. Ein Sammler kam einmal nach einem meiner Persönlichkeitstypisierungs-Workshops auf mich zu und fragte: »Gibt es den Schmiedetyp wirklich, oder hat sich den Jemand nur ausgedacht, um den Leuten eine Ausrede zu geben, damit sie Arschlöcher sein können?« Wie bei Blade führt diese Ungläubigkeit nicht woanders hin, als den Schmieden den Weg zu ihrem sozialen Aussterben zu ebnen.

Aus der Perspektive der Schmiede ist die Beziehung einfacher zu verstehen: Die Schmiede hassen die Sammler. Ich weiß, ich weiß, meine Lehrerin in der zweiten Klasse hat immer gesagt: »Hass ist ein sehr starkes Wort und sollte sparsam verwendet werden.« (Obwohl ich immer noch behaupte, dass ein Siebenjähriger Rosenkohl hassen darf.) Aber aus Respekt und Dankbarkeit gegenüber Frau Cheng, einer meiner Lieblingslehrerinnen, formuliere ich es mit mehr Bedacht: Schmiede verbringen ihr Leben damit, Autorität zu ignorieren; Sammlerinnen und Sammler verbringen ihr Leben damit, sie einzuflößen. Da sind Feindseligkeiten schon vorprogrammiert.

Jetzt, da du richtig in das Thema Comic-Filme eingeweiht wurdest – dank Wesley Snipes –, ist es angebracht, eine Szene aus dem Film *Marvel's The Avengers* zu erwähnen, die diesen Konflikt zwischen Sammlern und Schmieden anschaulich schildert. In dieser Szene gerät Captain America (Supersoldat, Superpatriot, die Verkörperung »amerikanischer« Werte) in einen heftigen Streit mit Tony Stark (in seinen eigenen Worten: »Genie, Milliardär, Playboy, Wohltäter«). Man muss kein Virtuose der Persönlichkeitsanalyse sein, um zu erkennen, dass Cap ein Sammler ist; schließlich ist seine »Waffe« ein Schild. Und Stark ist mit seinen technischen Kenntnissen und seiner Verachtung für Autoritäten ganz offensichtlich ein Schmied (Fun Fact: Robert Downey jr. hat sich bei der Darstellung der Figur an einem echten Schmied, Elon Musk, orientiert – höchstwahrscheinlich ein Schimpanse). Ihr Streit dreht sich um diesen Austausch:

> Captain America: »Das Einzige, wofür du wirklich kämpfst, bist du selbst. Du bist nicht der Typ, der sich opfert, der sich auf einen Draht legt und den anderen über sich krabbeln lässt.«
> Tony Stark: »Ich glaube, ich würde den Draht einfach durchschneiden.«
> (Whedon, 2012)

Hier zeigt sich ein klarer Unterschied zwischen den Werten der Sammler (Mut und Selbstaufopferung) und der Schmiede (Cleverness und Problemlösung), und es ist nur natürlich, dass sich Menschen für eine Seite entscheiden. Wenn du versuchst, jemanden zu typisieren, und du dich zwischen einem Sammler und einem Schmied entscheiden musst, kann diese Szene wie eine Barnum-Aussage wirken; welche Seite des Arguments er oder sie vertritt, ist ein guter Indikator für sein Rudel.

Ein nützliches Shotgun-Thema für die Unterscheidung zwischen diesen beiden Typen ist alles, was mit der Erlangung von Wissen zu tun hat. Beide schätzen Wissen, aber aus unterschiedlichen Gründen. Sammler wollen Informationen, weil sie glauben, dass sie ihnen einen bestimmten Status verleihen – und kaum habe ich das geschrieben, klingeln mir schon die Schreie der Sammler in den Ohren, die mich für die Unterstellung verfluchen, ihr Streben nach Wissen sei alles andere als edel. Und ich verstehe die Wut, aber das ist nicht genau das, was ich gesagt habe. Das Wort Status an sich impliziert Vornehmheit, und in der Welt, in der wir leben, ist die praktischste Methode, diese Vornehmheit zu erlangen, ein Abschluss, eine Zulassung, eine Lizenz oder ein anderes Mittel, mit dem die Gesellschaft formell erklärt, dass du kein Wichtigtuer oder Versager bist. Die meisten Schmiede wollen Informationen, weil sie glauben, dass sie Spaß machen, oder weil sie glauben, dass sie dadurch Macht erlangen, was für bestimmte Schmiede so ziemlich dasselbe ist wie Spaß. Ein Freund von mir, der eine Eule ist, hasst es, dass Eulen immer als Genies abgestempelt werden (okay, vielleicht hasst er das nicht so sehr wie das Klischee des jungfräulichen Einsiedlers, der die meiste Zeit nichts von seiner Umgebung mitbekommt). Er sagt gerne: »Ich weiß einfach gerne etwas, aber das bedeutet nicht, dass die Informationen wichtig sind oder dass ich schlau bin. Ich weiß eine Menge über drei Dinge: Massage, Air Jordans und Fantasy Football. Ich bin mir ziemlich sicher, dass mich das nicht zu einem Genie macht.«

Ich habe bereits auf ein Beispiel hingewiesen, das als Costigan-Variante für Sammler kontra Schmiede dienen kann: die Frage, ob eine Person bereit wäre, an sich selbst zu experimentieren, um mehr über eine Droge zu erfahren. Die richtige Formulierung wäre: »Nehmen wir an, es gibt ein Medikament, das theoretisch das Potenzial deines Gehirns freisetzen könnte, aber es könnte gefährliche Nebenwirkungen haben. Wenn es keine andere Möglichkeit gäbe, würdest du es an dir selbst testen?« Wie bei den meisten Costigan-Varianten ist die Interpretation der Antwort genauso wichtig wie die Antwort selbst. Haben die Befragten innegehalten und darüber nachgedacht? War ihre Antwort so unmittelbar wie die eines Bibers, dem man von Plänen erzählt, in die Türkei zu ziehen? Kürzlich entdeckte ich eine andere Version dieser Hypothese, als ich mit einer Eulenfreundin sprach. Sie sagte mir, dass sie mehr als bereit wäre, in eine brennende Bibliothek zu gehen, um das letzte verbliebene Exemplar eines Buches zu retten. – Egal, welche Version du wählst, ich denke, die Präferenzen sind klar: Sicherheit oder Information.

In Bezug auf die Dinge, die wir sehen können, sind die Unterschiede zwischen Sammlern und Schmieden ziemlich offensichtlich. Die meisten Schmiede haben eine ungewollt kalte Fassade, weniger ein absichtliches Pokerface als vielmehr ein überwältigendes Gefühl von Objektivität. Im Vergleich dazu können selbst die härtesten Sammler warm erscheinen. Und die sanfteren Sammler? Sie sind wie übergroße Teddybären. Die beiden Rudel haben auch sehr unterschiedliche soziale Profile. In sozialen Situationen tun Schmiede häufig Dinge, die im schlimmsten Fall beleidigend und verstörend und im besten Fall überraschend und ungewöhnlich sind. Die Leute gehen häufig davon aus, dass sie irgendwie leicht autistisch sind. Ich habe mich mit der Mutter eines Schmied-Schülers unterhalten, und sie hat seine brutale Ehrlichkeit sowohl gelobt als auch beklagt: »Wenn eine Mutter ihren Sohn fragt, wie sie aussieht, sollte er nicht sagen: ›Du siehst schrecklich aus.‹ Ich finde es toll, dass er so ehrlich ist, aber könnte er es so machen, dass ich ihn nicht ohrfeigen möchte?« Wie ich schon oft gesagt habe, fühlen sich Sammler in sozialen Situationen von Natur aus wohl. Auch wenn sie den Raum nicht beherrschen, lassen reife Sammler kaum einen Zweifel daran, dass sie dort hingehören.

Die Interaktion zwischen Sammlern und Schmieden ist nicht sehr verbreitet. Prozentual gesehen gibt es nur wenige Schmiede, und angesichts der großen Meinungsverschiedenheiten zwischen den beiden Rudeln in Bezug auf grundlegende Werte pflegen sie nicht gerade einen regen Austausch miteinander. Aus diesem Grund trifft man Sammler und Schmiede gemeinsam am ehesten bei der Arbeit an, wo keiner der beiden Typen eine Wahl hat. Trotz ihrer Unterschiede haben Sammler und Schmiede häufig dasselbe Ziel (beruflichen Erfolg), und wenn beide Typen es vermeiden können, über ihre persönlichen Gedanken und Meinungen zu sprechen, verlaufen die Arbeitsbeziehungen zwischen Sammlern und Schmieden meist reibungslos. Dennoch kann es zu besonderen Konflikten kommen, der häufigste ist der zwischen Praktikabilität und Logik.

Ich kann dir gar nicht sagen, wie oft ich schon den Unterschied zwischen praktisch und logisch erklären musste. Es ist, als ob jeder in seiner Vergangenheit eine kluge Person kennengelernt hätte, die sowohl praktisch als auch logisch war, und deshalb haben die Leute angefangen, diese beiden Begriffe als austauschbare Beschreibungen für Intelligenz zu verwenden. Es genügt mir hier zu sagen, dass sie völlig unterschiedliche Dinge bedeuten, und wir können diese Unterscheidung nutzen, um Sammler und Schmiede voneinander zu unterscheiden.

Ich verwende gerne die folgende Shotgun-Aussage, bei der ich einen Auszug aus dem Buch *Praktische Ethik* des australischen Philosophen Peter Singer (1979) zitiere (natürlich ein spannendes Thema für ein Abendessen), in dem er schreibt, dass Eltern die Möglichkeit haben sollten, Neugeborene zu euthanasieren, wenn festgestellt wird, dass sie genetische Marker für schwere Behinderungen tragen. Die Reaktion der Sammler darauf ist im Allgemeinen schnell und heftig. In der Theorie halten sie das für ungeheuerlich, und in der Praxis führt es nicht gerade zu einem ruhigen Schlaf, wenn man »ein intellektueller Bettgefährte der Nazis« ist. Die Antwort der Schmiede ist nuancierter. Auch wenn sie nicht mit Singer übereinstimmen, sind sie viel offener für sein utilitaristisches Argument, dass »neugeborene menschliche Babys keinen Begriff von ihrer eigenen Existenz haben« und dass die Euthanasie eines Neugeborenen, das für den Rest seines Lebens eine schwächende und höchstwahrscheinlich schmerzhafte Behinderung haben wird, nicht nur barmherzig ist, sondern auch die Liebe der Eltern effizienter einsetzt, indem sie sie für ein anderes Kind aufsparen, das möglicherweise ein längeres, weniger qualvolles Leben haben wird.

Pepsi-Challenge-Moment

Sammler weisen mich gerne darauf hin, dass ich immer wieder auf ihnen herumhacke, weil sie Annahmen über andere Typen treffen, und das stimmt auch: Sie treffen viele Annahmen über andere Typen. Aber Spaß beiseite, die Wahrheit ist, dass wir das alle tun. Manchmal können diese Annahmen – vor allem von den Eltern – schädliche Auswirkungen auf unsere emotionale Entwicklung und unser Selbstwertgefühl haben. Manchmal sind sie aber auch einfach nur lustig und verraten, wer wir als Menschen sind.

Eine gute Freundin von mir ist ein Killerwal (Schmied), und wir verbrachten einen gemütlichen Tag in ihrer Wohnung, als sie sagte, ihr Chef müsse mit ihr sprechen:

Ich: »An einem Sonntag?«
Killerwal: »Es geht um dieses verrückte Projekt, an dem wir gerade arbeiten.«
Ich: »Und er will ein persönliches Arbeitstreffen? Am Strand?«
Killerwal: »Es ist einfacher, Dinge persönlich zu besprechen. Außerdem will er vielleicht nicht, dass unser Gespräch dokumentiert wird.«

Meine Freundin hat einen stereotypen Killerwal-Job – Projektmanagerin in einem großen Technologieunternehmen – und nach dem, was sie mir über ihren Chef erzählte (fleißig, freundlich, Familienvater), vermutete ich, dass er ein Sammler ist. Meiner Meinung nach waren die Chancen gering, dass er seinen Sonntagnachmittag mit einer intensiven Arbeitsbesprechung verbringen würde. Trotzdem machte ich mich an die Zubereitung des Abendessens, während meine Freundin zu ihrer Besprechung ging und sagte, dass sie in einer Stunde oder so zurück sein würde. Nach zehn Minuten war sie zurück und total verärgert. »Er ist gerade mit seinen Kindern am Strand und dachte, es wäre cool, wenn ich sie kennenlerne! Aber warum? Ich dachte, wir würden über die Arbeit reden – hör auf zu lachen! Im Ernst, hör auf zu lachen, oder ich steche dir ins Gesicht!«

Sammler kontra Schmiede ist nicht so einfach wie Familie kontra Arbeit. Viele Sammler sind hyperfokussierte, karriereorientierte Berufstätige, und viele Schmiede sind liebevolle, verantwortungsvolle Eltern. Es ist eher eine Mentalität. Sammler betrachten beruflichen Erfolg als Mittel, um Status und Sicherheit zu erlangen; Schmiede betrachten ihn als Beweis für ihr umfangreiches Wissen. Sammler sehen ihre Kinder als eine Erweiterung ihrer selbst an, die sie beschützen müssen. Für Schmiede sind sie besondere Kuriositäten, die sie studieren und mit denen sie entsprechend umgehen müssen. Meine Schmied-Freundin konnte zwar nachvollziehen, dass die Familie ihres Chefs wichtig für ihn war, aber für sie war sie nicht unbedingt wichtig. Der Gedanke, Kinder zu treffen, die sie wahrscheinlich nie wieder sehen würde, war für den utilitaristischen Killerwal nicht gerade aufregend. Für den Sammler waren seine Kinder der Hauptgrund, warum er überhaupt so hart arbeitete, also ist es nur natürlich, dass er seinen Sonntag mit ihnen genießt und sie einer Mitarbeiterin vorstellt, wenn er die Gelegenheit dazu hat.

Jäger kontra Schamanen

Es gibt keinen Kampf, der pompöser und performativer ist und bei dem es unwahrscheinlicher ist, dass es zu tatsächlichen Schlägen kommt, als eine literarische Fehde. Weniger ein ehrlicher Zweikampf und mehr Brimborium. Wenn sich literarische Titanen prügeln, musst du damit rechnen, dass die Meinungen scharf formuliert werden, die Komplimente hinterhältig sind und der Klatsch und Tratsch in Strömen fließt – und das alles mit der gleichen Portion Selbstherrlichkeit und Selbstverachtung. Und das ist der Kampf, den wir heute für dein Lesevergnügen haben: Dichter gegen Dichter, Lord Byron gegen John Keats, Jäger gegen Schamane.

Die Fehde zwischen Byron und Keats beruhte auf einer Reihe von Faktoren. Byron war ein großer, gut aussehender Aristokrat; Keats war ein kleiner, kränklicher Arzt, der sich als Dichter durchschlug. Byrons Ästhetik basierte auf der augusteischen Tradition (Klassizismus des frühen 18. Jahrhunderts) und bevorzugte den klassischen Stil und dessen Form; Keats' Ästhetik lehnte die augusteische Tradition ab und bevorzugte Authentizität und Emotionen, einen Stil, der die romantische Ära einleiten sollte. Byron vergötterte Alexander Pope, den amtierenden Meister des augusteischen Zeitalters; Keats hasste Pope und kritisierte ihn lautstark. Und was vielleicht am wichtigsten ist: Byron war erfolgreich, Keats nicht (Hanson, 2015). Betrachtet man diese Fakten als geschichtliche Tatsache, wäre es einfach, den Persönlichkeitstyp ganz zu ignorieren und anzunehmen, dass ihre Fehde vor allem durch Unterschiede in der gesellschaftlichen Stellung, in den künstlerischen Vorlieben und im beruflichen Erfolg beeinflusst wurde. Aber sehen wir uns das doch einmal genauer an.

Lord Byron war für seine Extravaganz und seinen Witz bekannt, und er nutzte beides zusammen mit seinem angestammten Titel, um in die elitären Kreise der englischen Gesellschaft vorzudringen. Ja, Byron war derjenige, der mit einem goldenen Löffel im Mund geboren worden war, aber es waren seine Jäger-Eigenschaften (Selbstdarstellung, Charme, soziales Geschick), die Keats, einen Mann mit geringeren Mitteln, auf die Palme brachten. Keats kommentierte einmal, nachdem er eine positive Kritik über Byron gelesen hatte: »Da sieht man, was es heißt, sechs Fuß groß und ein Lord zu sein!« (zitiert in: Hanson, 2015) Byron war nicht nur in aller Munde, sondern wusste auch, wie man sich bei den Leuten weiter ins Gespräch bringt; er war ein Mann, der seine eigene Berühmtheit eindeutig liebte. Keats war der ewige Schamanen-Außenseiter. Die Kritiker machten sich oft über seine Werke lustig; die Kritiken über Keats' *Endymion* waren so heftig, dass sie allen Ernstes als Ursache für seinen frühen Tod im Alter von 25 Jahren angesehen wurden (tatsächlich war Tuberkulose der Grund dafür). Wenn es sie heute gäbe, wäre Byron Taylor Swift (beliebt, fotogen, ein Schrank voller Auszeichnungen) und Keats Eva Cassidy (meine zweite Eva-Cassidy-Referenz, also wenn du sie noch nicht gegoogelt hast, dann tu es jetzt). Nicht, dass Swift und Cassidy sich streiten würden (das ist auch gar nicht möglich, wenn man bedenkt, dass Cassidy 1996 im Alter von 33 Jahren tragisch verfrüht gestorben ist, was du schon wüsstest, wenn du sie gegoogelt hättest, wie ich es dir gesagt habe), aber die Karrieren beider Künstlerinnen haben eine ähnliche kulturelle Dynamik wie die von Byron und Keats: Mainstream-Erfolg und posthume Verehrung.

Sogar die künstlerischen Stile der englischen Dichter zeigen die Unterschiede zwischen Jägern und Schamanen:

- Byron steht für die Beherrschung des Handwerks (Technik, Form und Funktion) durch den Jäger.
- Keats repräsentiert die Neigung des Schamanen zu persönlicher Authentizität (starke Gefühle, Offenheit und Fantasie).

Letztendlich kann jeder, der einen Internetzugang und einen Puls hat, über beide Männer nachlesen und behaupten: »Keats war nur neidisch auf Byrons Errungenschaften!« Aber wenn du die Unterschiede zwischen Jägern und Schamanen wirklich verstehst, wird dir klar, dass diese beiden höchst leidenschaftlichen, kreativen Menschen von unterschiedlichen Musen inspiriert waren. Wie den meisten Jägern ging es Byron darum, sein Publikum mit seiner bestmöglichen Leistung zu erfreuen, und Keats' Missachtung der gängigen Normen betrachtete er als eine Mischung aus Dilettantismus und Selbstüberschätzung. Der Schamane in Keats wurde jedoch von der Hingabe an ein Prinzip angetrieben, in diesem Fall seine Überzeugung, dass der aktuelle klassische augusteische Stil, wie er am besten von dem Superstar Byron verkörpert wurde, unoriginelle, überbewertete Kunstgriffe waren. In ihren eigenen Worten:

> Byron über Keats: »Er selbst soll vor seinem Tod davon überzeugt gewesen sein, dass er nicht den richtigen Weg eingeschlagen hatte, weshalb er seinen Stil nach den klassischeren Sprachmodellen neu formte.« (Byron, [1821] 1833)
> Keats über Byron: »Es gibt einen großen Unterschied zwischen uns. Er beschreibt, was er sieht, ich beschreibe, was ich mir vorstelle – meine Aufgabe ist die schwierigste.« (Keats, 1819)

Die Fehde zwischen Byron und Keats verdeutlicht auch einen der größten Gegensätze zwischen Jägern und Schamanen: das Viszerale gegenüber dem Intuitiven. Beide Rudel streben nach Vergnügen – oder zumindest nach dem, was gemeinhin als Vergnügen angesehen wird – mehr als Sammler und Schmiede. Aber für Jäger ist dieses Vergnügen in der Regel etwas, zu dem sie mit einem oder mehreren ihrer fünf Sinne Zugang haben: die gleitenden Streicheleinheiten einer Massage, die schwungvollen Arpeggien von *Stairway to Heaven*, die Duftnoten von Lavendel und Bergamotte, die bis in den Himmel reichen. Schamanisches Vergnügen ist oft persönlich und hängt mit einem Wert oder einem Traum zusammen, der in dem Schamanen selbst liegt: ein Zuhause für einen verwaisten Hunde-Mischling finden, einen neuen Musikkünstler entdecken, von dem noch niemand gehört hat, sich wieder verlieben.

Das Thema Reisen gibt eine gute Shotgun-Aussage her, wenn es um die Gegenüberstellung von intuitiver und visueller Zufriedenheit geht. Für Jäger ist ein Urlaub eine Möglichkeit aus zwei Extremen: Outdoor, Rucksacktourismus, Extremwetterabenteuer oder ein Mai Tai bei einer Pediküre in einem Luxusstrandresort. Es geht darum, ihre Sinne mit neuen Erfahrungen zu stimulieren, egal, ob sie sich in berauschende Höhen aufschwingen oder in entspannende Fluten abtauchen. Fallschirmspringen, Surfen und Weinproben sind häufige Aktivitäten auf dem Reiseplan eines Jägers (organisierter Spaß ist ihre liebste und manchmal auch einzige Art der Organisation). Schamanen reisen im Allgemeinen gerne abseits der ausgetretenen Pfade; Island und Indien sind weitaus wahrscheinlichere Reiseziele für Schamanen als die typisch amerikanischen Standardziele wie Frankreich, Italien und Großbritannien. Ihr Hauptziel ist es, die Kultur des Landes, in dem sie sich befinden, im wörtlichen und übertragenen Sinne zu verdauen. Durch Gastfamilien, einheimische Reiseführer und manchmal auch durch zufällige Begegnungen mit Einheimischen suchen sie nach einer authentischen

Erfahrung – oder zumindest nach etwas, das sie für authentisch halten, denn die Entdeckung und das Verständnis neuer kultureller Identitäten hilft einem Schamanen, seine eigene Identität zu formen.

Ein weiteres gutes Shotgun-Thema bei der Persönlichkeitstypisierung von Jägern und Schamanen ist lustigerweise die Persönlichkeitstypisierung. Meiner Erfahrung nach hat die Mehrheit der Jäger kein Interesse an diesem Thema. Diejenigen, die dieses Buch lesen und – was noch wichtiger ist – es gekauft haben, können den letzten Satz ignorieren oder sich als Teil einer ganz besonderen Minderheit betrachten. Vielleicht liegt es an der Art und Weise, wie die Persönlichkeitstheorie oft diskutiert wird, denn die Theorie ist der absolute Lustkiller für Jäger (auch für Jägerinnen!). Die Persönlichkeitstypisierung ist per Definition ein System zur Kategorisierung von Menschen, und jedes Gespräch, das sich um die Fähigkeiten und Schwächen einer Person dreht, wird von Jägern als direkter Angriff auf ihre Überzeugung empfunden, dass sie zu allem fähig sind. Natürlich gibt es auch praktische Anwendungen für die Persönlichkeitstypisierung, die für Jäger interessant sein könnten: Verkauf und Marketing für Füchse und Haie und romantische Kompatibilität für alle Jäger (um ehrlich zu sein, sind alle Typen an romantischer Kompatibilität interessiert).

Schamanen lieben die Persönlichkeitstypisierung, um es milde auszudrücken, und schwanken dabei zwischen wahnsinniger, unerfüllter Besessenheit und euphorischer, unverständlicher Verzückung. Was soll man auch erwarten, wenn es sich hier um Menschen handelt, deren primärer Wunsch es ist, ihren Platz und ihre Bestimmung auf der Welt zu verstehen? Wenn ich zwischen einem Jäger und einem Schamanen unterscheide, ist eine der einfachsten Techniken, die ich verwende, eine einfache Costigan-Variante: Ich erwähne, dass sie den Persönlichkeitstest auf meiner Website machen sollten. Über Persönlichkeitstypen zu reden, ist eine Sache, aber die meisten Jäger nehmen sich nicht die Zeit, einen Test zu machen. Sie sind sehr zuvorkommend und sagen in der Regel die richtigen Dinge, wie zum Beispiel: »Dieser Test klingt interessant«, aber wenn es hart auf hart kommt, »vergessen« sie ihn oder lassen es einfach. Einen Schamanen muss man nie darum bitten, den Test zu machen; er wird eher sofort fragen, wo er ihn finden kann.

Eine wichtige Erinnerung: Das Ziel dieses Buches ist, dass du lernst, wie du zu dem Test werden kannst. Wenn du dieses Buch gelesen hast, solltest du eigentlich nie wieder jemanden bitten müssen, den Test zu machen.

Pepsi-Challenge-Moment

Beziehungen zwischen Jägern und Schamanen können von Täuschungen geprägt sein. Ich vermute, dass dies das natürliche Ergebnis ist, wenn man das Bedürfnis eines Schamanen nach emotionaler Bindung mit der Neigung eines Jägers kombiniert, sein Verhalten an die Person anzupassen, mit der er zusammen ist.

Das erinnert mich an meine Studienzeit, als eine schamanische Freundin mich bat, einen Mann zu typisieren, mit dem sie seit ein paar Wochen zusammen war. Zu diesem Zeitpunkt hatte ich mich schon eine gute Viertelstunde mit ihm unterhalten, also hatte ich eine ziemlich gute Vorstellung von seinem Typ. Als ich ihr sagte, dass er ein Jäger sei, wollte sie es nicht glauben. Sie bestand darauf, dass er wie sie ein Schamane sei, und drängte ihn, den Test zu machen, damit er mir das Gegenteil beweisen könne. Er zögerte (siehe letzter Abschnitt) und versuchte, den Test so lange wie möglich hinauszuzögern, aber sie war unerbittlich. Ich gebe zu, dass ich nicht immer richtigliege (in meinen Zwanzigern habe ich viele Fehler gemacht, davon einige sogar bei der Persönlichkeitstypisierung), aber in diesem Fall war ich mir ziemlich sicher, dass ich recht behalten würde. Und das war auch so. Irgendwann machte er den Test und sein Ergebnis war genau so, wie ich es vorausgesagt hatte. Als meine Freundin mich fragte, woher ich das gewusst hätte, gab ich eine wenig aufschlussreiche Antwort:

Ich: »Na ja, er ist ziemlich entspannt.«
Schamanen-Freundin: »War das alles?«

Vielleicht nicht. Vielleicht hielt ich auch etwas zurück. Vielleicht wusste ich in meinen frühen Zwanzigern nicht wirklich, woher ich es wusste. Vielleicht wollte ich nicht einen Haufen pseudo-psychoanalytischen Schwachsinn bei einer Freundin abladen, die sich so verzweifelt nach einer Verbindung zu diesem Typen sehnte, dass ich am Ende wie Phoebes Freund in einer Folge von *Friends* dastand. Du weißt schon, der Typ, gespielt von Fisher Stevens, der ständig Psychoanalysen durchführt – wenn auch treffende – und alle so sehr nervt, dass Phoebe ihn schließlich abserviert (Myerson, 1995). Die richtige Antwort ergab sich wahrscheinlich aus allem oben Genannten.

Im Nachhinein betrachtet gab es ein bestimmtes Detail, das dazu führte, dass ich ihn durchschaute. Während unseres Gesprächs war er freundlich, aber zurückhaltend, und wählte seine Worte sorgfältig. Er vermied es, Meinungen zu äußern, die als leicht aufrührerisch gelten könnten, und wartete darauf, dass ich sie aussprach (sorry, aber Beyoncé wird überschätzt, was schon damals so war), damit er dann zustimmen konnte. Er interessierte sich auch überhaupt nicht für die Persönlichkeitstypisierung, was im krassen Gegensatz zu meiner schamanischen Freundin stand. Es ist erwähnenswert, dass er ein unreifer Jäger war, also will ich damit keineswegs implizieren, dass alle Jäger nach einer unechten Gleichschaltung im Gespräch streben oder die Innenschau vermeiden, die die Persönlichkeitstypisierung erfordert. Aber selbst den reifsten Jägern sind Authentizität und Einfühlungsvermögen weniger wichtig als dem durchschnittlichen Schamanen. Deshalb ist es am einfachsten, Jäger und Schamanen anhand ihrer Begeisterung für diese beiden Werte zu unterscheiden – was vor allem für Schamanen wichtig ist, da sie dazu neigen, ihre eigenen Werte auf Jäger zu projizieren, die aufgrund ihrer konfliktvermeidenden Tendenzen ein leichtes Ziel sind.

Jäger kontra Schmiede

»Vielleicht könnte ich Anwalt werden!?« Im Ernst: Ich glaube, ich habe meine Mutter noch nie so glücklich gesehen, zumindest wenn es um Dinge ging, die ich gesagt oder getan hatte, wie in dem Moment, als ich diese enthusiastisch unverbindlichen Worte aussprach – statt apathisch unverbindlich, was damals meine Norm war. Ich war seit mehr als zwei Jahren Absolvent der UCLA und verbrachte die meiste Zeit meiner Woche damit, als Starter auf einem Neun-Loch-Golfplatz zu arbeiten. Es war fantastisch. Jeden Morgen spielte ich neun Löcher mit den Stammgästen, meldete mich gegen Mittag zur Arbeit an und verbrachte den Rest des Tages damit, an der Rezeption zu sitzen und die Kunst zu perfektionieren, Greenfees zu kassieren und die nächste Gruppe am ersten Abschlag anzukündigen. In den Pausen fand ich sogar Zeit, zwei Drehbücher für Spielfilme zu schreiben, die schließlich von Brett Ratner abgelehnt wurden.

Natürlich habe ich am Ende nicht Jura studiert. Tatsächlich habe ich mich nicht einmal beworben. Eine Freundin von mir studierte zu der Zeit Jura und sie sagte ganz offen: »Tu es nicht. Wir haben ähnliche Persönlichkeiten, und ich hasse es.« Trotzdem habe ich den Aufnahmetest für das Jurastudium gemacht, weil ich schließlich schon dafür bezahlt hatte und weil ich ein kranker Mensch bin, der denkt, dass es Spaß macht, Tests zu schreiben. Das bringt mich – selbst für meine Verhältnisse – auf dem kürzesten Weg zu dem Grund, warum ich das alles überhaupt erwähne. In dem Aufnahmetest gab es eine Frage, an die ich mich bis heute erinnere und die den Unterschied zwischen Jägern und Schmieden perfekt verdeutlicht.

Die Frage lautete, ob eine Form der Intelligenz besser sei als eine andere. Nehmen wir zum Beispiel das Werfen eines Basketballs. Während eine Person mit logisch-mathematischer Intelligenz in der Lage ist, den genauen Winkel und die Kraft zu berechnen, die für einen erfolgreichen Wurf nötig sind, kann eine Person mit kinästhetischer Intelligenz den Ball aufheben und den Wurf ausführen, ohne darüber nachdenken zu müssen. Die Annahme in der Aufgabenstellung, dass die letztgenannte Intelligenz eindeutig überlegen ist, war ein bisschen irreführend, denn technisch gesehen würde die zweite Person zwei Formen von Intelligenz (kinästhetische und räumliche) miteinander verbinden. Natürlich war das nicht die Antwort, nach der die geschätzten Entwickler des Tests gefragt hatten. Meine Mitbewerber und ich wurden gebeten, uns für eine Seite zu entscheiden, und da ich eine sehr mutige Seele bin, beschloss ich, mich abzusichern (also mich im Grunde genommen zu drücken). Ich schrieb, dass keine der beiden Seiten besser ist, da es auf den Kontext ankommt – was zufällig meine Standardantwort auf die meisten Fragen zur Persönlichkeitstypisierung ist, einschließlich dem unvermeidlichen: »Nein, wirklich, welcher Typ ist der beste?« Egal, für welche Seite du dich entscheidest, das Argument, das in der Fragestellung vorgebracht wird, ist relevant. Praxis gegen Theorie, Technik gegen Technologie, Instinkt gegen Vernunft – das sind die Elemente der prototypischen Jäger-Schmied-Kluft.

Für alle, die gerne kochen, essen oder einfach nur so tun, als ob sie beides gut können, gibt es *The Chef Show* auf Netflix, moderiert von Autor/Regisseur/Schauspieler Jon Favreau (auch bekannt als der Mann, der zwei Popkultur-Franchises vor dem kreativen Aus gerettet hat: *Marvel* und *Star Wars)* und Roy Choi, bekannt für seine Kogi Tacos. In einer Folge hat Roy Choi, ein Jäger, Schwierigkeiten, den Deckel eines schicken neuen Mixers zu öffnen. Das liegt an einem ungewohnten Mechanismus, nämlich einem Plastikhaken, der ironischerweise dazu dient, den Mixer leichter zu öffnen. Er erklärt seine Schwierigkeiten damit, dass Köche im Grunde Höhlenmenschen seien, die einfache Methoden gegenüber unnötigem

Schnickschnack bevorzugen, der den Prozess nur verkompliziert (Favreau, 2020). Das passt zu seiner Arbeitsweise als Jäger. Im Gegensatz zu den Schmieden, die immer auf der Suche nach neuen Werkzeugen sind, um die Effizienz zu steigern (Technologie), konzentrieren sich die Jäger darauf, ihre Fähigkeiten mit den vorhandenen Werkzeugen zu verbessern (Technik). Es ist wie die Beziehung zwischen Q und James Bond: Werkzeugbauer und Werkzeugnutzer.

Auf einer tieferen Ebene lassen sich viele dieser Unterschiede zwischen Jägern und Schmieden auf ihre unterschiedliche Wahrnehmung von Zeit zurückführen: Jäger zoomen hinein, Schmiede zoomen heraus. Das erinnert mich an den Kurzfilm *Zehn Hoch*, der mit einer Luftaufnahme eines Paares beim Picknick in einem Park beginnt und dann zehn Meter herauszoomt. Er wiederholt diesen Zoom, wobei er jedes Mal den Grad um eine Zehnerpotenz erhöht und uns schließlich in unser Sonnensystem, die Galaxie dahinter und letztlich an den Rand des bekannten Universums bringt. Die Kamera ruht, während wir die riesige galaktische Weite des Nichts betrachten. Dann kehrt die Kamera den Kurs um und zoomt zurück zur Erde, zurück zum Picknick und in negativen Zehnerpotenzen in die Hand des Mannes. Wir reisen in seine Zellen, ihre DNA-Stränge, ihre einzelnen Atome, bis hinunter auf die subatomare Ebene (Eames und Eames, 1977) – etwas, das Dennis Quaid als *Die Reise ins Ich* bezeichnen würde.

Jäger sind im Moment lebende, reaktionsfreudige Hedonisten, die dank ihrer Fähigkeit, hineinzuzoomen und die Zeit auf Mikroebene wahrzunehmen, mit außergewöhnlicher Geschwindigkeit agieren und reagieren können. Das ist wie der Moment in *Big Trouble in Little China*, als Jack Burton (Kurt Russell) ein Messer auffängt und es in einem Sekundenbruchteil zurückwirft. Endlich kann er seine schnellen Reflexe unter Beweis stellen, mit denen er schon den ganzen Film lang vor allen Leuten geprahlt hat – so sehr, dass ihm niemand, auch nicht die Zuschauer, glaubt (Carpenter, 1986). Im Gegensatz dazu sind Schmiede das große Ganze betrachtende, nachdenkliche Analytiker, deren Fähigkeit, herauszuzoomen und die Zeit auf der Makroebene wahrzunehmen, es ihnen ermöglicht, der Falle momentaner Einflüsse, vorübergehender Trends und kultureller Moden zu entkommen; sie weigern sich, Sklaven der Gegenwart zu sein.

Dieser Unterschied in der zeitlichen Orientierung zeigt sich in der Vorliebe eines Jägers für Taktik im Gegensatz zu der eines Schmieds für Strategie. Und ja, ich weiß, dass diese beiden Begriffe so oft zusammen verwendet werden, dass die

Leute sie oft für Synonyme halten (nur weil Salz und Pfeffer gut zusammenpassen, heißt das nicht, dass sie dasselbe sind!). Daher folgt hier eine Definition, die leicht zu merken ist:

- Taktik = kurzfristiger Gewinn für möglichen langfristigen Verlust
- Strategie = langfristiger Gewinn für möglichen kurzfristigen Verlust

Wie du siehst, sind *Taktik* und *Strategie* offensichtlich keine Synonyme. Ihre Ziele stehen in einem natürlichen Widerspruch zueinander, was bedeutet, dass eine Person zwar die Fähigkeit besitzen kann, beide zu nutzen, sich aber immer für eine der beiden entscheidet. Diese gegensätzlichen Vorlieben werden in dem berühmten Stanford-Marshmallow-Experiment deutlich. In dieser Studie erklärte man kleinen Kindern, dass sie die Wahl zwischen einer kleinen, aber sofortigen Belohnung (einem Marshmallow) und zwei kleinen Belohnungen (zwei Marshmallows) hatten, wenn sie warteten. Dann verließ der Wissenschaftler den Raum und ließ die Kinder unbeaufsichtigt. Einige Kinder aßen den Marshmallow, ohne zu zögern. Andere warteten auf die versprochene größere Belohnung. Im Grunde war es eine Messung der verzögerten Belohnung. Laut der Studie fanden die Forscher heraus, dass Kinder, die länger warten konnten, in der Regel bessere Lebenserfolge erzielten (Mischel, Ebbesen und Raskoff Zeiss, 1972). Es ist erwähnenswert, dass die Gültigkeit der Ergebnisse seither infrage gestellt wurde – bessere Lebensergebnisse sind ein gefährlich subjektiver Begriff. Die Vorhersagekraft des Tests scheint leicht zugunsten der langfristigen Planung von Schmieden zu tendieren. Deshalb habe ich meinen eigenen Test entwickelt; ich nenne ihn den »Princeton-Hans-Gruber-Test« – denn warum sollte man ihm nicht ein wenig »Legitimität« der Ivy League verleihen.

Der machiavellistische Terrorist Hans Gruber (muss ich wirklich erwähnen, dass er von Alan Rickman gespielt wurde?) ist der Hauptgegner in dem Film *Stirb langsam*. Er hat einen perfekten Plan, ausgeklügelt, methodisch und auf alle Eventualitäten vorbereitet, und all das wird von John McClane (Bruce Willis) vereitelt, einem Polizisten, der schnell am Abzug und noch schneller mit seinen Sprüchen ist. Ich denke, es ist ziemlich klar, wer hier der Jäger und wer der Schmied ist. Auf dem Höhepunkt des Films – Spoiler-Alarm – besiegt McClane Gruber mit einem taktischen Trick, nämlich mit einer Waffe, die er sich mit Weihnachtsklebeband auf den nackten Rücken klebt (McTiernan, 1988). Taktische Helden, die strategische Schurken besiegen, sind ein gängiges Muster in Actionfilmen. Denke darüber nach, wenn du das nächste Mal einen Bond-Film oder einen anderen waffenstrotzenden Popcorn-Streifen siehst. Analysiere die Handlung mit meinem Princeton-Hans-Gruber-Test und finde heraus, was dabei herauskommt. Es gibt eindeutig Voreingenommenheiten für den Jäger, was absolut Sinn ergibt – schließlich sind es Actionfilme. Ich schätze, damit steht es 1:1 zwischen Schmieden und Jägern.

Pepsi-Challenge-Moment

Einer der unerfreulichen Aspekte der Persönlichkeitstypisierung ist, dass sie in eine Stereotypisierung der Persönlichkeiten abgleiten kann, ein Prozess, der uns schon früh indoktriniert wird. Ob Filme von John Hughes oder der Disney Channel – denk an all die Typen, die die Populärkultur dir als Kind vorgestellt hat: den Sportler, den beliebten Jungen, den Streber, den Rebellen. Irgendwann beginnt die Realität, die Kunst zu spiegeln, und diese Typen sind so tief in unsere Vorstellung von der korrekten Gesellschaft eingedrungen, dass wir zu unseren eigenen selbsterfüllenden Prophezeiungen werden und uns in die Rolle formen, von der wir glauben, dass sie am besten passt. Die Jäger-Schmied-Beziehung – oder genauer gesagt unser Verständnis davon – leidet vielleicht mehr als jede andere unter diesen oberflächlichen Kategorisierungen. Sie wird häufig als Konflikt zwischen Sportlern und Strebern oder coolen Kids und gesellschaftlichen Außenseitern gesehen.

Ich frage mich oft, ob diese Zweiteilung eine Konstruktion der Sammler ist, ihr Versuch, zwei Menschentypen zu verstehen, die sich deutlich von ihnen unterscheiden. Jäger werden als »cool« bezeichnet, weil die Sammler sie für ihre spontane Natur bewundern (Jäger würden sagen: beneiden). Schmiede hingegen werden bestenfalls als »Misanthropen« und schlimmstenfalls als »jungfräuliche Spinner« angesehen, die von den Sammlern mit einer Mischung aus Verachtung und widerwilligem Respekt betrachtet werden. Sie schätzen zwar den Beitrag der Schmiede zur Gesellschaft, verabscheuen aber ihre Methoden und ihr soziales Verhalten. Trotz solcher Mutmaßungen weiß ich mit Sicherheit, dass bei den meisten Menschen in Bezug auf diese vereinfachenden Stereotypen eine Dosis Realität interveniert.

Eine meiner Schülerinnen, eine Erwachsene in den Mittvierzigern, hat mir gezeigt, dass es ein dilettantischer Fehler ist – besonders für jemanden, der stolz darauf ist, Menschen deuten zu können –, Jäger und Schmiede oder jeden anderen so zu betrachten, als wären wir alle Kinder in *Breakfast Club – Der Frühstücksclub*. Mein Direktor beschrieb diese Schülerin beim Auftauchen in unserem Nachhilfezentrum (mitten in einer Nachhilfestunde, ich war nicht anwesend, um es mitzuerleben) als einen Wirbelwind, der hin und her lief, aggressiv unsicher war und mit teilweise konstruierten Gedanken mit sich selbst sprach. Schließlich brachte sie den Mut auf und fragte nach der Möglichkeit, Sprachnachhilfe zu erhalten. Sie wollte auch klarstellen, dass sie keine Idiotin war. Ich nahm sie als Schülerin auf und erfuhr noch ein paar Details über sie:

- Sie war eine Softwareentwicklerin.
- Sie war sozial unbeholfen.
- Sie war unverblümt und direkt.
- Sie war sich ihrer selbst nicht besonders bewusst.

All diese ersten Eindrücke wiesen in eine Richtung. Ich meine, ein sozial unbedarfter Technik-Nerd? Als hätte das zentrale Casting einen Aufruf für einen Schmied veröffentlicht. Und sie war auch noch Asiatin – »unbeholfener Technikfreak« ist eine der wenigen Rollen, die Asiaten in Hollywood bekommen können, neben »jungfräulicher Kampfsportler« oder »Typ mit Akzent, dem der Schnapsladen am Ende der Straße gehört«. Ich war so überzeugt davon, dass sie eine Schmiedin war, dass ich nie etwas anderes in Betracht zog, selbst als neue Informationen ans Licht kamen. Zum Beispiel wollte sie das Lesen nicht üben. Ich sagte: »Ähm, das hier ist eine Sprachnachhilfe. Du musst das, was du liest, auch verstehen können.« Sie bestand darauf, dass das nicht wichtig sei, weil sie Lesen sowieso hasste, und ehrlich gesagt hatte ich keine Lust, eine erwachsene Frau, die einen Mercedes fuhr, zu Hausaufgaben zu zwingen. Ich ging zu einem Vokabelspiel über, und sie liebte es. Zuerst dachte ich, es läge daran, dass sie so nicht am Leseverständnis arbeiten musste, was nur bedingt stimmte, aber sie fand das Spiel wirklich lustig. Es war eine Mischung aus Übung und Spiel, was für mich normalerweise nach Jäger schreien würde, aber ich konnte das nicht mit der Tatsache in Einklang bringen, dass sie so sozial unbeholfen war *und* in der Technikbranche arbeitete. Dann kam die Erleuchtung.

Um es kurz zu machen: Sie erzählte mir, wie sie vor Kurzem ihren Chef wegen einer fehlerhaften Kommunikation über die Projektzeiten zur Rede gestellt hatte. Als ich die ganze Geschichte hörte, sagte ich ihr, dass ihr Chef ihr eigentlich helfen wollte, indem er ihr indirekt mitteilte, dass sie sich freinehmen kann und trotzdem bezahlt wird. Ich sagte ihr, dass er ihr das quasi mit dem Zaunpfahl zu verstehen gegeben hatte, aber sie hatte keine Ahnung, was das bedeutete. In diesem Moment wurde mir klar, dass ich wie ein Idiot einen extrem wichtigen Faktor bei der Typisierung ihrer Persönlichkeit ignoriert hatte, der mir direkt ins Gesicht starrte: die Kultur. Meine Schülerin war nicht sozial unbeholfen, sondern eine chinesische Einwanderin der ersten Generation, die erst seit fünf Jahren in diesem Land lebte und sich noch an die kulturellen Normen und Feinheiten gewöhnen musste. Ja, das war nicht gerade einer meiner besten Momente der Persönlichkeitstypisierung. Wenn man die soziale Unbeholfenheit als Charakterzug weglässt und die Tatsache hinzufügt, dass sie nur Vokabelspiele spielen wollte, ist ihr Typ offensichtlich: Sie war eine Jägerin (ein Hai, um genau zu sein).

Enttäuscht, aber nicht entmutigt, nahm ich die ganze Situation als Lernmoment, als Erinnerung daran, dass ein Jäger nicht immer die coole, beliebte Tussi ist und dass die Tech-Branche – und der Intellekt, den wir ihren Mitgliedern im Allgemeinen zuschreiben – nicht nur eine Domäne der Schmiede ist. Außerdem wurde mir klar, dass *Die Rache der Eierköpfe* eigentlich eine Komödie ist und nicht wirklich ernst genommen werden sollte – zumindest nicht so wie die Dokumentarserie *Police Academy*.

Schamanen kontra Schmiede

Schamanen kontra Schmiede; abstrakt kontra abstrakt; oder, wie konkrete Menschen es sehen, der Kampf der Sonderlinge. Sowohl Schamanen als auch Schmiede haben ein großes Interesse daran, sich über abstrakte Konzepte (also über Gefühle und Ideen) zu unterhalten. Was sie voneinander unterscheidet, ist nicht, worüber sie reden, sondern wie sie darüber reden. Schmiede ziehen es vor, ihre Ideen so unpersönlich wie möglich zu verarbeiten, abzuwägen und auszudrücken. Wenn sie über Konzepte argumentieren, ist es für sie nicht ungewöhnlich, Werke zu zitieren, die sie gelesen, oder Studien, die sie erforscht haben. Schamanen hingegen nehmen dieselben Ideen und filtern sie durch eine persönliche Brille, indem sie persönliche Anekdoten oder Allegorien verwenden, um ihren Standpunkt zu verdeutlichen.

Das erinnert mich daran, wie ich David Byrnes (2012) Buch *How Music Works* gelesen habe. Man braucht nur seinen Wikipedia-Eintrag zu lesen, um zu erfahren, dass Byrne, Frontmann der legendären Talking Heads, sein Leben der Musik gewidmet hat. Daher wird der Musik und ihren Ausübenden oft eine Leidenschaft zugeschrieben, eine Art Offenheit und Begeisterung für den Geist, von der man annehmen könnte, dass sie ein Buch über dieses Thema durchdringt. Aber Byrnes Buch (das ich übrigens absolut geliebt habe) ist nichts dergleichen. Es ist kein Künstlermanifest. Es ist eine trockene, analytische Untersuchung des Prozesses des Musikmachens, geschrieben mit Byrnes intelligenter, sachlicher Schmied-Stimme. Anstatt über die Freude zu schreiben, die er hatte, als er im CBGB-Club in der Musikszene Fuß fasste, führt Byrne den Erfolg seiner Band in dem legendären Lokal als Beispiel dafür an, wie die Akustik eines Ortes einer Band je nach Musikstil helfen oder schaden kann.

Im Gegensatz dazu geht es bei den Schamanen nicht immer um die Musik selbst, sondern darum, was sie für sie bedeutet. Ich kenne zum Beispiel einen Schamanen, dessen Lieblingsband Depeche Mode ist, und wenn man ihn fragt, warum das so ist, erzählt er immer wieder die gleiche Geschichte. Als er zehn Jahre alt war, hörte er zum ersten Mal *Enjoy the Silence*. Er verstand nicht, wie ein Lied gleichzeitig traurig und hoffnungsvoll, melancholisch und romantisch sein konnte. In diesem Moment lernte er, dass Musik, genau wie unsere Gefühle, gemischt sein kann.

Wie die meisten Schamanen vermittelte er seine Erkenntnisse durch eine persönliche Erfahrung. Schamanen wissen intuitiv, dass eine persönliche Geschichte nicht nur zu einem besseren Verständnis einer Idee führen kann, indem sie an die gemeinsamen Erfahrungen ihrer Zuhörer anknüpft, sondern auch ein empathisches Band schafft, das die Menschen zusammenbringt. Das Hauptaugenmerk eines Schamanen liegt nicht darauf, wie unterschiedlich die Menschen sind, sondern wie ähnlich sie sich sind. Schmiede hingegen bevorzugen eine objektive Analyse, weil sie wissen, dass eine Trennwand zwischen persönlichen Gefühlen und Informationen der beste Weg ist, um Genauigkeit zu gewährleisten und Themen ohne die Ablenkung durch gesellschaftliche Vorurteile zu vertiefen. Sie verabscheuen Dinge wie Cancel Culture und politische Korrektheit, da sie die Fähigkeit zu einer offenen Diskussion beeinträchtigen. Das Hauptaugenmerk eines Schmieds liegt nicht darauf, Menschen durch Gemeinsamkeiten zusammenzubringen, sondern durch die Untersuchung ihrer Unterschiede Wissen über Menschen – und so ziemlich alles andere – zu erlangen.

Wieder einmal bietet sich die Persönlichkeitstypisierung als nützliches Shotgun-Thema an. Sowohl Schamanen als auch Schmiede lieben das Thema und machen einen großen Prozentsatz der Nutzer von Online-Tests aus, viel mehr als die etwa 15 Prozent der Bevölkerung, die sie repräsentieren. Es gibt jedoch einen Unterschied in der Art und Weise, wie sie mit dem Thema umgehen, was sich darin widerspiegelt, wie die beiden Typen abstrakte Konzepte im Allgemeinen diskutieren. Bei der Persönlichkeitstypisierung gehen Schmiede genauso vor wie bei jedem anderen Thema, das sie interessiert: Sie versuchen, die Informationen objektiv zu katalogisieren und zu verarbeiten. Sie stellen häufig Fragen zu anderen Typen, vor allem in Bezug auf Menschen, mit denen sie arbeiten. Die ersten Fragen eines Schamanen beziehen sich dagegen fast immer auf ihn selbst. Wenn Schamanen schließlich nach anderen Menschen fragen, sind diese Menschen in der Regel ein Teil von ihnen selbst (Lebenspartner, Eltern, Geschwister usw.) oder ihrer Träume (potenzielle romantische Interessen). Wie ich gerne sage: Ein Schmied liest immer alle 16 Profile; ein Schamane liest sein Profil immer 16 Mal.

Wenn wir an Empedokles zurückdenken (was ich natürlich die ganze Zeit tue), werden wir an seine Theorie erinnert, dass das Universum aus vier Elementen besteht: Erde (Sammler), Feuer (Jäger), Wasser (Schamanen) und Luft (Schmiede). Wenn wir nun dieses Konzept der Elementen-Lehre mit unseren Persönlichkeitsbeobachtungen verbinden, stellen wir fest, dass die Gegenüberstellung der Energie von Schamanen und Schmieden eine wahre Offenbarung sein kann, wenn es darum geht, die beiden zu unterscheiden.

Die Energie der Schamanen ist, wie ihr Element Wasser, fließend. Sie kann so ruhig sein wie ein sanfter Fluss, so stürmisch wie der offene Ozean oder wie ein isländischer Geysir, der unter der Oberfläche brodelt und nur darauf wartet, zu explodieren. So sind Schamanen nach außen hin in der Regel unbeschwerte Menschen, aber in ihrem Inneren kann eine Vielzahl von Emotionen brodeln, die der Schamane nicht verstehen oder kontrollieren kann. Eine scheinbare Kleinigkeit genügt, um ihn aus der Fassung zu bringen. Im Gegensatz zum Klischee des hippiehaften, schamanischen Softies kann die Energie der Schamanen hart und unbarmherzig sein. Jeder Surfer weiß, dass es bei jeder tollen A-Welle eine Strömung gibt, die nur darauf wartet, dich gegen die Felsen zu schleudern.

Die Energie der Schmiede ist wie ihr Element, die Luft: kühl, luftig und irgendwo in den Wolken angesiedelt. Die Schmiede haben meist eine gewisse Gleichgültigkeit. Das soll nicht heißen, dass ihnen alles egal ist. Viele Dinge liegen ihnen offensichtlich sehr am Herzen, aber die Art und Weise, wie sie diese Leidenschaft zum Ausdruck bringen, ist zurückhaltender als die eines Schamanen. Killerwale, die aggressivsten unter den Schmieden, bilden hier vielleicht eine Ausnahme, denn ihre intensive Entschlossenheit kann den enthusiastischen Eifer eines Schamanen leicht imitieren. Die Fähigkeit der Schmiede, sich vom emotionalen Auf und Ab des Lebens zu distanzieren, verleiht ihnen eine extrem besonnene Energie. Wenn die Zeiten hart sind, sind sie diejenigen, die dich am ehesten daran erinnern, dass dein Leben gar nicht so schlecht ist, wenn du deine Situation in den richtigen Kontext setzt. Natürlich kann diese emotionale Distanz auch ihren Preis haben. Wenn man einen Schritt zurücktritt, um das Gesamtbild zu betrachten, muss man aufpassen, dass man nicht so weit zurücktritt, dass man völlig aus dem Blickfeld gerät. Während Schamanen Schwierigkeiten haben, ihre Emotionen zu kontrollieren, fällt es Schmieden schwer, sich ganz auf ihre Emotionen einzulassen. Sie sind so sehr damit beschäftigt, die Welt »richtig« zu sehen, dass sie vergessen, ihre begrenzte Zeit in ihr zu genießen.

Pepsi-Challenge-Moment

Eine der ersten Fragen, die mir immer gestellt wird, wenn ich über die Persönlichkeitstypisierung spreche, ist zweifelsohne: »Was ist der perfekte Typ für mich?« Meine Antwort ist immer die sichere, in allen Situationen anwendbare »Synergie«-Antwort (ich habe etwas von meinem alten College-Professor gelernt!): »Es kommt darauf an, welche Art von Beziehung du willst.« Eine solche Absicherung ist in einigen Situationen für mich besonders wichtig: vor allem, wenn ein Freund oder eine Freundin in einer festen Beziehung ist und mich fragt, ob sie funktionieren wird. Ich habe nicht die Angewohnheit, Freunden zu sagen, dass ihre aufrichtigen Gefühle für ihren Partner unbedeutend sind, weil es eine Theorie gibt. Erstens behält man auf diese Weise nicht viele Freunde, und zweitens ist die

Kompatibilität von Persönlichkeiten ein nuanciertes Thema, über das man reden sollte, ohne Begriffe wie *perfekte Übereinstimmung* oder *Seelenverwandtschaft* zu verwenden. Wenn wir jedoch davon ausgehen, dass unsere Persönlichkeitstypen übereinstimmende Eigenschaften haben, dann ist es nicht weit hergeholt zu sagen, dass auch die Konflikte zwischen den Persönlichkeitstypen übereinstimmen, vor allem in Beziehungen, wo sich die Gegensätze in der Persönlichkeit verstärken. Das gilt selbst für die theoretisch idealsten Paare, zu denen auch das Schamanen-Schmied-Paar gehört.

Erst kürzlich ging eine befreundete Eule (Schmied) eine Beziehung mit einem Buckelwal (Schamanin) ein und beendete sie auch wieder – eine turbulente Erfahrung, die die Unterschiede zwischen den beiden Typen verdeutlicht. Wie ich bereits sagte, ist die Paarung Schamane-Schmied theoretisch eine gute, obwohl die Paarung Buckelwal-Eule nicht das beste Beispiel dafür ist. Aber was diese Situation zeigt, ist, dass alle Persönlichkeiten irgendwann in Konflikt geraten, und wenn man diese Konflikte nicht akzeptieren kann, dann verheißt das nichts Gutes für die Gesundheit der Beziehung, unabhängig von der theoretischen Kompatibilität.

Sie (der Buckelwal) hatte gerade eine Beziehung mit einem Sammler hinter sich, und er (die Eule) war ein enger Freund von ihr. Vielleicht lag es an der Vertrautheit, die er ihr bot. Da er ein abstrakter Typ war, konnte er auf eine Weise mit ihr kommunizieren, wie es ihr vorheriger Freund nicht konnte. Vielleicht war sie bei dem aber auch nur gelangweilt. Auf jeden Fall wollte sie sofort bei ihm, der Eule, einziehen – nach einem nicht intimen – du weißt, was ich meine – Date. Einem. Da er ein Schmied war, zog er die unkonventionelle Idee ernsthaft in Betracht (ein Sammler wäre aus Prinzip dagegen gewesen), aber ihr Enthusiasmus machte ihm auch Angst; schließlich sind Eulen die Meister der emotionalen Distanz, und sie hatte es geschafft, diesen Abstand mit Leichtigkeit zu verringern. Zu ihrer Enttäuschung sagte er, dass sie noch warten sollten. Also hatten sie noch ein paar Verabredungen, die nichts Besonderes waren, und dann kam der Moment des Konflikts.

Sie wollten das Wochenende zusammen verbringen, aber es gab ein Missverständnis darüber, wann sie sich treffen würden. Sie nahm an, das Wochenende würde am Freitagabend beginnen. Er nahm an, dass es am Samstag beginnt. Aus diesem Grund verplante er seinen ganzen Freitag mit Arbeit. Als er ihre Nachricht erhielt, in der sie ihn fragte, wann er kommen würde, war es schon zu spät, um seine Termine zu ändern. Er arbeitete bis spät in die Nacht und sagte ihr erschöpft, dass er früh am nächsten Morgen bei ihr sein würde. Sie war verletzt und warf ihm vor, dass er nicht wirklich mit ihr zusammen sein wollte. Er versicherte ihr, dass alles in Ordnung sei und dass er nur zu müde sei und am nächsten Tag in aller Frühe kommen würde.

Er kam wie versprochen am nächsten Morgen und sie verbrachten das Wochenende zusammen. Aber ihre Verärgerung und seine Fassungslosigkeit darüber brodelten die ganze Zeit unter der Oberfläche. Wenn man diese beiden Dinge sehr lange unbeachtet lässt, gären sie zu Verbitterung und Ignoranz. Schamanen haben ein gutes Gespür für die Gemütslage ihrer Mitmenschen, deshalb ist es unwahrscheinlich, dass sie solche Spannungen zulassen, ohne sie anzusprechen. Buckelwale sind jedoch die konfliktscheuesten Schamanen, eine Eigenschaft, die sich noch verstärkt, wenn sie sich mit der emotional distanzierten Eule zusammentun. Beide Typen ignorieren die Probleme normalerweise in der Hoffnung, dass sie sich von selbst lösen. Natürlich passiert das nie, und die Wut, die sich zwischen den beiden aufgestaut hatte, entlud sich am Ende des Wochenendes in einem heftigen Streit. Sie schimpfte ihn aus, weil er keine Rücksicht auf ihre Gefühle nahm. Er warf ihr vor, unvernünftig zu sein. Und so war ihre Beziehung vorbei, bevor sie richtig begonnen hatte. Mein Gespräch mit ihm kurz danach verlief wie folgt:

Ich: »Du solltest dich vielleicht einfach entschuldigen.«
Eule: »Das mache ich nicht. Sie ist einfach unvernünftig.«
Ich: »Aus deiner Sicht, ja, aber sie ist nicht du.«
Eule: »Warum kann sie nicht verstehen, dass ich wirklich müde war?«
Ich: »Ihrer Meinung nach wäre sie zu dir gekommen, auch wenn sie erschöpft war.«
Eule: »Aber so bin ich nicht. Warum muss ich mich auf sie einlassen, aber sie kann das nicht auch für mich tun?«
Ich: »Ich würde ihr das Gleiche sagen, aber ich spreche gerade nicht mit ihr. Ich spreche mit dir.«
Eule: »Um ehrlich zu sein, es nervt mich, in ihrer Nähe zu sein, weil ich das jetzt weiß.«

Die wichtigsten Werte einer Person zu kennen, ist unabdingbar, um Konflikte zu verstehen – nicht aber, um sie zu lösen. Als Schamanin, deren wichtigster Wert die eigene Identität ist, sah die Buckelwalin die Unfähigkeit des Eulenmanns, die Dinge aus ihrer Perspektive zu betrachten, als seine mangelnde Bereitschaft an, sie als Person zu akzeptieren, was die ultimative Kränkung darstellt. Als Schmied, dessen wichtigster Wert die Vernunft ist, konnte der Eulenmann seine Zuneigung zu ihr nicht mit der Erkenntnis vereinbaren, dass sie ihn auf der Grundlage ihrer eigenen Werte beurteilte, die sie auf ihn projizierte – eine unlogische Ungerechtigkeit.

Das ist der Hauptkonflikt zwischen Schamanen und Schmieden: schamanische Reinheitsprüfung gegen die Gleichgültigkeit der Schmiede. Beide Typen mögen seltsam sein, aber sie sind auf ihre eigene, wunderbare Art und Weise seltsam – wie alle Typen, weshalb wir uns so oft streiten. Und genauso wie es beim Kampf der Sonderlinge keinen Gewinner gibt, gibt es auch bei all den anderen Konflikten zwischen den unterschiedlichen Typen keinen Gewinner – außer vielleicht dich, mich und alle anderen, die durch die Gegenüberstellungsmethode der Typen klare und aussagekräftige Erkenntnisse über die Personen gewinnen können, um die es geht.

KAPITEL 8

VERSCHIEDENE SAMMLER-TYPEN UND WO SIE ZU FINDEN SIND

Zur Erinnerung: In diesem Kapitel geht es nur darum, Sammler zu unterscheiden. Einige der erwähnten Eigenschaften können auch auf andere Typen zutreffen, aber dieses Kapitel ist nur dazu gedacht, eine Person, die du bereits als Sammler identifiziert hast, zu bestimmen.

Es gibt keine Einheitslösung für alle

Einer der wichtigsten Unterschiede zwischen der *EdP*-Methode und anderen MBTI-basierten Typisierungssystemen besteht darin, dass es keine »Einheitslösung für alle« gibt. Bei der Bestimmung des Persönlichkeitstyps einer Person verwenden die meisten Prüfer der anderen Systeme dieselben Fragen für jede einzelne Person, ohne sich Gedanken darüber zu machen, wie sie die Fragen an die anfänglichen Antworten der Person anpassen könnten. Was dieser Methode an Genauigkeit und Bewusstheit fehlt, macht sie durch Dreistigkeit wett. Das ist so, als ob du jemanden um ein Date bittest, eine Absage bekommst und ihn dann fragst: »Gehen wir zu dir oder zu mir?« Tut mir leid, Kumpel. *Nein* heißt Nein. Die *EdP*-Methode ist einzigartig, weil sie sich an computergestützten adaptiven Tests wie dem GRE (Graduate Record Examination) oder GMAT (Graduate Management Admission Test) orientiert. Die Typisierungskriterien passen sich an deine anfängliche Analyse des Typs einer Person an, und die Faktoren, die einen spezifischeren Persönlichkeitstyp bestimmen, ändern sich je nach dem Rudel einer Person.

Die Eigenschaften, die die verschiedenen Sammler voneinander unterscheiden, unterscheiden sich zum Beispiel erheblich von denen, die die verschiedenen Jäger, Schamanen und Schmiede unterscheiden (siehe Abbildung 8.1). Sammler können in zwei verschiedene Untergruppen unterteilt werden: diejenigen, die die Pflicht in den Vordergrund stellen, und diejenigen, die die Familie in den Vordergrund stellen. Das ergibt Sinn, wenn man einmal darüber nachdenkt. Sammler wollen sich vor allem sicher fühlen, und welche Aspekte des Lebens geben uns normalerweise dieses Gefühl? Respekt von unseren Mitmenschen und Liebe von denen, die uns am nächsten stehen; und beides bekommen wir, wenn wir unseren gesellschaftlichen Verpflichtungen nachkommen und unsere Familie versorgen. Natürlich legen alle Sammler Wert auf diese beiden Dinge – weit mehr als die anderen Rudel –, aber manche Sammler schätzen das eine mehr als das andere.

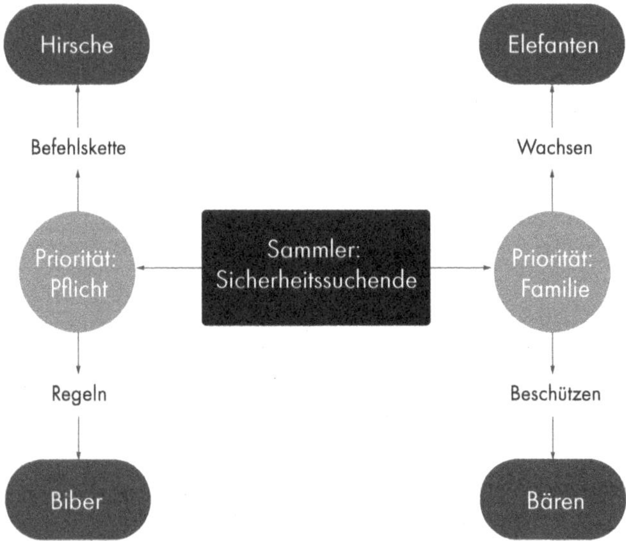

Abbildung 8.1 Verschiedene Sammler-Typen

Pflichtbewusstsein versus Familienbewusstsein

Als ich jung war, war die Teilnahme an Eltern-Lehrer-Gesprächen für mich mehr oder weniger unvermeidlich. Egal, wie gut oder schlecht (meistens schlecht) ich in der Schule war, mein Vater schleppte mich immer zu dem Ort, an dem ich die meiste Zeit des Tages verbrachte, damit ich mir den gleichen Tadel anhören konnte, den ich die meiste Zeit des Tages sowieso hörte. Es muss ihm Spaß gemacht haben zuzuhören, wie meine Lehrer mich zurechtwiesen, denn diese Erfahrung wiederholten wir mit ... jedem einzelnen Lehrer. Für meinen Vater war es wie ein Besuch im Disneyland; er wollte kein Fahrgeschäft verpassen. Er sagte mir, dass ich Glück hatte und dass viele meiner Klassenkameraden Eltern hatten, die keine Zeit oder Lust hatten, zu diesen Fahrgeschäften zu gehen; anscheinend ist es ein Privileg, von seinen Lehrern fertiggemacht zu werden.

Ich erwähne diese fröhlichen Erinnerungen, weil ein Eltern-Lehrer-Gespräch einen deutlichen Unterschied zwischen pflichtbewussten Sammlern und familienorientierten Sammlern aufzeigen kann. Mein Vater war eindeutig kein Sammler; seine Freude über meinen Schmerz und meine Verlegenheit (habe ich schon erwähnt, dass er sich jedem Freund von mir vorstellte, dem wir begegneten?) zeigt seine leicht misanthropische Schmied-Seite sehr deutlich. Sammler sind jedoch ganz anders gestrickt. Sie machen nicht nur die Hälfte der Bevölkerung aus (ich weiß, dieser Satz läuft bei mir in einer Endlosschleife), sondern sie sind auch die Typen, für die der Besuch des Eltern-Lehrer-Gesprächs absolute Priorität hat. Und wenn sie dort sind, ist es ziemlich aufschlussreich, wie sie darauf reagieren, wenn ihr Kind gerügt wird. Einige Eltern stellen sich eindeutig auf die Seite der Lehrkraft. Andere Eltern stellen sich zwar nicht explizit auf die Seite ihres Kindes, aber sie könnten sich für es einsetzen, indem sie Dinge sagen wie: »Es ist meine Schuld. Ich bin spät von der Arbeit nach Hause gekommen und habe es nicht geschafft, die Kinder zu motivieren.«

Die erste Elterngruppe fällt unter die Rubrik Pflichtbewusstsein. Es ist nicht so, dass sie ihr Kind nicht lieben oder sich nicht um es sorgen – auch wenn es sich für das Kind manchmal so anfühlt –, aber ihre Pflicht als Eltern ist es, dafür Sorge zu tragen, dass ihr Kind ein guter, aufrechter Bürger wird, der in der Lage ist, sich in der Gesellschaft zurechtzufinden und für sich selbst zu sorgen. Und das bedeutet, wenn die Lehrerin oder der Lehrer ein Problem mit ihrem Kind hat, haben auch die Hirsche und Biber ein Problem. Sie glauben an eine strenge Liebe. Die zweite Elterngruppe fällt unter die Rubrik familienorientiert. Elefanten und Biber glauben auch daran, dass sie ihrem Kind Recht und Unrecht beibringen müssen, aber sie sind im Grunde ihres Herzens Softies und können nicht anders, als sich für ihr Kind einzusetzen, wenn sie das Gefühl haben, dass es verletzt wurde.

Die Beobachtung von Eltern-Kind-Interaktionen ist wichtig, um Sammler ausfindig zu machen und näher zu typisieren, da sie der Typ sind, der am ehesten Kinder hat. Die Chancen stehen gut (und mit Chancen meine ich ungefähr 85 Prozent), dass eines deiner Elternteile wahrscheinlich auch ein Sammler ist. Rechne mal nach (denk daran, dass dies nur ungefähre Zahlen sind).

Wenn die Hälfte der Bevölkerung aus Sammlern besteht, nehmen wir an, dass diese Zahl auf 60 Prozent ansteigt, wenn es um die Eltern geht. Das bedeutet auch, dass die Wahrscheinlichkeit, dass ein alleinerziehender Elternteil kein Sammler ist, etwa 42 Prozent beträgt. Für Haushalte mit zwei Elternteilen würde das bedeuten, dass diese 42 Prozent mit weiteren 42 Prozent addiert werden, was 16 Prozent Rest ergibt. Das bedeutet, dass bei zwei Elternteilen die Wahrscheinlichkeit, dass keiner von beiden ein Sammler ist, nur 16 Prozent beträgt, während die Wahrscheinlichkeit, dass mindestens ein Elternteil ein Sammler ist, 84 Prozent beträgt.

Wenn du einen familienorientierten Sammler als Elternteil hast, wirst du dich immer geliebt fühlen. Solche Sammler sind stolz darauf, für ihre Kinder einen möglichst sicheren Raum zu schaffen, in dem sie immer genug zu essen und genug Kleidung zum Anziehen haben und in dem sie das Gefühl haben, dass ihre Hoffnungen und Träume unterstützt werden. Allerdings können diese Eltern manchmal auch erdrückend sein, vor allem, wenn das Kind älter wird. Das sind die Eltern, die wollen, dass ihre Kinder in der Nähe ihres Zuhauses aufs College gehen. Sie tun alles, was in ihrer Macht steht, um zu verhindern, dass sich ihre Küken zu weit vom Nest entfernen.

Pflichtbewusste Sammler können ihren Kindern übermäßig streng oder sogar furchteinflößend erscheinen, aber wenn die Kinder älter werden, lernen sie das Maß an Unabhängigkeit – gemessen am Sammler-Maß – zu schätzen, das ihnen ihre Hirsch- und Bibereltern geben. Pflichtbewusste Sammler wägen sorgfältig ab zwischen der Sicherheit, die sie ihren Kindern geben, und der Sicherheit, die sie gewinnen, wenn sie ihre Kinder dazu erziehen, für sich selbst zu sorgen. Das sind die Eltern, die ihre Kinder, die am Wochenende von der Uni nach Hause kommen, fragen: »Was machst du denn hier?«

Ein Großteil der Stärke von Hirschen und Bibern liegt in ihrer Fähigkeit, objektiv zu sein, selbst wenn es um ihre Familie geht. Sie verabscheuen es, jemanden zu bevorzugen, weil sie der Meinung sind, dass man sich alles, was man erreichen will, auf die »richtige Art« verdienen muss. Zumindest ziehen sie sich aus Situationen zurück, in denen es einen Interessenkonflikt gibt. Die Kehrseite dieses Sinns für Fairness ist jedoch, dass sie dadurch kalt und ablehnend wirken können, was manchmal zu einer emotionalen Entfremdung von ihrer Familie und ihren Freunden führt. Elefanten und Bären hingegen haben dieses Problem sehr selten, da sie schnell emotionale Bindungen zu jedem Menschen in ihrem Umfeld aufbauen. Es gibt jedoch Zeiten, in denen ihre ständige Fürsorge nervt. Und ihre Unfähigkeit, unvoreingenommen zu bleiben, kann hemmend sein, wenn es darum geht, schwierige Entscheidungen in Bezug auf die Menschen, die sie lieben, zu treffen. Doch wie bei allen anderen Typen auch entwickeln sich die Stärken der Sammler aus ihren Schwächen, und Eigenschaften, die früher als verurteilend oder erdrückend angesehen wurden, verwandeln sich in die Grundpfeiler einer zivilisierten Gesellschaft: Gerechtigkeit und Mitgefühl.

Hirsche kontra Biber

So wie Hirsche und Biber an die Pflicht gebunden sind, muss auch die Vorstellung von Pflicht selbst an einen bestimmten Moralkodex gebunden sein. Egal, ob es sich dabei um die US-Verfassung, den Kodex von Hammurabi, die zwölf Pfadfinderregeln oder die Regeln von Chuck E. Cheese handelt (du kannst deine übrig gebliebene Pizza mit nach Hause nehmen) – das erste Gesetz des Pflichtbewusstseins besteht darin, eine Struktur von »Gesetzen« zu haben, an die man gebunden ist. Und genau hier unterscheiden sich Hirsche und Biber. Hirsche befolgen vorrangig eine Befehlskette, eine Hierarchie, die eine klare Zuständigkeits- und Verantwortungslinie hat, entlang derer Befehle weitergegeben werden. Biber legen Wert darauf, dass sie eine Reihe von Regeln befolgen. Obwohl diese beiden Dinge ähnlich sind, gibt es feine Unterschiede.

Nehmen wir an, ein Angestellter erwischt seinen Chef dabei, wie er gegen die Unternehmensrichtlinien verstößt. Ein Biber würde ihn eher als ein Hirsch bei seinen Vorgesetzten melden, weil er weiß, dass Regeln für alle gleichermaßen gelten müssen, denn ohne gleiche Gerechtigkeit gäbe es nur Chaos. Auf der anderen Seite wäre es keine Überraschung, wenn ein Hirsch sich für Loyalität gegenüber seinem Vorgesetzten entscheiden würde. Nun ist es nicht so, dass Hirsche Regeln als unwichtig erachten, aber sie wissen auch, dass das Vertrauen in die Autoritätslinie wichtig ist. Und wenn sie anfangen, die Autorität ihrer Vorgesetzten infrage zu stellen, was soll dann die Untergebenen davon abhalten, ihre eigene Autorität infrage zu stellen? Und so geht es immer weiter. Es ist ein heikles Gleichgewicht, das nicht so schwarz-weiß ist, wie es scheint.

Als Beispiel für das Spannungsfeld zwischen Autorität und Regeln muss man sich nur unser Justizsystem ansehen. Vordergründig ist es die Aufgabe eines Gerichts, die Gesetze so auszulegen, wie sie geschrieben stehen. Aber was passiert, wenn die Auslegung eines Gerichts von der eines anderen abweicht? Welches Urteil hat dann Vorrang? In den Vereinigten Staaten ermöglicht es die gerichtliche Befehlskette einem höheren Gericht, die Regeln nach eigenem Ermessen auszulegen (manche würden sagen: zu ändern). Natürlich haben sie diese Befugnis nur aufgrund von Artikel III, Abschnitt 1 der US-Verfassung, die an und für sich schon eine Regel ist. Wie ich schon sagte, ist es ein Hin und Her.

Hirsche kommen als herrisch rüber. Sie sind das Kind in der Schule, das immer die Verantwortung für Gruppenaufgaben übernimmt und Aufgaben an seine Mitschüler*innen delegiert, egal, ob sie sie kennen oder nicht. Biber kommen als ernsthaft rüber. Sie sind das Kind in der Schule, das seine Mutter verpfeifen würde, wenn es glaubt, dass sie den Unterricht ohne Erlaubnis verlassen hat. Zugegeben, das sind nicht die schmeichelhaftesten – und auch nicht immer die treffendsten – Darstellungen, aber so können sie auf Anhieb wahrgenommen werden.

Hirsche haben den Luxus, den idealen männlichen Archetyp der Gesellschaft zu verkörpern (aggressiv, selbstbewusst, ein starker, eigeninitiativer Draufgänger), unabhängig von ihrem tatsächlichen Geschlecht, denn es gibt genauso viele weibliche wie männliche Hirsche. Die Assoziation mit diesen »männlichen« Merkmalen ist in der Regel positiv. Aus diesem Grund sind Hirsche nicht besonders bescheiden. Sie denken, dass alle so sein sollten wie sie, weil die Gesellschaft sagt, dass alle so sein sollten wie sie. Biber sind paradoxerweise sehr stolz auf ihre Bescheidenheit. Die strenge Disziplin eines Bibers, die sich in seiner Bereitschaft zeigt, in jeder Situation die sprichwörtliche Drecksarbeit zu machen, verleiht ihm ein gewisses Gefühl der Überlegenheit – er hasst es, um Hilfe zu bitten. Ein Hirsch dagegen liebt es, Hilfe zu bekommen, wenn es aus dem »richtigen Grund« geschieht (vor allem wegen seines überlegenen Status), und er übernimmt in jungen Jahren gerne die Drecksarbeit, um sich das Privileg zu verdienen, sie nie wieder tun zu müssen.

An diesem Shotgun-Beispiel kann man die beiden unterscheiden: Angenommen, du siehst die Person, die du typisieren willst, bei einer niederen Arbeit, wie dem Abwasch. Biete ihr an, dies für sie zu tun. Ein Hirsch überlässt dir fast immer die Aufgabe, vor allem, wenn du als Grund angibst, dass er in irgendeiner Weise ranghöher ist als du (Alter, beruflicher Status, sozialer Status usw.). Ein Biber empfindet das Angebot meist als Beleidigung: »Willst du damit sagen, dass du das besser kannst?« Eigentlich will der Biber die Arbeit machen, denn ein Großteil seines Egos beruht auf seinem Fleiß. Du willst einen Biber glücklich machen? Bedanke dich bei ihm und sage ihm, dass du all die harte Arbeit schätzt, die er leistet und für die er nie Anerkennung bekommt.

Elefanten kontra Bären

Der größte Unterschied zwischen den familienorientierten Sammlern besteht darin, dass sich Elefanten darauf konzentrieren, ihre Familie zu vergrößern, indem sie weitere Menschen in die Familie aufnehmen, während Bären sich darauf konzentrieren, die Familie zu schützen, die sie bereits haben. Wenn Hirsche der ideale männliche Archetyp der Gesellschaft sind, dann sind Elefanten die weibliche Version: die Erdmutter, die Bienenkönigin, die Leiterin des Elternausschusses. Als natürliche Hirten verstehen sie unter Familie alle, die ihnen nahestehen, einschließlich ihrer Freunde, und sie sind immer auf der Suche nach neuen Mitgliedern für ihre Gruppe. Bären haben auch einen Archetyp: den starken, schweigsamen Typ. Wie Gary Cooper (irgendwo da draußen liest ein 70-Jähriger dies und ruft: »Ja! Endlich eine Referenz, die ich verstehe!«) oder Superman sind Bären aufrichtig bescheiden und haben ein sanftes Gemüt – aber wenn du jemanden bedrohst, den sie lieben, dann pass auf! Sie schneiden dir wortlos die Kehle durch.

Beide lieben im Allgemeinen die Aspekte des häuslichen Lebens (Kochen, Basteln, Heimwerken usw.). Elefanten sehnen sich nach dem Gefühl, für die Menschen zu sorgen, die sie lieben, und für die Menschen, die diese Menschen lieben, und so weiter. Sie sind im Grunde die Eltern, die immer die Freunde ihrer Kinder zum Essen einladen. Ihr nicht ganz so geheimer Traum? Zwei Kühlschränke und zwei Gefriertruhen zu besitzen. Bären sind zwar nicht gerade Einladungsjunkies, aber sie kümmern sich mit Leib und Seele um ihre Lieben, oft auf aufopferungsvolle Art und Weise. Ich hatte eine Tante, die eine Bärin war, und sie war zweifelsohne einer der selbstlosesten Menschen, die ich je kennengelernt habe. Sie kümmerte sich so hingebungsvoll um meine Geschwister und mich, dass mein Vater uns, als wir jünger waren, daran erinnern musste, ihre Freundlichkeit nicht auszunutzen, weil sie uns wahrscheinlich alles gegeben hätte, worum wir sie gebeten hätten.

Elefanten kommen freundlich rüber. Bären kommen nett rüber. Elefanten sind höfliche, sozial angenehme, extrovertierte Menschen (einer der wenigen Fälle, in denen ich diesen Begriff verwenden kann, ohne jede Menge Vorbehalte anzubringen), die sich mühelos Unbekannten vorstellen und versuchen, Außenstehende in den Kreis einzubeziehen, ob diese es wollen oder nicht. Bären sind die ruhigen, gewissenhaften Menschen hinter den Kulissen; auf einer Party sind sie meist die Person, die früh da ist und beim Aufbau hilft. Wenn es darum geht, neue Freundschaften zu schließen, sind Bären anspruchsvoller und balancieren ihre mitfühlende Natur mit dem Wunsch aus, die Dynamik ihres Freundeskreises nicht zu stören.

Als Eltern können Bären eine Mischung aus überfürsorglich und nachgiebig sein. Sie lassen sich von ihren Kindern überrumpeln und gehen gleichzeitig auf jeden los, der ihren Kindern schaden könnte. Im Gegensatz dazu sind Elefanten bei der Disziplinierung ihrer Kinder entschiedener – auch wenn sie sich mit Umarmungen nicht zurückhalten können. Elefanten erdrücken ihre Kinder eher, als dass sie sie beschützen, und mischen sich auch eher in die sozialen Aktivitäten ihrer Kinder ein. Und wenn die Kinder älter werden? Rate mal, wer dann der Heiratsvermittler ist. Natürlich gibt es diese Eigenschaften nicht nur bei Elefanten und Bären als Eltern. Auch wenn sie in der Eltern-Kind-Beziehung leichter zu beobachten sind, kann man sie auch in der Art und Weise erkennen, wie diese familiengebundenen Sammler mit ihren Freunden, Arbeitskollegen und Klassenkameraden umgehen.

Man denke nur an Cher (gespielt von Alicia Silverstone) aus dem Film *Clueless – Was sonst!* (Heckerling, 1995) und wie ihr elefantöses Wesen durchscheint, als sie die Rolle der Hausherrin übernimmt, die dafür sorgt, dass ihr Vater ordentlich isst und seine Eltern anruft, während sie gleichzeitig als Kupplerin fungiert – mit Erfolg (bei ihren Lehrern, von denen einer von dem großartigen Wallace Shawn gespielt wird, der durch seine unvergleichliche sizilianische Art berühmt wurde) und erfolglos (bei ihrer Freundin Tai; R. I. P., Brittany Murphy). Oder Dr. John Watson aus *Sherlock Holmes*, ein Bär, der seine Loyalität und sein Mitgefühl jedes Mal unter Beweis stellt, wenn er Sherlock den Rücken freihält oder das exzentrische, grenzwertige soziopathische Verhalten des genialen Detektivs kritisiert.

KAPITEL 9

VERSCHIEDENE JÄGER-TYPEN UND WO SIE ZU FINDEN SIND

Zur Erinnerung: In diesem Kapitel geht es nur darum, Jäger zu unterscheiden. Einige der erwähnten Eigenschaften können auch auf andere Typen zutreffen, aber dieses Kapitel ist nur dazu gedacht, eine Person, die du bereits als Jäger identifiziert hast, zu bestimmen.

Missverständnisse

Im Gegensatz zu Sammlern, deren primäres Ziel die Sicherheit ist, weshalb sie sich auf ihre Pflichten und ihre Familie konzentrieren, suchen Jäger nach Erregung, und deshalb konzentrieren sich ihre Prioritäten auf die verschiedenen Möglichkeiten, wie sie diese Form der Aufregung erreichen können. Leider hat die Vorstellung von Erregung einen trivialen Beigeschmack und wird im Allgemeinen nicht annähernd so ernst genommen wie, sagen wir, die Familie, aber das ist ein Missverständnis. Meiner Meinung nach liegt es daran, dass die Leute nur ein oberflächliches Verständnis davon haben, was es bedeutet, ein Jäger zu sein, und dass sie die Jäger aus diesem Grund so oft als oberflächlich betrachten. Wenn du zum Beispiel sagst, dass ein Jäger sich mehr auf die Erregung als auf die Familie konzentriert, bedeutet das nicht, dass er schlechter in seiner Elternrolle ist. Es macht Jäger nur zu einer anderen Art von Eltern. Während Sammler-Eltern, vor allem die familienorientierten, Wert darauf legen, ihre Kinder vor den Gefahren der Welt zu schützen, ermutigen Jäger-Eltern ihre Kinder, die Welt zu erforschen und all das Aufregende zu erleben, das sie zu bieten hat.

Für Jäger, das intuitivste der vier Rudel, bedeutet Erregung nicht nur, dass sie ihre Netflix-Liste durchforsten, in der Hoffnung, dass ein weiterer Weihnachtsfilm ihre Langeweile vertreibt; es geht vielmehr darum, ihre fünf Sinne in einem Maße zu stimulieren, das sie noch nie zuvor erreicht haben. So können sie am besten mit der Welt interagieren. So wissen sie, dass sie am Leben sind. So erinnern sie andere Persönlichkeitstypen daran, dass auch sie lebendig sind – und daran ist nichts Oberflächliches.

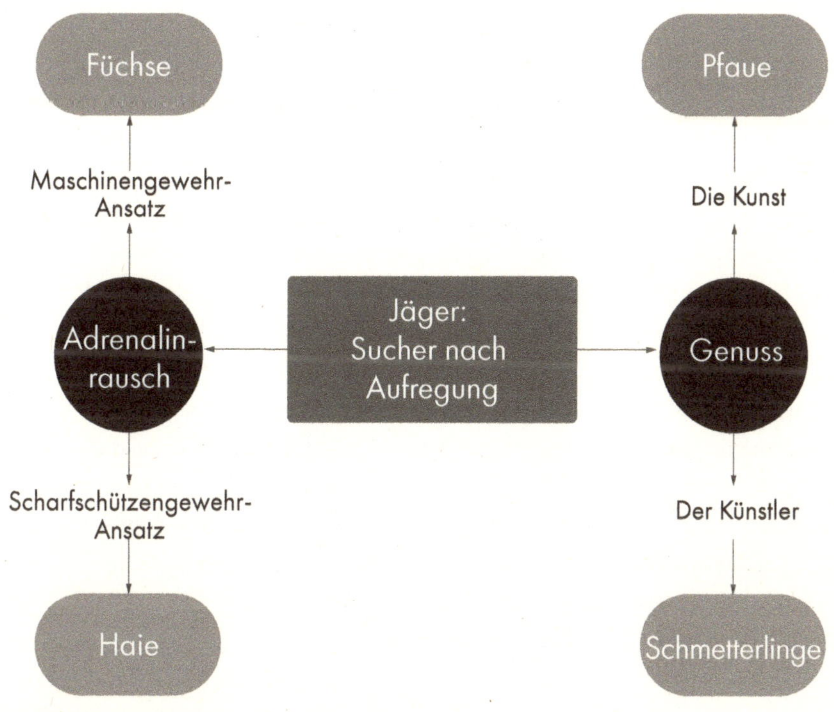

Abbildung 9.1 Verschiedene Jäger-Typen

Wie in Abbildung 9.1 zu sehen ist, lassen sich Jäger in zwei Gruppen einteilen: diejenigen, die ihren Nervenkitzel durch einen Adrenalinstoß erreichen, und diejenigen, die ihren Nervenkitzel durch Genuss erleben. Das ist wie der Unterschied zwischen einer Achterbahnfahrt und einem Brathähnchen-Sandwich mit einer Eiscreme-Füllung und zwei Donuts als Brötchen.

Adrenalinsucher versus Vergnügungssucher

Adrenalinsucher bevorzugen Aktivitäten, die mit einem gewissen Risiko verbunden sind, wie zum Beispiel Fallschirmspringen, Autorennen, MMA-Kämpfe, Wettkampfsport und so weiter. Diese Jäger werden nicht nur durch den Erfolg eines triumphalen Ergebnisses motiviert (eine gelungene Landung, den Sieg im Rennen, das Besiegen des Gegners), sondern auch durch die Angst vor dem Versagen. Für Füchse und Haie ist der Schmerz einer Niederlage quälender als jeder körperliche Schmerz, den sie ertragen könnten. Man hat fast das Gefühl, dass sie das Verlieren mehr hassen, als sie das Gewinnen lieben – und sie lieben es wirklich sehr zu gewinnen. Die Sportmarke Nike, die nach der Siegesgöttin benannt ist und den Slogan »Just Do It« (Mach es einfach) geprägt hat, passt perfekt zum Modus Operandi dieser wettbewerbsorientierten Jäger, die immer bereit sind, Spiele zu spielen, aber auch zugeben, dass es nur Spaß macht, wenn man versucht zu gewinnen.

Bei den vergnügungssuchenden Jägern dreht sich alles um die Sinneserfahrung. Aktivitäten wie Live-Musik, Tanzen, Singen, ein Gourmet-Essen (ich würde gerne noch Sex ergänzen, aber dann würde jeder denken, er sei ein vergnügungssuchender Jäger). Diese Jäger sind die ultimativen Genießer – wenn das Leben ein Büfett wie in Las Vegas wäre, würden sie alles probieren – von den Königskrabbenbeinen bis hin zur nicht ganz so leckeren Käsepizza, die eher nach Schulkantine schmeckt.

Jäger sind generell für ihre taktischen Fähigkeiten bekannt. Sie wissen, wie sie in einem bestimmten Szenario am besten vorgehen. Das erfordert ein schnelles Abwägen, das sich je nach Jägertyp unterscheidet. Bei Adrenalinjägern geht es vor allem um das Verhältnis zwischen Risiko und Belohnung. Wenn sie zum Beispiel jemanden um ein Date bitten, ist ihnen klar, dass die Wahrscheinlichkeit einer Ablehnung mehr als hoch ist. Aber vielleicht ist ein Date mit dieser Person das Risiko wert. Vielleicht aber auch nicht. Füchse und Haie können sehr gut einschätzen, ob sich das Risiko lohnt. Für Vergnügungsjäger ist es eher ein Verhältnis zwischen Schmerz und Vergnügen. Jede Handlung bringt ein gewisses Maß an Schmerz und Vergnügen mit sich, und Pfauen und Schmetterlinge sind hervorragend darin, Entscheidungen zu treffen, die das Erstere minimieren und das Letztere maximieren (ich sagte ja, dass sie Genießer sind). Die anstrengende Mühsal des Sports wird gegen die Attraktivität der körperlichen Fitness abgewogen, oder die Schmerzen und Mühen der Schwangerschaft werden von der Freude, ein Kind aufzuziehen, übertrumpft.

Eine der einfachsten Möglichkeiten, die beiden Jägergruppen zu unterscheiden, sind ihre Schwächen. Füchse und Haie sind Meister der kontrollierten Aggression. Der Schlüssel zu ihrem Erfolg liegt nicht nur in ihrer Fähigkeit, blitzschnell und scharfsinnig zu kalkulieren, sondern auch in der Kühnheit, diese Kalkulationen ohne Zögern in die Tat umzusetzen. Für unerfahrene Adrenalinsucher, die das Verhältnis zwischen Risiko und Belohnung noch nicht beherrschen, kann dies jedoch ein gefährliches Unterfangen sein: Wenn du einen Berg besteigen willst, solltest du deine Kletterfähigkeiten genau einschätzen können. Aus diesem Grund werden diese Arten von Jägern gemeinhin als waghalsig wahrgenommen. Es ist keine Überraschung, dass sich junge und alte Adrenalinjäger häufig verletzen; jeder erinnert sich an die Kinder in der Grundschule, die immer mit einem Gips, einer Schiene oder einem Verband aus den Sommerferien zurückkamen.

Pfaue und Schmetterlinge sind ebenfalls kühne Risikoträger, aber in ihrem Fall spiegelt sich diese Kühnheit in der Art und Weise wider, wie sie Vergnügen suchen. Da sie unglaublich offen für neue Erfahrungen sind, verfügen sie über eine riesige Datenbank von Sinneseindrücken (Anblicke, Klänge, Geschmäcker usw.), die es ihnen ermöglicht, sowohl auf höchstem Niveau zu konsumieren (Vergnügungssuchende haben in der Regel einen guten Geschmack bei Kunst, Musik und Essen) als auch Dinge zu schaffen, die des Konsums würdig sind. Der offensichtliche Nachteil der freien Konsumnatur ist natürlich das Risiko des Überkonsums. Wenn es um Vergnügen geht, ist zu viel für einen genussorientierten Jäger nie genug, und wenn er nicht lernt, sein Verlangen zu kontrollieren, läuft er Gefahr, in eine ernsthafte Abhängigkeit zu geraten, sei es in Form von Alkoholismus, Fettleibigkeit oder einer Sex- oder Drogensucht.

Füchse kontra Haie

Jäger sind von Natur aus Virtuosen im Umgang mit Werkzeugen. Daher ist es nur angemessen, dass sich die beiden Adrenalinjäger am besten durch die Wahl ihrer Werkzeuge und die Art, wie sie sie einsetzen, unterscheiden lassen. Füchse, die instinktiv improvisieren, bevorzugen es, die Werkzeuge zu benutzen, die sie zur Verfügung haben. Vielleicht ist das der Grund, warum sie am liebsten Menschen benutzen, um das zu bekommen, was sie wollen: Füchse sind kontaktfreudig und gesellig und immer unter Menschen. Deshalb sind sie auch so gut im Verkauf, im Networking und bei der Vermittlung von Geschäften. Die richtigen Leute zu kennen, ist ihre Stärke. Haie sind von allen Jägern die geschicktesten im Umgang mit Werkzeugen. Ihre Hand-Augen-Koordination, ihr handwerkliches Geschick und ihre Konzentration machen sie zu beeindruckenden Meistern der Handwerkskunst. Das und die Tatsache, dass sie absolut kein Problem damit haben, eine Technik immer und immer wieder zu üben: Der verstorbene Kobe Bryant war berühmt dafür, dass er täglich tausend Sprungwürfe als Teil seiner Trainingsroutine auch außerhalb der Saison absolvierte.

Wenn Adrenalinsucher reifer werden, wachsen auch die Unterschiede zwischen ihren Fähigkeiten. Je weiter ein Fuchs fortgeschritten ist, desto mehr Werkzeuge verwendet er und beginnt, eine Vielzahl neuer und unterschiedlicher Werkzeuge in sein Repertoire aufzunehmen. Je reifer ein Hai wird, desto mehr verfeinert er seine Werkzeugtechniken und taucht immer tiefer in die Feinheiten seines Handwerks ein. (Haie lieben es, ihre eigenen Techniken zu entwickeln.)

Natürlich ist die Art und Weise, wie ein Adrenalinsucher seine Werkzeuge einsetzt, genauso charakteristisch wie die Werkzeuge, die er benutzt. Die Technik, mit der ein Fuchs seine Werkzeuge einsetzt, gleicht dem Schießen mit einem Maschinengewehr: Er feuert so viele Kugeln ab, wie er kann, um sein Ziel zu erreichen – ein weiterer Grund, warum er ein Verkaufstalent ist. Füchse probieren jeden Ansatz aus, und wenn das nicht klappt, probieren sie es mit einem anderen Ziel. Ein Fuchs geht vielleicht mit dem Plan in eine Bar, mindestens zehn Leute anzusprechen, und selbst wenn er mehrmals abgewiesen wird, stehen die Chancen gut, dass eine Person Ja sagt. Haie hingegen gehen mit einem Scharfschützen-Ansatz vor. Sie bevorzugen Geduld und Präzision gegenüber der planlosen Herangehensweise eines Fuchses (nach Meinung der Haie). Ein Fuchs feuert tausend Kugeln ab, um ein Ziel zu treffen; ein Hai wartet tausend Sekunden, um sein Ziel zu treffen.

Wie bei allen Dingen, die mit der Persönlichkeit zu tun haben, ist die eine Methode nicht von vornherein besser als die andere. Es kommt einfach auf die Situation an. Das erinnert mich an den Film *Billy Bathgate*, ein Historienfilm aus der Zeit der Prohibition, in dem Billy, ein junger Mann, von dem Gangsterboss Dutch Schultz angeleitet wird. In einer Szene beobachtet Billy zwei von Dutchs Vollstreckern auf einem Schießstand. Irving lässt sich Zeit, jeder Schuss trifft die gleiche Stelle der Zielscheibe. Lulu entlädt zwei Waffen in wenigen Sekunden und durchlöchert das gesamte Ziel. Dutch fragt Billy, wer der bessere Schütze sei:

> Billy: »Irving. Er hat mit jedem Schuss getroffen.«
> Dutch: »Nein, das ist keine Spitzenstickerei. Es muss nicht alles sauber sein. Wenn du die Zeit hast, es vorzubereiten, und du einen sauberen Treffer brauchst, schickst du Irving. Aber wenn du in der Klemme steckst, willst du Lulu neben dir stehen haben. Bumm, bumm, bumm, bumm. In ein paar Sekunden ist alles vorbei.«
> (Benton, 1991)

Füchse kommen normalerweise als cool rüber. Haie gelten normalerweise als fies. Zufälligerweise sind beide Typen mit ihrem Ruf zufrieden. Füchse sind stolz auf ihren vermeintlichen Charme, ihren Witz und ihre Gewandtheit. Haie sind stolz auf ihre harte, stoische »Lass dir von niemandem etwas gefallen«-Persönlichkeit.

Eine perfekte Gegenüberstellung von Fuchs und Hai findet sich in der Beziehung zwischen den Marvel-Figuren Black Widow und Hawkeye. Black Widow (eine Füchsin) mit ihrer aalglatten Art, ihren zahlreichen Waffen und ihrer Fähigkeit, Menschen zu manipulieren – sie ist eine Spionin –, steht in perfektem Kontrast zu Hawkeyes ruppiger Haifisch-Persönlichkeit, seinem trockenen Sinn für Humor und seiner absoluten Beherrschung des Bogens. Es ist eine konkurrierende Dynamik, die ein reizvolles Geben und Nehmen ermöglicht – eine Freundschaft zwischen zwei unterschiedlichen, aber extrem ähnlichen Persönlichkeiten. Zumindest unterbewusst muss Marvel das wissen, denn – Spoiler-Alarm – nach dem Tod von Black Widow bekommt Hawkeye seine eigene Serie namens *Hawkeye* und eine neue Partnerin, Kate Bishop (ebenfalls eine Füchsin), eine gesellige, äußerst selbstbewusste Teenagerin, die zwar extrem gut mit dem Bogen umgehen kann, aber auch andere Methoden anwendet, um zu bekommen, was sie will, vor allem ihre soziale Kompetenz. Sie ermahnt Hawkeye sogar: »Du hast echt ein Problem mit deinem Markenaufbau« (Thomas, 2021); hey, Füchse sind Füchse.

Und willst du etwas noch Cooleres wissen? Die neue Black Widow (das ist eher ein Titel als ein tatsächlicher Name, denn welche Eltern würden ihre Tochter schon Black Widow, also Schwarze Witwe, nennen?) Yelena Belova ist ein Hai. Wenn Hawkeye also die Hawkeye-Fackel an Kate weitergibt, wird es die gleiche Dynamik zwischen Fuchs und Hai und Black Widow und Hawkeye geben, nur umgekehrt. Ein weiterer Beweis dafür, dass es ein intuitives, persönlichkeitsbasiertes kollektives Unbewusstes gibt. Und damit habe ich jeden einzelnen Leser verloren, der sich nicht um Marvel oder Jung schert und sich wahrscheinlich fragt: »Black Widow? Wie kann eine Spinne (Schwarze Witwe) ein Fuchs sein? Wie kann ein Falke (Hawk) ein Hai sein? Ich bin total verwirrt!« Aber ihr müsst zugeben, dass es irgendwie toll ist zu sehen, wie die Persönlichkeitstypisierung, genau wie die Archetypen, auf denen sie basiert, in unsere Kultur eingeflossen ist, ob wir uns dessen bewusst sind oder nicht.

Pfaue kontra Schmetterlinge

Leider scheint es dieses negative Klischee zu geben, dass manche Jäger nur ein Haufen konsumierender Hedonisten sind (dabei hilft es auch nicht, dass ich sie als Vergnügungssuchende bezeichne), die nur von dem zehren, was andere Menschen produzieren. Nichts könnte weiter von der Wahrheit entfernt sein. Soviel Pfauen und Schmetterlinge auch konsumieren, sie produzieren viel mehr, und das, was sie am meisten produzieren, ist Schönheit.

Das Merriam-Webster-Wörterbuch definiert Schönheit als »die Gesamtheit der Eigenschaften einer Person oder einer Sache, die den Sinnen Freude bereitet oder den Verstand oder den Geist erhebt«. Und genau das ist es, was Pfauen und Schmetterlinge schaffen wollen: Kunst, die die Sinne erfreut und den Verstand und den Geist erhebt. Und diese Kunst kann in jedem Medium und in jeder Form erscheinen (eine Skulptur, ein Gemälde, ein Tanz, ein Rap-Vers, ein selbst gekochtes Essen usw.). Die Verwendung von Wörtern wie Kunst, Schönheit und Vergnügen führt natürlich zu einem weiteren Klischee: dass diese Jäger von Natur aus weiblich sind. Ich weiß, ich weiß, sei nicht sauer auf mich, sei sauer auf die Gesellschaft, die uns mit diesem Mist indoktriniert. Ich glaube, wir sind uns alle einig, dass jeder Einzelne von uns, unabhängig von seiner Persönlichkeit oder seinem Geschlecht, ein bisschen Schönheit in seinem Leben zu schätzen weiß. Eigentlich ganz einfach.

Wenn es darum geht, was Pfauen und Schmetterlinge voneinander unterscheidet, ist die Erklärung nicht ganz so einfach. Die einfache Antwort wäre zu sagen, dass Schmetterlinge die Kunst schaffen, während Pfauen die Kunst sind. Pfauen treten auf; Schmetterlinge komponieren. Pfauen sind das Model, Schmetterlinge sind die Modedesigner. Pfaue singen die Lieder, die Schmetterlinge schreiben. Pfauen sind die Komiker – vor allem der derbe, körperliche Humor –, die Schauspieler, die Tänzer, die Musiker; Schmetterlinge sind die Köche, die Dichter, die Choreografen, die Komponisten. Wie ich schon sagte, ist das die einfache Antwort, und ich möchte dich davor warnen, diese Dichotomie starr anzuwenden. Es gibt eine Menge Überschneidungen. Ein Schmetterling kann sich auch ans Mikrofon stellen (man denke nur an all die einfühlsamen Singer-Songwriter mit Akustikgitarren), und ein Pfau kann wunderschöne, künstlerische Kompositionen schaffen (viele Tänzer sind auch Choreografen). Letztendlich kommt es aber immer auf eine natürliche Vorliebe an; Pfauen neigen immer dazu, im Rampenlicht zu stehen, während Schmetterlinge sich eher davon fernhalten – und dann vielleicht noch ein paar Schritte zurückgehen.

Wie bei den Adrenalinsuchern ist der Gebrauch von Werkzeugen eine gute Möglichkeit, die Vergnügungssucher zu unterscheiden. Pfaue benutzen ihren Körper als Werkzeug. In seiner Blütezeit kann ein Pfau seinen Körper speziell für jeden Zweck, den er braucht, formen. Wenn er ein Tänzer oder Sportler ist, wird er wahrscheinlich durchtrainiert sein. Wenn er ein Komiker ist, könnte eine dickere Figur nützlicher sein, vor allem wenn er »in einem Van unten am Fluss lebt!« (diese Anspielung auf Chris Farley konnte ich mir nicht verkneifen). Unabhängig von ihrem Körpertyp haben Pfaue eine natürliche Anmut. Jeder, der schon einmal auf einem Basketballplatz war, kennt diesen Typ: ein dicker Kerl mit erstaunlicher Beinarbeit, der leichtfüßig und hundertmal schneller ist, als er aussieht. Im Gegensatz dazu hängt der Inhalt des Werkzeugkastens eines Schmetterlings von seinem gewählten Beruf ab. Wenn er ein Koch ist, enthält er Dinge wie Zitronengras, Butter und Sternanis. Als Komponist wird er mit Violinschlüsseln und

Stakkatos gefüllt sein. Wenn er ein Künstler ist, dann wird er Farbe und Form enthalten.

Pfauen wirken laut, Schmetterlinge wirken sanft. Die Lautstärke der Pfauen beschränkt sich nicht nur auf die Lautstärke ihrer Stimme. Sie zeigt sich auch in der Auffälligkeit ihrer Kleidung (was eher auf weibliche Pfauen zutrifft, ein weiterer Hinweis auf die soziale Konditionierung) und in der äußeren Körperlichkeit ihrer Bewegungen. Es fällt ihnen wirklich schwer stillzuhalten; ein typisches Zeichen für einen Pfau ist die Angewohnheit, auf der Stelle zu zappeln oder zu tanzen, manchmal sogar, ohne dass er es merkt. Schmetterlinge hingegen haben leisere Stimmen, die manchmal kaum lauter als ein Flüstern sind. Ihre Kleidung ist weniger extravagant, kann aber genauso auffällig sein. Unauffällig, aber perfekt ausbalanciert.

Dieser modische Kontrast lässt sich gut auf andere Aspekte des Pfau-Schmetterling-Vergleichs übertragen. Pfauen geben viel eher mit ihren Fähigkeiten an oder stellen sie zur Schau. Auf Instagram sind sie die Leute, die sich an den exotischsten Orten, neben den coolsten Autos und immer im bestmöglichen Licht fotografieren. Schmetterlinge posten eher Bilder von Essen – obwohl das Essen mit Sicherheit exotisch und cool aussieht und im bestmöglichen Licht aufgenommen ist.

KAPITEL 10

VERSCHIEDENE SCHAMANEN-TYPEN UND WO SIE ZU FINDEN SIND

Zur Erinnerung: In diesem Kapitel geht es nur darum, Schamanen zu unterscheiden. Einige der erwähnten Eigenschaften können auch auf andere Typen zutreffen, aber dieses Kapitel ist nur dazu gedacht, eine Person, die du bereits als Schamane identifiziert hast, zu bestimmen.

Das Abenteuer der Verbindung?

Die Schwierigkeit bei der Suche nach der eigenen Identität ist, wie dir jeder Schamane bestätigen kann, dass sich die Suche oft richtungslos anfühlt. Wo soll man überhaupt anfangen? Woher weiß man, wann man die Grenzen überschritten hat? Gibt es Grenzen? Es ist ja nicht so, als ob du in *The Legend of Zelda* in einem Kerker sitzt und nur die Karte, den Kompass und die Geheimwaffe (Bomben fand ich immer am besten) finden musst, um den großen Bösewicht zu töten. Vielleicht ist unser Selbstverständnis aber auch wie ein Kerker. Es gibt Wendungen, geheime Gänge zu Räumen, die du dich nicht traust zu betreten, und je tiefer du vordringst, desto tückischer wird deine Reise. Und es gibt Bösewichte; uns wird nur nicht gesagt, wie wir sie bekämpfen sollen – es sei denn, du gehörst zu den Glückspilzen, die ein Abonnement für Nintendo Power haben.

Der Punkt ist, dass man sich auf dem Weg, sich selbst zu finden, leicht verirren kann. Für Schamanen ist es wichtig, etwas zu finden, an dem sie sich festhalten können, etwas, das sie verankert. Mit einem Halt schaffen sie es, nicht aus den Augen zu verlieren, wer sie waren, bevor sie ihre Reise antraten, während sie neue Erfahrungen machen, neue Menschen treffen und ihr Selbstbewusstsein reift. Die Selbstidentität ist eine Einheit aus dem, was wir waren, was wir sind und was wir noch werden. Anhand der verschiedenen Anker können wir die beiden Typen von Schamanen unterscheiden (siehe Abbildung 10.1).

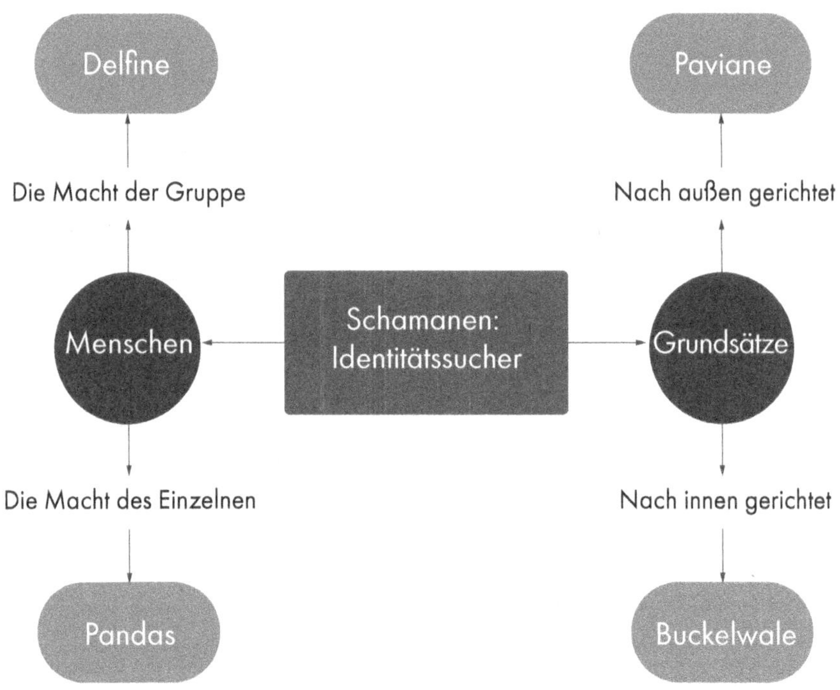

Abbildung 10.1 Verschiedene Schamanen-Typen

Menschen an erster Stelle versus Grundsätze an erster Stelle

Stell dir folgendes Szenario vor: Angenommen, du hast eine idealistische, innovative Lehrkraft, die es als ihre Aufgabe ansieht, die Herzen und den Verstand ihrer jungen, beeinflussbaren Schüler*innen zu entwickeln. Um das zu erreichen, wendet sie einen unkonventionellen Unterrichtsstil und einen Lehrplan an, der individuell und anpassungsfähig ist, und entgegen der Lehrmeinung ihrer Schule funktioniert er auch. Der Schulleiter, ein Hirsch – wie viele Schulleiter –, teilt ihr mit, dass ihr Enthusiasmus und ihr unkonventionelles Denken zwar geschätzt werden, es aber bestimmte Richtlinien gebe, die alle Lehrer befolgen müssen. Wenn die Lehrkraft weiterhin auf diese Weise unterrichte, könne der Schulleiter nichts für sie tun und sei gezwungen, sie dem Schulamt zu melden und eine mögliche Kündigung zu empfehlen.

Dieses Beispiel verdeutlicht einen der größten Unterschiede zwischen Schamanen, bei denen der Mensch im Vordergrund steht, und Schamanen, bei denen die Grundsätze im Vordergrund stehen: Pragmatismus. Delfine und Pandas sind viel pragmatischer als ihre schamanischen Verwandten. Egal, wie falsch sie die Situation empfinden, egal, wie sehr sie das Gefühl haben, dass ihnen Unrecht getan wird: Menschenbezogene Schamanen wissen, dass sie, wenn sie ihren Job verlieren würden, nicht mehr da wären, um den Schülern zu helfen, und dass das Wohl der Schüler an erster Stelle steht, Punkt. In der Regel geben sie den Forderungen der Schulleitung nach und versuchen gleichzeitig, so viel wie möglich aus ihrem Lehrplan weiterhin umzusetzen. Paviane und Buckelwale hingegen halten eher strikt an ihren Zielen und Lehrplänen fest und riskieren es, dass sie von der Schule gefeuert werden. Für prinzipientreue Schamanen sind ihre Unterrichtsphilosophie und Lehrmethode ein wesentlicher Bestandteil ihres Selbstverständnisses, und sie würden lieber ihren Job verlieren, als ihre Integrität zu opfern.

Beide Haltungen haben ihre Vor- und Nachteile. Die versöhnliche Natur von Delfinen und Pandas ermöglicht es ihnen in der Regel, eine Position aufrechtzuerhalten, in der sie den Menschen, die ihnen wichtig sind, helfen können. Sie tun das, obwohl ein Nachgeben gegenüber dem institutionellen Druck sie vor ihrem Umfeld und vor allem vor sich selbst als schwach erscheinen lassen könnte. Selbst wenn sie tief im Innern wissen, dass die Entscheidung richtig war, quälen sie sich damit und setzen sich einer übermäßigen Selbstgeißelung für die Sünde des Einknickens aus. Indem sie für ihre Prinzipien einstehen, erscheinen die Paviane und Buckelwale mutig, und dieser Mut kann andere inspirieren. Die Chancen stehen jedoch gut, dass sie für ihre Ketzerei bestraft und in die Wildnis verstoßen werden – oder schlimmer noch, arbeitslos werden. Von diesem Status als Außenseiter aus kann es fast unmöglich sein, den Wandel zu bewirken, an den sie so fest glauben. Man muss sich nur den Film *Der Club der toten Dichter* (Achtung: kleiner Spoiler) ansehen, um die aufregenden Höhen und tragischen Tiefen eines Pavian-Lehrers kennenzulernen.

Wie es der Name schon vermuten lässt, arbeiten Schamanen, für die der Mensch im Vordergrund steht, häufig in Bereichen, die ihnen die Möglichkeit geben, Menschen direkt zu helfen. Dazu gehören Berufe im Gesundheits- und Bildungswesen, in der Sozialfürsorge, im öffentlichen Dienst, in gemeinnützigen Organisationen und im Bereich der psychischen Gesundheit; eine Ausnahme bildet das Militär, das aufgrund seines Konformitätsbedürfnisses normalerweise keine attraktive Organisation für Schamanen ist. Aufgrund ihres Organisationstalents, ihrer Geduld und ihrer Kompromissbereitschaft können Delfine und Pandas kontinuierlich und schrittweise Veränderungen herbeiführen, ganz im Gegensatz zu ihren chaotischen Schamanengeschwistern (auch bekannt als Paviane und Buckelwale), die eher revolutionär sind. Für Schamanen, bei denen der Mensch an erster Stelle steht, hängt der ethische Fortschritt einer Zivilisation von der Bereitschaft ihrer Bürger*innen ab. Wahrer Fortschritt ist kein Sprint, sondern ein Marathon, weshalb man seine spirituelle Laufleistung steigern muss (Delfine und Pandas sehen sich als persönliche Seelen-Trainer). Die Regeln und Vorschriften jeder Organisation können jedoch ziemlich befremdlich sein, und es ist nicht ungewöhnlich, dass Delfine und Pandas mit ihren Vorgesetzten aneinandergeraten, wenn sie das Gefühl haben, dass das Wertesystem, nach dem sie arbeiten, fehlerhaft ist. Diese Schamanen unterdrücken ihre Einwände jedoch eher, was dazu führt, dass sie sich machtlos und gefangen fühlen und in einer Maschinerie schuften, die sie nicht genügend wertschätzt und sie herabsetzt.

Macht, oder ein Mangel an Macht, ist für die rebellischen Paviane und Buckelwale in der Regel kein Thema, da sie dazu neigen, außerhalb des Mainstreams zu arbeiten, wo sie ihre intuitiven Muskeln spielen lassen können und sich nicht an irgendeine Art von Orthodoxie binden müssen. Angetrieben von der Kraft ihrer Überzeugungen versuchen Schamanen, bei denen die Grundsätze an erster Stelle stehen, die Gesellschaft zu verändern, indem sie sie von außerhalb ihrer geweihten Mauern angreifen. Sie folgen dem Credo »Entweder bist du für mich oder gegen mich«; für sie hat die Verbreitung von Idealen Vorrang vor dem Willen des Volkes. Mit ihrem natürlichen Talent, andere zu inspirieren und zu überzeugen, gelingt es Pavianen und Buckelwalen häufig, Anhänger, Schüler und Unterstützer zu gewinnen, egal, wie umstritten ihre Ideen auch sein mögen. Sie wählen Berufe, die ihnen viel kreative Freiheit geben (Schreiben, Anwaltschaft usw.), oder wenn sie keinen Bereich finden, in dem ihnen diese Freiheit gegeben wird, nehmen sie dies selbst in die Hand und gründen ihre eigenen Unternehmen, Organisationen oder Dienstleistungsfirmen. Diese Zuversicht hat natürlich ihren Preis: Ihr revolutionärer Eifer kann leicht in Demagogie umschlagen, und die geistige Isolation, die damit einhergeht, dass sie die Hoffnungen und Träume einer ganzen Gruppe von Menschen vertreten, führt häufig zu Einsamkeit und Depression.

Delfine kontra Pandas

Delfine und Pandas haben die stärksten empathischen Fähigkeiten von allen Typen, also ist es nur natürlich, dass sie gerne mit Menschen arbeiten. Der Unterschied zwischen den beiden ist nicht so einfach wie das Zählen von Zahlen, aber ich will ehrlich sein, die Zahlen sind das, was zuerst auffällt. Delfine arbeiten am liebsten in großen Gruppen. Sie sind die Person, die ein örtliches AA-Treffen leitet, eine Veganer-AG an einer Schule gründet oder in einem Yogastudio, einem Reiki-Studio oder an einer Universität unterrichtet – manchmal auch alles drei gleichzeitig. Pandas dagegen arbeiten lieber auf einer Eins-zu-eins-Basis. Sie sind großartige Berater, Therapeuten, Lebensberater und Jedi-Meister. Delfine haben die Fähigkeit, jedem in einer Gruppe das Gefühl zu geben, gehört zu werden. Pandas haben die Fähigkeit, einem Einzelnen das Gefühl zu geben, dass jedes einzelne seiner Worte gehört wird. Ein Delfin gibt dir nicht nur das Gefühl, dass du Teil der Gruppe bist, sondern auch, dass die Gruppe Teil von dir ist. Ein Panda gibt dir das Gefühl, dass ihr beide die einzigen Menschen seid, die es auf der Welt gibt.

Delfine kommen als beliebt rüber. Sie sind leicht verletzlich und geben schnell persönliche Details aus ihrem Leben preis. Das macht es den Menschen leichter, sich in ihrer Nähe verletzlich zu zeigen, und erhöht ihren Sympathiefaktor. Im Gegensatz zu Elefanten, die das Sagen haben, und Füchsen, die eine so mühelose Popularität haben, sind Delfine beliebt, weil man in ihrer Nähe immer das Gefühl hat, man selbst sein zu dürfen. Pandas wirken dagegen eher zurückhaltend. Während ein Delfin dir schnell den Schlüssel zu seinem emotionalen Schließfach gibt, nimmt ein Panda seinen Schlüssel, schließt ihn in einem Stahlschrank ein, schließt den Schrank in einen eisernen Tresor und vergräbt den Tresor drei Meter tief. Ein Panda ist ein verschlossenes Buch – ironisch, wenn man bedenkt, wie viele Bücher ein Panda (ein geborener Bücherwurm) in seinem Leben aufschlägt – und gibt sich nur wenigen Auserwählten zu erkennen. Dieses Vertrauen basiert nicht unbedingt darauf, wie lange ein Panda jemanden kennt, sondern auf der Stärke der ersten Verbindung.

Pandas sind in der Regel bessere Schüler als Delfine (sie sind normalerweise die besten Schüler unter allen Schamanen), aber Delfine haben wahrscheinlich mehr Spaß in der Schule. Es wäre keine Überraschung, wenn ein Delfin trotz seines Außenseiterstatus als Schamane zum Schülersprecher oder zur Ballkönigin gewählt würde. Pandas schließen sich in der Regel einer bestimmten Gruppe an, zum Beispiel einem Mannschaftssport, einem Hilfsverein oder der Schulband, in der sie unter Menschen sein können, aber nicht im Rampenlicht stehen, während sie sich für eine gemeinsame Sache einsetzen.

Egal, ob jemand ein Delfin oder ein Panda ist, er oder sie ist wahrscheinlich ein bittersüßer Romantiker. Wenn Persönlichkeitstypen ein typisches Getränk hätten, dann wäre das der Schamanen-Standarddrink: ein Teil Zuckersirup, ein Teil eiskalter Wodka und Limette nach Geschmack (der Grad der Bitterkeit variiert bei den Schamanen, wie später noch erläutert wird). Was Delfine von Pandas und umgekehrt unterscheidet, ist die Art und Weise, wie sie mit der Enttäuschung umgehen, die ihnen die Gesellschaft oft entgegenbringt: vor allem ihr Sinn für Humor.

Der Humor der Delfine ist eher albern und entspricht ihrem fröhlichen Auftreten nach außen hin. Sie lieben drollige Memes und lustige Videos und glauben, dass der Schlüssel zum Durchhalten im Leben darin liegt, zu lächeln und positiv zu bleiben, auch wenn die Reise bisher wesentlich schlimmer war als ein Schlag in die Magengrube. Natürlich trägt die Beliebtheit der Delfine viel dazu bei, diesen Optimismus zu schüren. Pandas haben diesen Luxus oft nicht. Sie sind von Natur aus grüblerisch und deshalb hat ihr Humor einen gewissen Biss, eine Art fatalistischen Zynismus. Sie fühlen den brennenden Wunsch, dazuzugehören, aber auch die kalte, unumstößliche Wahrheit, dass sie es nicht tun. Dieser Zwiespalt spiegelt sich in ihrer Vorliebe für Komödien wider, die sowohl lebensbejahend und hoffnungsvoll als auch selbstverachtend bissig sind.

Paviane kontra Buckelwale

Schamanen, bei denen die Grundsätze an erster Stelle stehen, verbringen ihr Leben damit, sich mit ihrem sich ständig weiterentwickelnden Glaubenssystem auseinanderzusetzen; neue Menschen führen zu neuen Erfahrungen und neue Erfahrungen führen zu neuen spirituellen Erleuchtungen. Die Art und Weise, wie sie diese moralischen Erleuchtungen dann anwenden, hilft uns, zwischen Pavianen und Buckelwalen zu unterscheiden. Wenn es um Ideen und Ethik geht, sind Paviane nach außen orientiert und sprechen sich ständig für oder gegen etwas aus. Buckelwale sind nach innen gerichtet und mehr daran interessiert, ihr Wertesystem zu kultivieren, als es der breiten Masse zu vermitteln. Wenn Paviane die Stimme des kollektiven Bewusstseins der Gesellschaft sind, dann sind Buckelwale ihre Seele.

Paviane gelten als schelmisch, sie wirken fast immer jünger, als sie tatsächlich sind, und sie treiben häufig Unfug und reißen gerne Witze. Ihr Status als schamanischer Außenseiter in Kombination mit ihrer nach außen gerichteten Orientierung bedeutet, dass sie nicht nur sehr wenig Interesse daran haben, gesellschaftliche Normen zu fördern, sondern sich auch gerne über diese lustig machen, wenn sich die Gelegenheit bietet. So ist es nicht verwunderlich, dass viele Paviane in der Schule (und außerhalb der Schule) die Rolle des Klassenclowns spielen. Buckelwale dagegen wirken wie alte Seelen und wirken immer älter, als sie tatsächlich sind. Im Gegensatz zu Pavianen reagieren Buckelwale auf ihren Außenseiterstatus, indem sie ihre Gedanken nach innen lenken, was ihnen oft den Ruf einbringt, sehr reif zu sein. In der Schule sind sie die Tagträumer, die Kinder, die immer andere, weniger unmittelbare, aber wesentlichere Gedanken im Kopf zu haben scheinen.

Paviane und Buckelwale sind wie zwei Teile desselben Freud'schen Bewusstseins, die beide denselben schamanischen Kampf führen – aber von verschiedenen Teilen des Eisbergs aus. Paviane sind das Schamanen-Ich: aggressiv, handlungsorientiert und unmittelbarer in ihrer Reaktion auf ihre Gefühle. Buckelwale sind das Schamanen-Superego: nachdenklich, selbstkritisch und sich des Potenzials bewusst, durch jede Erfahrung zu wachsen. Die Dichotomie ist wie ein *Calvin-und-Hobbes*-Comicstrip. Calvin ist ein junger, fantasievoller Junge (Buckelwal), der zusammen mit seinem imaginären Freund Hobbes (Pavian), der eigentlich ein Tiger ist (sorry, es gibt keine Tiger-Persönlichkeitstypen in der *EdP*-Methode), alle möglichen Abenteuer erlebt.

Das allgemeine Muster, dem die meisten Comics folgen, ist, dass Hobbes der Initiator ist, der Calvin ermöglicht, seine Gedanken und Träume in die Tat umzusetzen. Egal, ob Calvin als Raumfahrer gegen Außerirdische kämpft, als hartgesottener Privatdetektiv oder als maskierter Superheld agiert, Hobbes spornt ihn immer wieder an und unterstützt ihn, indem er ihn meist zu einem aggressiveren Vorgehen ermutigt. Calvin bittet Hobbes oft um Weisheit; einer der besten Momente in den Comics ist, als Calvin Hobbes fragt, wie sich Liebe anfühlt (Watterson, 1991). Trotz oder gerade wegen der Ratschläge von Hobbes enden die meisten Geschichten mit einer Art Misserfolg für Calvin. Aber wie jeder Buckelwal betrachtet Calvin diesen Prozess (Träume, Taten, Scheitern, Erleuchtung) als eine unausweichliche Eigenschaft des Lebens. Dieses Beziehungsmuster findet sich auch in J. D. Salingers (1961) *Franny und Zooey*, in dem Zooey (Pavian) seiner Schwester Franny (Buckelwal), die gerade einen Nervenzusammenbruch erleidet, eine Dosis emotionaler Strenge verabreicht, was bei beiden Schamanen zu Erleuchtungen führt.

Natürlich gibt es auch bei anderen Typen Erleuchtungen, die aus Misserfolgen resultieren, aber was Paviane und Buckelwale auszeichnet, ist, dass ein Großteil ihres Lernzyklus durch ihre eigene Intuition ausgelöst wird. Anstatt sich auf bewährte Traditionen (Sammler), praktische Erfahrungen (Jäger), gründlich recherchierte Informationen (Schmiede) oder sogar auf die gemäßigtere, pragmatischere Herangehensweise ihrer Schamanen-Verwandten, der Delfine und Pandas, zu verlassen, stürzen sich die prinzipienorientierten Schamanen häufig mit nichts anderem als der Kraft ihrer Überzeugung in eine Situation. Es ist nicht so, dass sie all den anderen Dingen nicht trauen würden. Sie vertrauen ihnen nur nicht so sehr, wie sie sich selbst vertrauen. Verständlicherweise kann das auch zu vielen negativen Konsequenzen führen.

Eine der aufschlussreichsten Schwächen der prinzipienorientierten Schamanen ist ihre Anfälligkeit für Absolutismus. Die gleiche Sache, die sie antreibt – der leidenschaftliche Glaube an sich selbst und ihr Wertesystem –, kann auch einen Hass schüren, der wie das Feuer von tausend Sonnen auf alles und jeden brennt, der ihnen widersprechen könnte. Dieser gerechte Zorn kann zu ihrem Untergang führen, ähnlich wie bei Luzifer, der dem Himmel in *Paradise Lost* den Krieg erklärt, oder Ikarus, der der Sonne zu nahe kommt. Paviane und Buckelwale können sich so sehr für eine Sache engagieren, dass ihr Urteilsvermögen getrübt und ihr Handeln korrumpiert wird, sodass sie sich in moralische Gewissheit verstricken, um ihre fragwürdigen Entscheidungen zu rechtfertigen.

Bei den Pavianen zeigen sich diese Fehler im Urteilsvermögen meist nach außen, wenn sie mit rücksichtsloser Hingabe auf jeden losgehen, der ihr Glaubenssystem durchkreuzt, wie ein scheinheiliger Kreuzritter, der nicht weiß, dass der »Weg zur Hölle mit guten Absichten gepflastert ist«. Buckelwale nehmen die gleiche Art von Gewissheit und richten sie nach innen, wo sie enorme körperliche und emotionale Schmerzen erleiden, während sie sich selbst einer Reinheitsprüfung unterziehen, die sie selbst geschaffen haben. Selbstverbrennung – sowohl im übertragenen als auch im wörtlichen Sinne – ist eine Möglichkeit, denn Buckelwale betrachten Selbstaufopferung als den besten Beweis für ihre Hingabe an eine Sache.

KAPITEL 11

VERSCHIEDENE SCHMIED-TYPEN UND WO SIE ZU FINDEN SIND

Zur Erinnerung: In diesem Kapitel geht es nur darum, Schmiede zu unterscheiden. Einige der erwähnten Eigenschaften können auch auf andere Typen zutreffen, aber dieses Kapitel ist nur dazu gedacht, eine Person, die du bereits als Schmied identifiziert hast, zu bestimmen.

Nosferatu

Schmiede sind wie der Vampir unter den Persönlichkeitstypen. Von außen betrachtet scheint alles fantastisch zu sein. Stell dir vor, du gehörst zu *The Lost Boys*: Du fährst Motorrad, hast Superkräfte und eine Wahnsinns-Geschwindigkeit, fliegst und treibst es mit Jami Gertz – du weißt schon, der Höhepunkt der Coolness der 1980er-Jahre (Schumacher, 1987). Ach ja, und dann ist da noch die Sache mit der Unsterblichkeit. Doch diese Kräfte haben ihren Preis. Damit will ich nicht sagen, dass Schmiede tagsüber schlafen müssen und nachts rauskommen (obwohl es überraschend ist, wie viele von ihnen Nachteulen sind) oder dass sie menschliches Blut trinken (obwohl du überrascht wärst, wie viele das in Betracht ziehen würden, wenn sie glauben würden, dass sie dadurch das Wissen eines Unsterblichen erlangen könnten). Genau wie Vampire werden auch Schmiede häufig missverstanden und ihnen werden fälschlicherweise Superkräfte zugeschrieben. Nur weil Einstein ein Genie war, heißt das nicht, dass alle anderen Schmiede das auch sind – schließlich liegt die Messlatte für ein Genie ziemlich hoch.

Was wir mit Sicherheit wissen, ist, dass alle Schmiede nach Informationen suchen. Diese Suche macht sie nicht nur aus, sondern hilft auch, sie voneinander zu unterscheiden. Wie bei den meisten Dingen, die mit dem Persönlichkeitstyp zu tun haben, geht es nicht darum, was jemand tut, sondern warum er es tut. Bei Schmieden ist der Grund für das Sammeln von Informationen je nach Typ unterschiedlich. Wie in Abbildung 11.1 zu sehen ist, können Schmiede in zwei Gruppen eingeteilt werden: in diejenigen, die anwendungsorientiert sind, und in diejenigen, die neuheitsorientiert sind.

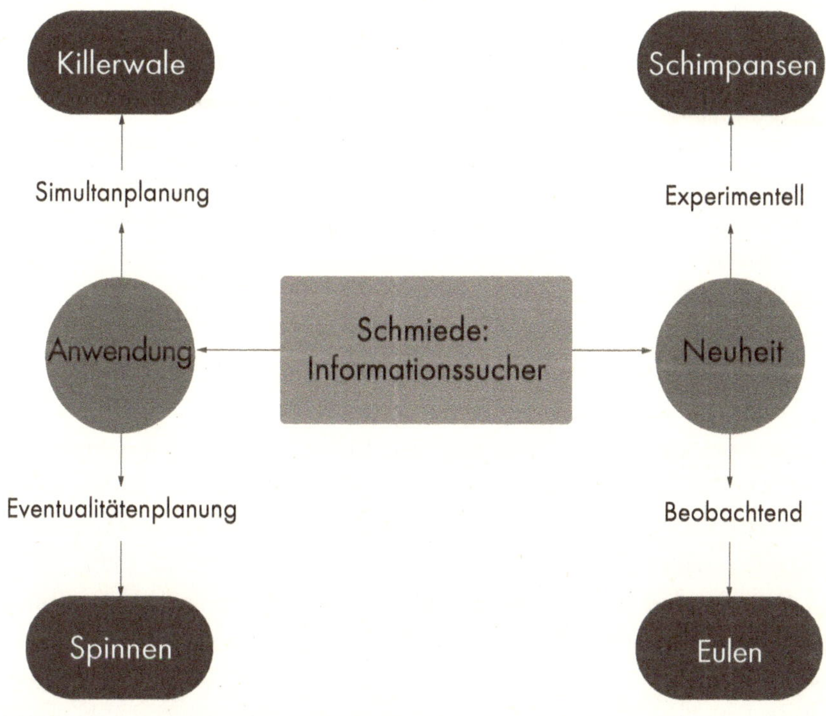

Abbildung 11.1 Verschiedene Schmied-Typen

Anwendungsorientiert versus neuheitsorientiert

Anwendungsorientierte Schmiede, wie Killerwale und Spinnen, sind von Natur aus pragmatisch und suchen daher nach Informationen, die sie nutzen können. Sie betrachten Wissen als ein Werkzeug, um ihre Macht zu festigen. Egal, ob sie Unternehmen aufbauen oder Systeme entwerfen – ihre Fähigkeit, die sorgfältig gesammelten Informationen anzuwenden, hilft ihnen, Einrichtungen zu schaffen, die die jeweiligen Märkte durch pure Effizienz dominieren. In den Köpfen dieser Schmiede hat jedes Objekt eine »wahre« Funktion, die nicht durch Tradition, sondern durch Effektivität bestimmt wird. Die Welt hat ein Design, das wir nicht sehen können, und Killerwale und Spinnen sind stolz darauf, dass alles in seiner idealen Nische platziert ist.

Neuheitsorientierte Schmiede, wie Schimpansen und Eulen, suchen Informationen um ihrer selbst willen. Ihnen macht Lernen Spaß, Erfinden ist in ihren Augen cool und praktische Dinge entstehen fast immer, wenn man sich nicht darauf konzentriert, praktische Dinge zu schaffen. Keine Idee ist zu lächerlich, kein Experiment zu seltsam. Diese Schmiede lieben es, die Grenzen der intellektuellen Erforschung zu erweitern und neue Wege zu finden, wie wir die Welt um uns herum verstehen und mit ihr interagieren können. Diese aufgeschlossene, chaotische (Schimpansen und Eulen tragen dieses Wort wie ein Ehrenzeichen) Herangehensweise kann zu offensichtlichen Konflikten zwischen der Philosophie und den Methoden der anwendungsorientierten Schmiede führen. Ein Beispiel dafür ist die Fehde zwischen Thomas Edison (Killerwal) und Nikola Tesla (Schimpanse), zwei Titanen der Elektrotechnik.

Edison war bekannt dafür, dass er ein Arbeitstier mit einer sehr pragmatischen Einstellung zur Technologie war: Der Zweck jeder Erfindung ist ihr praktischer Nutzen und vor allem ihr Potenzial, als normales Merkmal der Zivilisation übernommen zu werden. Er wollte greifbare Auswirkungen, und obwohl er Tesla als Mitarbeiter einstellte (als Killerwal wusste er auch, wie man Talente maximiert), war er der Meinung, dass viele von Teslas Ideen »völlig unpraktisch« waren (Cheney, 2001).

Als Schimpanse war Tesla mehr daran interessiert, die Grenzen der Innovation auszuloten, als unternehmerischen Erfolg zu erreichen. Er fand Edisons Methoden bestenfalls mühsam und bemerkte einmal gegenüber der New York Times (1931): »Wenn er [Edison] eine Nadel im Heuhaufen zu finden hätte, würde er nicht überlegen, wo sie am wahrscheinlichsten zu finden ist, sondern sofort mit dem fieberhaften

Fleiß einer Biene einen Halm nach dem anderen untersuchen, bis er das Objekt seiner Suche gefunden hätte.« Tesla machte sich weiter über Edisons Fleiß lustig, indem er ihn mit seinem eigenen, selbst empfundenen Einfallsreichtum verglich und sagte: »Ich war ein trauriger Zeuge solchen Tuns, denn ich wusste, dass ein wenig Theorie und Berechnung ihm neunzig Prozent seiner Arbeit erspart hätte.« (Doménech, 2015).

Dieser häufige Konflikt zwischen anwendungsorientierten Schmieden und neuheitsorientierten Schmieden (Führungskräfte versus Analysten, Unternehmen versus Forschung und Entwicklung, Direktoren versus Thinktanks) basiert hauptsächlich auf ihren unterschiedlichen Ansichten über Systeme. Im besten Fall stehen Schimpansen und Eulen ihren Schmied-Verwandten skeptisch gegenüber, im schlimmsten Fall hassen sie sie leidenschaftlich. Das kann ein Problem sein, vor allem, weil sowohl Killerwale als auch Spinnen stark auf Systeme angewiesen sind, um effektiv und effizient zu sein. Diese Abhängigkeit ist pragmatisch: Wie alle Schmiede misstrauen auch Killerwale und Spinnen jeglicher Autorität und den starren, unterdrückerischen Institutionen, die ein blindes Festhalten an ihnen schaffen kann. Sie wissen aber auch, dass sie nur mit einer guten Organisationsstruktur im großen Stil etwas bewirken können. Für diese Schmiede ist Autorität nicht vertrauenswürdig, es sei denn, es ist ihre eigene Autorität. Schimpansen und Eulen sind im Allgemeinen chaotische Typen, die ihre Freiheit schätzen und sich häufig dagegen sträuben, in einer Position zu sein, in der ihnen Vorschriften gemacht werden. Aufgrund dieser konkurrierenden Interessen sind Konflikte unvermeidlich, besonders am Arbeitsplatz, wo viel auf dem Spiel steht.

Meine Killerwal-Freundin, die als Projektmanagerin in einem Technologieunternehmen arbeitet (du hast sicher bemerkt, dass ich sie schon ein paar Mal erwähnt habe, außer du hast dieses Buch nur überflogen), gerät ständig mit ihren Softwareingenieuren aneinander, von denen viele Schimpansen und Eulen sind. Sie ist im Wesentlichen eine Führungskraft; es ist ihre Aufgabe, alle beweglichen Teile zu koordinieren, um eine optimale Produktion zu erreichen. Neuheitsorientierte Schmiede sehen Projektmanager aber manchmal als lästige Hindernisse an, genau wie die Projektmanagement-Methode (in ihrem Fall agil), die sie vertreten. Sie behaupten vielleicht, dass sie sie mögen, oder befolgen sie wie ein guter Soldat, aber wenn sie die Wahl hätten, würden sie es vorziehen, die Teambesprechungen zu schwänzen und sich selbst überlassen zu sein, im übertragenen und im wörtlichen Sinne. Ich frage mich, ob nicht doch ein Schimpanse oder eine Eule Corona erfunden hat, nur um der Homeoffice-Bewegung Starthilfe zu geben.

Auf welcher Seite sie auch stehen, es ist unbestreitbar, dass beide Schmied-Philosophien nicht nur für den Erfolg einer Organisation oder eines Unternehmens, sondern auch für die Zivilisation selbst notwendig sind, auch wenn die verschiedenen Schmied-Typen Erfolg auf ihre eigene Weise definieren. Am Ende haben sowohl Edison als auch Tesla ihre Ziele erreicht. Edison wurde zu einem Industriegiganten, dessen Name als Synonym für die Erleuchtung der Welt steht, und Tesla wurde ein erfolgreicher Innovator, Inhaber von mehr als 300 bekannten Patenten und eine Inspiration für zukünftige Erfinder und Science-Fiction-Autoren.

In ihrer reinsten Form ist die Kluft zwischen den beiden Schmied-Typen eine abstrakte Kluft: Ordnung versus Chaos. Das zeigt sich in ihren unterschiedlichen Ansichten über den Wert von Systemen, wie hier zu sehen, und erstreckt sich auch auf andere Aspekte des Lebens. Nehmen wir zum Beispiel ihre Leistungen als Schüler. Die anwendungsorientierten Schmiede mögen die Sekundarstufe und die Stufen davor zwar nicht besonders, aber sie wissen, wie wichtig sie für den Zugang zu den von ihnen angestrebten beruflichen Positionen sind. Sie sind die besten Schüler aller Typen – in Anlehnung an Hogwarts denke man nur an Hermine Granger (Killerwal) oder Severus Snape (Spinne) –, vor allem auf Hochschulebene. Schimpansen und Eulen hingegen haben als Schüler vor der Uni wechselnde Erfolge. Wenn sie sich richtig engagieren, können sie glänzende Akademiker sein (na ja, eher Schimpansen als Eulen) und mit ihren unorthodoxen Lösungen für Probleme Einfallsreichtum und Kühnheit beweisen. Oder sie behandeln die Schule so, wie sie die meisten Autoritätssysteme behandeln: Sie schwanken zwischen Gleichgültigkeit und Belustigung über das, was sie als mühsames Rennen im Hamsterrad betrachten.

Wie bei den anderen drei Rudeln sind auch bei den Schmieden einige der charakteristischsten Merkmale in ihren Schwächen zu finden. Die größten Schwächen der anwendungsorientierten Schmiede sind Anmaßung und Unsensibilität. Sie verlieren sich so in ihren Plänen zur Leistungssteigerung, dass sie die Menschen vergessen, die ein wichtiger Bestandteil dieses Plans sind. Ein Beispiel dafür ist die Szene aus *Game of Thrones*, in der Cersei Lannister (Hirsch) ihren Vater Tywin (Killerwal) beschuldigt, das »Erbe, das du so sehr liebst, wichtiger zu nehmen als deine Kinder« (Graves, 2013). Tywin ist der mächtigste Mann in Westeros, aber er weiß nicht, was in den Herzen und Köpfen seiner Untergebenen und Kinder vorgeht. Das geht so weit, dass er – Achtung, Spoiler – nicht in der Lage ist, seinen Tod durch die Hand seines Sohnes Tyrion vorherzusehen.

Wenn Killerwale und Spinnen Gefahr laufen, sich wie Diktatoren zu verhalten, dann sind Schimpansen und Eulen im schlimmsten Fall nur ein paar Schritte davon entfernt, zurückgezogene Exzentriker zu werden, die so sehr in die abstrakten Konzepte vertieft sind, die in ihren Köpfen herumschwirren, dass sie sich von der realen Welt entfernen. Während die persönlichen Beziehungen von anwendungsorientierten Schmieden aufgrund ihrer Gefühllosigkeit und Unverblümtheit verkümmern können, laufen die Beziehungen von neuheitsorientierten Schmieden immer Gefahr, aufgrund ihrer Gleichgültigkeit zu verblassen. Wenn zwischenmenschliche Beziehungen ein Garten wären, dann hätten Killerwale und Spinnen Schwierigkeiten, keine der Blumen zu zertrampeln, aber zumindest könnten sie den Boden spüren und die zertretenen Blütenblätter zu ihren Füßen riechen. Schimpansen und Eulen könnten ihren Garten aus Mangel an Bewässerung verdorren lassen, bis die Blätter und Blüten so trocken und geruchlos sind, dass sie vergessen, wozu sie überhaupt einen Garten haben.

Killerwale kontra Spinnen

Was Killerwale und Spinnen von ihren Schmied-Verwandten unterscheidet, ist ihr pragmatischer Umgang mit Informationen. Wie sie diese nutzen, unterscheidet sie wiederum voneinander. Wenn es um ihren Modus Operandi geht, verwenden Killerwale einen Simultan-Angriffsplan, bei dem sie ihre Kräfte bündeln, um gleichzeitig auf ein bestimmtes Ziel hinzuarbeiten. Sie müssen das Gefühl haben, alle Aspekte ihres Lebens im Griff zu haben, als ob jeder Mensch ein Teil eines komplexen Raumschiffs ist und nur der Killerwal in der Lage ist, Kapitän zu sein. Die einzelnen Teile können sich den Luxus leisten, die Aufgaben der anderen nicht zu kennen. Da der Killerwal alles beherrscht, kann sich jedes Mitglied des Plans ausschließlich auf seine Aufgabe konzentrieren. Spinnen sind Meister der Eventualitätenplanung. Sie treffen nicht nur Vorkehrungen für jedes mögliche oder scheinbar unmögliche Szenario, sondern entwickeln auch Eventualitäten für den Fall, dass diese Vorkehrungen nicht wie geplant funktionieren, und Eventualitäten für diese Eventualitäten und …

Die Killerwal-Planung ist wie ein Kanban- oder JIRA-Board: Aufgaben zuweisen, Prioritäten festlegen und den Fortschritt überwachen (siehe Abbildung 11.2). Die Planung der Spinne ähnelt eher einem algorithmischen Flussdiagramm: Sie berücksichtigt verschiedene Ergebnisse, bestimmte Reaktionen auf diese Ergebnisse und wiederum andere Ergebnisse auf diese Reaktionen und so weiter (siehe Abbildung 11.3). Da die meisten dieser Planungen abstrakt sind, muss man sie in Aktion erleben, um zu sehen, wie sie sich entwickeln. Die Prozesse der Killerwale und Spinnen lassen sich auch außerhalb der Arbeit beobachten. Weil ihre Planung davon abhängt, dass sie die Initiative ergreifen, sind Killerwale viel aggressiver als Spinnen. Sobald sie einen Plan haben, setzen sie ihn mit einer solchen Entschlossenheit um, dass sie im Vergleich zur vorsichtigen Spinne fast rücksichtslos wirken. Killerwale haben kein Problem damit, im Mittelpunkt der Aufmerksamkeit zu stehen.

Backlog	Priorität		In Arbeit		Erledigt
Lässt die Anwender eines der coolen Dinge tun Feature Jira-Schlüssel: HUE-76 Verantwortlich: Felicia McCrossin Priorität (1-5): 1	**Lässt die Anwender eines der coolen Dinge tun** Feature Jira-Schlüssel: HUE-74 Verantwortlich: Jamie Hoang Priorität (1-5): 3	**Anwender versucht, dies zu tun, und es klappt nicht** Fehler Jira-Schlüssel: PALETTE-37 Verantwortlich: Aaron Yoshitake Priorität (1-5): 3	**Lässt die Anwender eines der coolen Dinge tun** Feature Jira-Schlüssel: PALETTE-36 Verantwortlich: Felicia McCrossin Beginn: 18.12.2019 Datum: Priorität (1-5): 4	**Lässt die Anwender eines der coolen Dinge tun** Feature Jira-Schlüssel: HUE-73 Verantwortlich: Jamie Hoang Beginn: 19.12.2019 Datum: Priorität (1-5): 4	**Anwender versucht, dies zu tun, und es klappt nicht** Fehler Jira-Schlüssel: HUE-70 Verantwortlich: Aaron Yoshitake Beginn: 12.12.2019 Datum: Priorität (1-5): 4
Anwender versucht, dies zu tun, und es klappt nicht Fehler Jira-Schlüssel: HUE-75 Verantwortlich: Bobby Nakano Priorität (1-5): 1	**Anwender versucht, dies zu tun, und es klappt nicht** Fehler Jira-Schlüssel: PALETTE-38 Verantwortlich: Lisa Osepyan Priorität (1-5): 4	**Lässt die Anwender eines der coolen Dinge tun** Feature Jira-Schlüssel: PALETTE-39 Verantwortlich: Katie McElhenney Priorität (1-5): 3	**Lässt die Anwender eines der coolen Dinge tun** Feature Jira-Schlüssel: PALETTE-34 Verantwortlich: Ryan Tanaka Beginn: 15.12.2019 Datum: Priorität (1-5): 3	**Anwender versucht, dies zu tun, und es klappt nicht** Fehler Jira-Schlüssel: HUE-72 Verantwortlich: Mark Glenn Beginn: 19.12.2019 Datum: Priorität (1-5): 4	**Anwender versucht, dies zu tun, und es klappt nicht** Fehler Jira-Schlüssel: PALETTE-33 Verantwortlich: Bobby Nakano Beginn: 12.09.2019 Datum: Priorität (1-5): 3
Lässt die Anwender eines der coolen Dinge tun Feature Jira-Schlüssel: PALETTE-40 Verantwortlich: Ryan Tanaka Priorität (1-5): 1			**Beschreibung erlaubt bestimmte Unicode-Zeichenketten nicht** Fehler Jira-Schlüssel: PALETTE-35 Verantwortlich: Lisa Osepyan Beginn: 15.12.2019 Datum: Priorität (1-5): 4	**Lässt die Anwender eines der coolen Dinge tun** Feature Jira-Schlüssel: HUE-71 Verantwortlich: Alisa Zheng Beginn: 18.12.2019 Datum: Priorität (1-5): 3	**Anwender versucht, dies zu tun, und es klappt nicht** Fehler Jira-Schlüssel: PALETTE-32 Verantwortlich: Felicia McCrossin Beginn: 12.09.2019 Datum: Priorität (1-5): 3

Abbildung 11.2 Kanban-Board

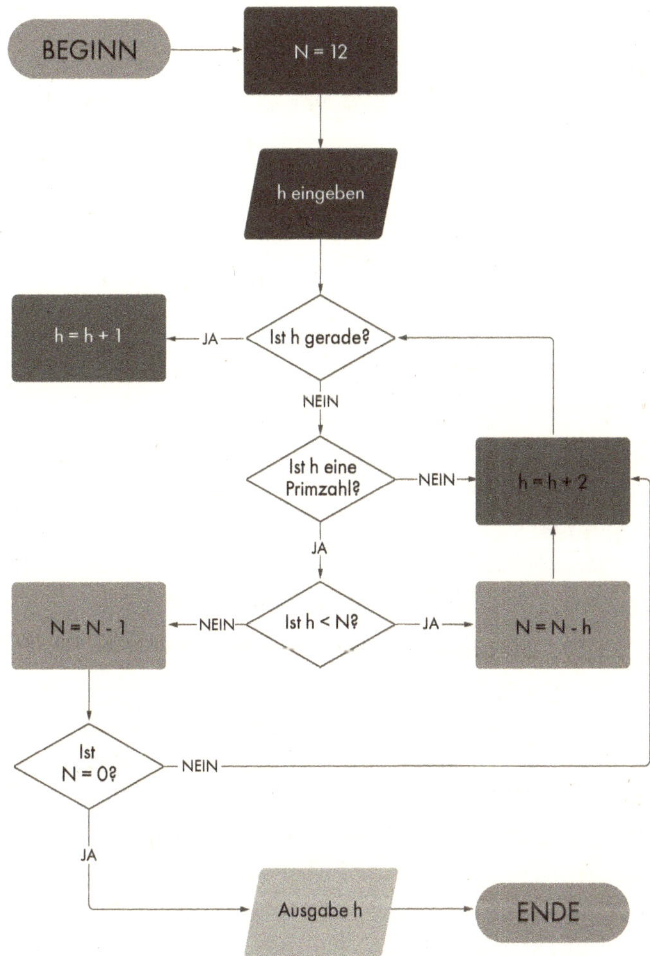

Abbildung 11.3 Algorithmisches Flussdiagramm

Spinnen ziehen es vor, im Verborgenen zu arbeiten. Ihre Planungsmethode basiert weniger auf dem Agieren als auf dem Reagieren, und die Geduld der Spinnen wird häufig als Unfähigkeit zum Handeln missverstanden. Sie sind von allen Typen am detailorientiertesten (noch stärker als die anspruchsvollen Biber), und diese Eigenschaft kann sich auch in Gesprächen bemerkbar machen. Spinnen sind so vernarrt in die Details eines bestimmten Themas oder einer Geschichte, dass sie den Zuhörer mit ihnen überhäufen. Diese Details sind für die Spinne von größter

Bedeutung, also sollten sie es natürlich auch für den Zuhörer sein. Killerwale sind beim Sprechen direkter und sprechen nur über die Details, die für ihre Zuhörer relevant sind – ein weiterer Grund, warum sie gute Führungskräfte sind. Glaub mir, du wirst es gut finden, wenn eine Spinne dein Meeting plant, aber du willst nicht wirklich, dass sie es leitet. Ebenso ist es toll, wenn eine Spinne deinen Plan entwirft, ihn aber vielleicht nicht ausführt.

Killerwale wirken dominierend, aber das sollte nicht automatisch als negative Eigenschaft verstanden werden. Sie haben lediglich kein Problem damit, ihr intellektuelles Gewicht in die Waagschale zu werfen. Killerwale sind der Meinung, dass eine starke, direkte Herangehensweise der effektivste und effizienteste Weg ist (weshalb die Leute in der Regel auf ihre Mischung aus Selbstvertrauen und Fachwissen vertrauen), um das zu bekommen, was sie wollen (warum sollte man Zeit mit Höflichkeit verschwenden oder um den heißen Brei herumreden?). Spinnen kommen als berechnende Roboter rüber – auch das ist nicht automatisch negativ – wie zum Beispiel die Direktorin meines Bildungsunternehmens (eine Spinne), die sich einen Roboterkörper wünschte, um all die lästigen körperlichen Aspekte des Menschseins hinter sich zu lassen. Im Ernst, sie hat sich immer aufgeregt, wenn sie zu Mittag essen oder auf die Toilette gehen musste, weil das ihre Arbeit unterbrochen hat. Dank ihrer meisterhaften Eventualitätenplanung sind Spinnen unglaublich selbstbewusst in ihrer Fähigkeit, eine Situation zu kontrollieren, aber wie wir anderen auch können sie ihren Körper nicht immer kontrollieren: seine Schwächen, seine Bedürfnisse, seine Triebe. Wie Nietzsche ([1886] 1998) einmal schrieb: »Der Unterleib ist der Grund dafür, warum der Mensch sich nicht so leicht für einen Gott hält.«

Obwohl Schmiede im Allgemeinen dafür bekannt sind, kalt zu wirken, wirken Spinnen am kältesten. Das hat aber nichts damit zu tun, was sie tatsächlich fühlen, denn sie können genauso warm und leidenschaftlich sein wie jeder andere Typ. Aber sie müssen erst darüber nachdenken, und das ist normalerweise der Prozess, den der Durchschnittsmensch als kühles Kalkül interpretiert. Ein Beispiel dafür ist der Pate Michael Corleone (natürlich auch eine Spinne), der in einer kühlen Art »die Bosse der anderen Familien ermorden und den eigenen Bruder töten« lässt. Killerwale können manchmal eine Ausnahme von der eiskalten Schmied-Regel bilden, da sie durch ihre Unverblümtheit ab und an heiß werden. Sie sind der Macbeth für die Spinne Lady Macbeth. In *House of Cards* ist Frank Underwood (dürfen wir Kevin Spacey überhaupt noch so nennen?) der Killerwal, eine Spinne

Claire Underwood. Tywin Lennister ist ein Killerwal, eine Spinne ist Petyr Baelish (auch bekannt als Kleinfinger, eine weitere Anspielung auf *Game of Thrones*, eine Fernsehserie, die man unbedingt für die Persönlichkeitstypisierung sehen muss). Solltest du jemals mit einem der beiden Schmiede in Konflikt geraten, denk daran: Killerwale erstechen dich von vorne, Spinnen erstechen dich von hinten.

Schimpansen kontra Eulen

Neuheit ist ein Wort, das wahrscheinlich nicht so viel Anerkennung bekommt, wie es sollte. Vielleicht liegt das daran, dass es mit etwas Belanglosem, Vergänglichem und Leichtgewichtigem gleichgesetzt wird. Aber für Schimpansen und Eulen sind es genau diese Eigenschaften, die die Neuheit so wichtig machen. Dinge, die von Natur aus unbedeutend sind, brauchen sich nicht um die Last der Erwartungen zu kümmern. Ebenso ist das, was vergänglich ist, nicht durch unveränderliche (und, ich wage es zu sagen, fortschrittslose) Beständigkeit eingeschränkt. Und warum sollte jemand nicht leicht wie Luft sein wollen, frei von der Last der eigenen Wichtigkeit? Ideen brauchen Freiheit, wenn sie fliegen sollen. Letztendlich ist es genau das, was neugierige Schmiede wollen: Freiheit. Schimpansen wollen die Freiheit, coole Sachen zu erfinden. Eulen wollen die Freiheit, sich coole Konzepte auszudenken. Und das ist es, was die beiden voneinander unterscheidet.

Wie bei allen Schmieden ist das Sammeln von Informationen die wichtigste Priorität. Während sich Killerwale und Spinnen jedoch darin unterscheiden, wie sie die Informationen anwenden, unterscheiden sich Schimpansen und Eulen darin, wie sie die Informationen verarbeiten. Schimpansen verstehen die Welt durch Experimente. Sie entwickeln ihre Theorien, indem sie sie (mit viel Respekt vor der wissenschaftlichen Methode) anhand von Modellen oder Experimenten testen. Je nach Erfolg oder Misserfolg des Tests passen sie ihre Theorien an, indem sie entweder ein neues, verbessertes Modell entwickeln oder die Parameter des Experiments verändern; man denke nur an Elon Musk oder Benjamin Franklin. Im Gegensatz dazu verstehen Eulen die Welt durch Beobachtung. Sie katalogisieren einen Informationsstrang, dann einen anderen und dann noch einen, bis sie schließlich genügend Stränge haben, aus denen sie ein komplexes Konzept zusammensetzen können; hier denke man an Einstein, Newton oder Thomas

Jefferson. Deshalb sind Eulen am besten in der Lage, eine komplizierte Idee in wenige Worte zu fassen. Schimpansen hingegen können dieselbe komplizierte Idee in einem unterhaltsamen und kontextgerechten Stil präsentieren.

Dieser methodische Gegensatz lässt sich auf dem Campus von Universitäten auf der ganzen Welt gut beobachten; es ist der Unterschied zwischen Experimentalphysik und theoretischer Physik. Für alle, die *The Big Bang Theory* gesehen haben, ist das im Grunde wie die intellektuelle Rivalität zwischen Leonard (Schimpanse) und Sheldon (Eule). Während Ersterer fortschrittliche Werkzeuge verwendet, um bestimmte physikalische Phänomene zu testen, nutzt Letzterer mathematische Konzepte, um die unsichtbaren Beziehungen zwischen Materie und Energie zu untersuchen. Diese Unterschiede gibt es auch in der Technologiebranche, auch wenn es in diesem Fall eher um Hardware (Schimpanse) und Software (Eule) geht.

Zugegeben, die große Mehrheit der Schimpansen und Eulen hat nichts mit Naturwissenschaften oder Technik zu tun. Die neuheitsliebenden Schmiede weisen jedoch leicht zu beobachtende Unterschiede auf, die in der Regel immer noch mit dem Gegensatz zwischen Experimentieren und Beobachten zusammenhängen. Nehmen wir zum Beispiel soziale Situationen. In Gesprächen können Schimpansen die Aggressoren sein, wenn auch nicht so direkt wie ihre Schmied-Verwandten, die Killerwale. Aufgrund ihres experimentellen Charakters agieren Schimpansen eher spielerisch und sind mehr darauf bedacht, Informationen herauszufinden, als sich zu äußern. Sie lieben es, Menschen mit Witzen und sarkastischen Kommentaren zu testen, um eine Reaktion hervorzurufen (hat jemand das Cold Reading erwähnt?). Eulen sind da viel zurückhaltender. Sie können sich in eine Ecke setzen und stundenlang eine soziale Situation beobachten. Sie bevorzugen diesen entfernten Sitzplatz, weil sie so unnötige Ablenkungen vermeiden können, die eine tatsächliche Interaktion mit sich bringen könnte.

Schimpansen wirken oft wie die coolen Nerds. Sie schätzen die scheinbar zufällige Natur ihrer Hobbys; sie könnten auf der Comic-Con cosplayen, *Magic: The Gathering* spielen oder auf einer Party als DJ auftreten, und dieses Selbstvertrauen, gepaart mit ihrer hochmütigen Missachtung der Meinung anderer, trägt dazu bei, dass sie als cool gelten. Eulen wirken dagegen eher distanziert. Auch sie haben viele Interessen, aber die behalten sie lieber für sich. Es ist nicht so, dass Eulen Angst vor Menschen haben. Um ehrlich zu sein, finden sie Menschen manchmal etwas langweilig. Deshalb ist es nicht ungewöhnlich, dass sie in Gesprächen immer wieder abschalten, weil sie sich in die Ruhe ihrer eigenen Gedanken zurückziehen.

Um ein perfektes Schimpansen-Eulen-Paar zu finden, müssen wir uns nur die Freundschaft zwischen Tony Stark (Schimpanse) und Bruce Banner (Eule) ansehen, die man vielleicht besser als Iron Man und den Hulk kennt. Stark ist großspurig, charismatisch und immer für einen Scherz zu haben. Banner ist zurückhaltend, nachdenklich und hält sich von den meisten Menschen lieber fern. Doch so deutlich ihre Unterschiede auch sind, ihre Gemeinsamkeiten geben uns noch mehr Klarheit und Einblicke in das, was diese beiden Typen ausmacht – und in diesem Fall verbindet. Bei ihrem ersten Treffen bei den Avengers diskutieren die beiden über thermonukleare Physik, eine Diskussion, die die anderen Avengers (keine Schmiede) selbst dann nicht verstehen würden, wenn man sie ihnen wie im Kindergarten buchstabieren würde. Aber für Schimpansen und Eulen ist es ein Gespräch wie auf Crack. Die Worte kommen schneller, als der Verstand sie ordnen kann. Die beiden neuheitsliebenden Schmiede verstehen sich gegenseitig (Stark ruft sogar aus: »Endlich jemand, der Englisch spricht!«). Im Labor (einem Ort der Anbetung für Schimpansen und Eulen) ermutigt Stark Banner, den Stark Tower zu besuchen, und beschreibt die »obersten zehn Stockwerke, alle Forschung und Entwicklung« als Candyland (Whedon, 2012). Wenn ein Labor ihr Tempel ist, dann ist Forschung und Entwicklung ihr Glaubensbekenntnis, geschrieben in einer unsichtbaren Sprache, die nur sie vollständig visualisieren und schätzen können.

KAPITEL 12

DU BIST DER TEST

Die letzten Seiten rekapitulieren

Vollständige Offenlegung: Ich habe einen Persönlichkeitstest für die Website des Youtopia-Projekts entwickelt. Ich habe nichts gegen Online-Persönlichkeitstests und ich bin stolz auf die Arbeit und die Überlegungen, die in das Design eingeflossen sind. Aber kein Test kann deine Intuition ersetzen, weil es nun einmal die menschliche Wahrnehmung ist, die diese gewisse Nuance und das Gefühl für den Menschen ausmacht.

Es ist ein bisschen so, als würde man sich die ersten sechs *Star-Wars*-Filme ansehen und feststellen, wie viel realistischer Yoda in der Original-Trilogie ist. Ungeachtet der technisch fortschrittlicheren CGI (Computer Generated Imagery), die verwendet wurde, um einen »vollständigeren« Yoda in den Prequels darzustellen, wirkt der ursprüngliche Yoda mit Frank Oz als Puppenspieler immer realer, lebendiger, mehr wie eine echte Person, die auf den Moment reagiert.

Deshalb ist es lächerlich – was ich im Vorwort (und wahrscheinlich schon tausendmal seitdem) erwähnt habe –, so viel Wert auf Persönlichkeitstests zu legen, ganz egal, wie »offiziell« sie sind. Ihre Fragen berücksichtigen nicht den Kontext. Sie passen sich nicht an den Testteilnehmer an. Sie reagieren nicht auf den Moment, und das sollte man auch nicht von ihnen erwarten. Es sind einfach nur Wörter, die auf eine nicht besonders ansprechende oder originelle Weise angeordnet sind. Und der Gedanke, dass die meisten Menschen, die ihren Persönlichkeitstyp bestimmen, einen so großen Teil ihrer Selbsterkenntnis und ihres Selbstbewusstseins auf die Ergebnisse eines Fragebogens stützen, der im Grunde genommen eine Schablone ist, macht einen sprachlos. Das ist so, als würde man einen dieser »Zu welchem Hogwarts-Haus gehörst du?«-Tests machen und sein ganzes Leben nach dem Ergebnis ausrichten. Ich meine, sollten sich die Mitglieder von Hufflepuff jetzt einfach umbringen? Und Gott bewahre, wenn du zu Gryffindor zugewiesen wurdest und jemand versucht, dir etwas anderes zu sagen. Das sind Kampfansagen.

Besonders gern erlebe ich es, wenn mir Leute sagen, dass der Youtopia-16-Test (der Test auf meiner Website, dem Youtopia-Projekt) fehlerhaft ist, weil seine Ergebnisse nicht mit denen anderer Tests übereinstimmen. Oder wenn Leute mir sagen, wie toll mein Test ist, weil die Ergebnisse übereinstimmen. Als ob die Genauigkeit eines Tests an den Ergebnissen früherer Tests gemessen werden sollte, vor allem, wenn diese Tests auf einer Methode basieren, die mehr als 100 Jahre alt ist. Ich kann mir vorstellen, dass dieselben Leute gegen die Krebsdiagnose ihres Onkologen argumentieren, weil sie selbst recherchiert haben und in einem Apothekerhandbuch aus dem 16. Jahrhundert gelesen haben, dass ihre Symptome auf ein Ungleichgewicht der gelben Galle zurückzuführen sind. Natürlich behaupte ich nicht, dass mein Test auch nur annähernd wissenschaftlich ist. Er ist so fehlerhaft wie alle Persönlichkeitstests: Er ist statisch und unpersönlich. Deshalb habe ich ja dieses Buch geschrieben. Damit du – ja, du – der Test werden kannst. Um dir einen Kontext zu bieten, Nuancen zu erklären und dir einen persönlichen Einblick in Ideen zu geben, die so oft als Checklisten (die noch schlimmer als Tests sind) und Stereotypen vereinfacht werden und über Memes und »Experten«-Ratschläge im Cyberspace verbreitet werden.

Ich weiß allerdings auch, dass mein Schreibstil mit seinen langen Sätzen und ausschweifenden Nebenbemerkungen [in den Worten von EPMD (1987): »Das ist mein Ding«] nicht unbedingt die erste Wahl für alle Freunde der Persönlichkeitstypisierung ist, weil er nicht benutzerfreundlich ist. Weil man mir gesagt hat, dass die Leute Bilder lieben, und ungeachtet der Grobheit des Konzepts, habe ich Abbildung 12.1 als eine Art Kurzfassung und Schaubild des Typisierungsprozesses hinzugefügt – ein Bild sagt mehr als 30 000 Worte.

Abbildung 12.1 Schaubild der Persönlichkeitstypen

Eingabe – Modell – Kontrolle

Wie du siehst, ist Abbildung 12.1 ein leicht zu verstehendes Flussdiagramm. Beantworte die Fragen und folge dann dem Pfad, der sich aus deinen Antworten ergibt. So einfach es auch sein mag, ich wäre nachlässig, wenn ich es nicht zuerst demonstrieren würde. Alte Gewohnheiten lassen sich nur schwer ablegen, und in 20 Jahren als Lehrer und zehn Jahren als Inhaber eines Bildungsunternehmens habe ich mir die altbewährte Madeline-Hunter-Methode Eingabe – Modell – Kontrolle angewöhnt. Jetzt, da du den Input bekommen hast (fast 70 000 Wörter), ist es an der Zeit, dass ich dir den Prozess der Persönlichkeitstypisierung vorstelle.

Der erste Schritt, um die Persönlichkeitstypisierung zu beherrschen, ist das Üben an fiktiven Charakteren. Ihre Hintergrundgeschichte und ihre Persönlichkeitsmerkmale sind für jeden mit Internetanschluss leicht zugänglich; die Autoren, die sie erfunden haben, haben meist versucht, einen abgerundeten Charakter zu zeichnen; und es ist ja nicht so, dass Carrie Bradshaw dir einen Cosmopolitan ins Gesicht schüttet, wenn du zu viele aufdringliche Fragen stellst. Anhand von Abbildung 12.1 typisieren wir vier bekannte Charaktere (wenn du nicht mindestens einen dieser vier kennst, hast du entweder deine Streaming-Dienste sträflich vernachlässigt oder noch nie in deinem Leben Netflix geschaut):

- Wonder Woman
- James Bond
- Luke Skywalker
- Hermine Granger

Wonder Woman

Für diese Übung verwenden wir die Version der Figur von Gal Gadot und Patty Jenkins (Wonder Woman 1984), da die Interpretationen und Hintergrundgeschichten variieren.

1. **Wonach suchst du im Leben am meisten?** Da Wonder Woman eine Superheldin ist, liegt es auf der Hand, dass Sicherheit, vor allem die Sicherheit

anderer, ihre oberste Priorität ist. Es ist wichtig zu wissen, dass viele Superhelden andere grundlegende Werte haben, wie bereits in diesem Buch beschrieben wurde. Aber in diesem Fall gibt es keinen Grund, zu viel darüber nachzudenken. Schließlich ist sie eine Amazone – ein Volk von Frauen, das jahrhundertelang in der Sicherheit ihrer isolierten Inselheimat gedieh.

2. **Was ist wichtiger: Pflicht oder Familie?** Sie ist eine Amazonenkriegerin, die sich einem Gerechtigkeitskodex verschrieben hat. Sie verlässt den Rest ihres Stammes (also ihre Familie), weil sie glaubt, dass es ihre Pflicht ist, ihre Kräfte zum Schutz der Welt einzusetzen. Die Pflicht siegt.
3. **Was brauchst du eher für die Ordnung:** Befehlskette oder Regeln? Sie respektiert ihre Ältesten, vor allem ihre Mutter, Königin Hippolyta, und ihre Tante Antiope, von der sie ihre Ausbildung zur Kriegerin erhielt. Außerdem ist ihr offizieller Titel Prinzessin Diana von Themyscira, also ja, Erbfolge und offizielle Autoritätsstrukturen sind ein wichtiger Teil ihres Lebens.

Fazit: Wonder Woman ist ein Hirsch.

James Bond

Für diese Übung verwenden wir die Version der Figur von Sean Connery, da es unterschiedliche Interpretationen gibt.

1. **Wonach suchst du im Leben am meisten?** Weltenbummler und Superspion, mit einer Vorliebe für schnelle Autos und schöne Frauen (oder schnelle Frauen und schöne Autos). Spannung und Erregung ist sein Ding, ganz klar.
2. **Was ist aufregender:** ein Adrenalinschub oder sinnliches Vergnügen? Ich habe zwar gerade geschrieben, dass er Sportwagen und Frauen liebt, aber in der Regel zerstört er am Ende das eine und lässt das andere hinter sich (die beiden Begriffe sind bei Bond situativ austauschbar), damit er den großen Bösewicht in einem todesverachtenden Szenario verfolgen kann; das Adrenalin der Verfolgungsjagd ist es, was Bond antreibt.

3. **Wenn du ein Ziel treffen musst ...** Um sein Ziel zu erreichen, feuert Bond mehrere Schüsse auf verschiedene Arten ab. Ob Verführung, Sprüche, von Q hergestellte Gadgets wie raketenbetriebene Zigaretten oder seine Walter PPK, Bond versucht – und versucht es immer wieder – mit allen Mitteln, die ihm zur Verfügung stehen, sein Ziel zu erreichen.

Fazit: James Bond ist ein Fuchs.

Luke Skywalker

Für diese Übung wollen wir jede Erinnerung daran auslöschen, wie Luke in der Fortsetzungstrilogie (den letzten drei *Star-Wars*-Filmen) dargestellt wurde, denn sie waren einfach nur schlecht.

1. **Wonach suchst du im Leben am meisten?** Es ist hilfreich, wenn eine Figur eine geheimnisvolle Herkunft hat (danke, Joseph Campbell), denn alles, was Luke tut, dreht sich um die Erforschung seiner eigenen Identität. Zuerst trainiert er die Macht, um so zu sein wie sein Vater, den er nie kennengelernt hat, und später beherrscht er sie, damit er seinen Vater retten kann.
2. **Höherer Wert: Menschen oder Prinzipien?** Luke beschließt, seine Freunde zu verlassen, um seinen Vater zu retten. So kompliziert es klingt, aber Luke entscheidet sich für das Prinzip (die Idee, dass sein Vater erlöst werden kann und Luke derjenige ist, der ihn erlöst) und nicht für die Menschen (Han und Leia hätten seine Hilfe gut gebrauchen können).
3. **Die ideale Rolle in der Revolution: die Stimme oder die Seele?** Es sind nicht Lukes Worte, die zur Erlösung von Darth Vader führen. Es ist seine beinahe Hinrichtung durch die Hand des Imperators. Lukes Martyrium dringt bis in die tiefsten Tiefen von Vaders Seele vor und hilft ihm, seine eigene Menschlichkeit wiederzuentdecken.

Fazit: Luke Skywalker ist ein Buckelwal.

Hermine Granger

Für diese Übung verwenden wir sowohl die Buch- als auch die Filmversion, da die Figur fast genauso dargestellt wird (hast du wirklich geglaubt, dass sie Emma Watson Hasenzähne verpassen?). Außerdem vergessen wir (ich natürlich auch), dass ich bereits Hermines Typ verraten habe, als ich sie weiter vorne in diesem Buch als Beispiel verwendet habe.

1. **Wonach suchst du im Leben am meisten?** Diese Aufgabe kannst du praktisch mit geschlossenen Augen lösen – na ja, nicht praktisch, weil du dann das Schaubild nicht sehen kannst, aber du verstehst schon. Hermines Lieblingsort in Hogwarts ist die Bibliothek. Bibliotheken sind Quellen der Information. Meistens ergibt zwei und zwei wirklich vier.
2. **Warum: Weil es nützlich ist oder weil es Spaß macht?** Die Bibliothek ist auch Hermines Anlaufstelle, wenn sie eine Lösung für ein Problem finden muss. Sie ist eine fleißige Schülerin, die die Schule weniger als Ort des Lernens, sondern mehr als Mittel zum Zweck betrachtet, um ihre Ziele zu erreichen. Wenn es um Informationen geht, ist sie so pragmatisch wie nur möglich.
3. **Welcher Planungsstil?** Im Laufe der Serie sehen wir, wie Hermine mehrere Pläne schmiedet, bei denen meist mehrere Teile – und der Vielsafttrank – zusammenwirken, um ein bestimmtes Ziel zu erreichen. Sie ist eine Meisterin der Simultanplanung.

Fazit: Hermine Granger ist ein Killerwal.

Übung macht den Meister

Es ist Zeit für den Prüfungsteil von Eingabe – Modell – Kontrolle. Ein Scherz! Es ist ja nicht so, dass ich wie ein modernes Pop-up-Buch aus diesen Seiten springe, um deine Arbeit zu überprüfen. Nun, da du ein besseres Gefühl für den Typisierungsprozess hast, übe an einer anderen fiktiven Figur. Wenn du dich dann sicher fühlst, kannst du versuchen, eine echte Person zu typisieren. Wenn du den Dreh raushast, probiere es an dir selbst aus. Davor solltest du die folgenden Ratschläge lesen.

Das Schaubild ist nicht alles

Ich habe nicht ein ganzes Buch voller brillanter Erkenntnisse über das Typisieren, zufälliger persönlicher Anekdoten und strapaziöser Analogien geschrieben, damit du diese zwölf Kapitel (vor allem das lange) wie ein Schulmädchen aus den 1970er-Jahren mit dem Springseil überspringst und sie durch ein Schaubild ersetzt, das ich in zwölf Minuten entworfen habe. Denk daran, das Flussdiagramm ist wie Virgil in Dantes *Inferno*. Es kann dich in die Hölle führen, aber das Lesen der vorangegangenen Kapitel ist der einzige Weg, um auf der anderen Seite wieder herauszukommen.

Sich selbst zu typisieren, kann trügerisch sein

Wenn du nicht gerade aus einer Sekte gerettet wurdest, kennst du dich wahrscheinlich schon dein ganzes Leben lang, und manchmal kann diese Überfülle an Informationen zu einer Art »Wo ist Walter«-Fülle an persönlichen Daten führen, in der sich entscheidende Eigenschaften unter bunten, aber irrelevanten Details verstecken. Außerdem ist es schwer zu verstehen, wie wir wirklich nach außen wirken, weil unsere Perspektive immer in unserem eigenen Kopf stattfindet, oft buchstäblich – so wie du denkst, dass deine Stimme klingt, weil du sie aus deinem Kopf heraus hörst, und dann hörst du eine Aufnahme von dir und denkst: »Was ist mit dem Bass passiert? Warum klinge ich nicht mehr wie der Typ von Boyz II Men?« Kein Grund zur Sorge. Es gibt zwei Möglichkeiten:

1. So unangenehm das auch klingt, schau dir Videos von dir an, am besten aus deiner Kindheit. Ich habe meinen eigenen Typisierungsfehler korrigiert, indem ich mir alte Videos angeschaut habe. Du weißt dann, dass dein fünfjähriges Ich viel geredet hat, wenn du ständig den Fernsehbildschirm anschreist, dass es die Klappe halten soll.
2. Ruf einen Freund oder eine Freundin an, der/die das Buch gelesen hat (natürlich sein/ihr eigenes, gekauftes Exemplar), und bitte ihn/sie, dich zu typisieren. Du wirst oft feststellen, dass ihre Beobachtungen und Einblicke in deine Persönlichkeit auffälliger und zielgerichteter sind als deine eigenen.

Die Ausnahme ist nicht die Regel

Das erinnert mich immer an ein wöchentliches Basketballspiel, an dem ich früher teilgenommen habe. Da gab es einen Typen, der sich Mountain Joe nannte, weil er so stark wie ein Holzfäller war. Er war stark, aber vor allem spielte er clever, besonders in der Verteidigung. In einem Spiel hat er mich bewacht: Ich täuschte ihn an der Drei-Punkte-Linie an, brachte ihn dazu, aus den Schuhen zu springen (ich hatte im vorherigen Spiel einen Dreier getroffen), und lief dann zum Korb, um einen Layup zu machen. Vier lautstarke Schimpfwörter später schimpfte er mit sich selbst: »Ein Dreier macht Eric noch nicht zum Dreipunktwerfer.« Er wusste, dass ich normalerweise keine Dreier werfe (ich treffe lieber wenigstens den Rand) und dass der Wurf im letzten Spiel eher eine Anomalie war. Mit der Persönlichkeitstypisierung verhält es sich genauso. Ein Einzelfall macht noch keinen Menschen. Pass auf, dass du nicht überrumpelt wirst.

Nicht projizieren

Das Einzige, was noch schlimmer ist, als Ausnahmen zur Regel zu machen, ist, sie überhaupt erst zu suchen, damit du deine Wahrnehmung der Persönlichkeit einer Person rechtfertigen kannst. Die Menschen tun das ständig, besonders wenn es um romantische und elterliche Beziehungen geht. Sie wünschen sich so sehr, dass ihr Partner perfekt zu ihnen passt oder dass ihr Kind ein absolutes Musterkind ist, dass sie Charaktereigenschaften auf sie projizieren, die entweder flüchtig oder gar nicht vorhanden sind. Oftmals ist das Auftreten dieser Eigenschaften ein Versuch des Partners oder des Kindes, ihnen zu gefallen. Und obwohl Verhaltensänderung und Projektion ein guter Weg sind, um vorübergehend zu bekommen, was wir wollen, ist der langfristige Effekt immer schädlich. Hüte dich vor der Floskel: »Er/Sie ist anders, wenn wir nur zu zweit sind.« Das ist der Todesstoß. Vorzugeben, etwas zu sein, was man nicht ist, ist schlecht; vorzugeben, dass jemand etwas ist, was er nicht ist, ist noch schlimmer. Am Ende gewinnt die Wahrheit und ihr verliert beide.

KAPITEL 13

ABWEICHENDE ROLLEN

Nicht aus diesem Chloé-Zhao-Film

Ich schätze, dass ich zu einer kleinen Minderheit gehöre (abgesehen davon, dass ich tatsächlich eine Minderheit bin, was keine Vermutung ist), die *Eternals* wirklich mochte, Chloé Zhaos (2021) mit Spannung erwarteten und hochgelobten Ausflug in das Marvel Cinematic Universe (MCU) nach *Nomadland*. Der Film war ehrgeizig und visuell atemberaubend, und die Darstellung der Hauptdarstellerin Sersi als verletzlich, einfühlsam, aber nicht weniger heldenhaft (sie ist eher Margaret Mead als John McClane) war einzigartig für einen Tentpole-Blockbuster. Doch wie Rotten Tomatoes bestätigen würde, war der Film nicht perfekt. Mein größter Kritikpunkt? Ich fand die Verwendung des Begriffs *Abweichler* für die vermeintlichen Antagonisten (die Deviants) des Films – Spoiler-Alarm – ein bisschen irreführend.

Wenn ich das Wort *Abweichler* höre, denke ich an Wörter wie *abartig*, *andersartig* und *anormal*. Das liegt wahrscheinlich daran, dass ich mir eben die englischsprachige Definition von *Deviant*, also *Abweichler* angeschaut habe, die ich bei Google gefunden habe, und die oben genannten Wörter sind einige der Synonyme, die dort genannt werden. Nirgendwo steht etwas von schleimigen, tentakeligen Monstern, die nur grunzen oder knurren können und trotz ihrer himmlischen Abstammung mehr oder weniger die Rolle der Velociraptoren aus Jurassic Park übernehmen, wenn auch mit weniger Persönlichkeit. Man sollte meinen, dass gentechnisch hergestellte unsterbliche Wesen aus dem Weltall transzendenter sind.

Das Hauptproblem, das ich mit den Abweichlern habe, ist, dass sie als externe Bedrohung gesehen werden. Sicher, sie leben schon länger auf der Erde als die Eternals, aber da die Eternals aus Gemma Chan, Kumail Nanjiani und Brian Tyree Henry bestehen und die Abweichler im Grunde genommen Hunde mit Superkräften sind, erkennen wir uns in den Eternals wieder und sehen die Abweichler als extraterrestrische, existenzielle Bedrohung. Und das deckt sich mit den gängigen, vereinfachten Ansichten über Persönlichkeitstypen. Wir akzeptieren bereitwillig unsere Tugenden als einen Teil von uns und verdrängen unsere Schwächen als abartig, abweichend, anormal und letztlich außerhalb unseres normalen Selbst. Leider wird dabei eine wichtige Tatsache außer Acht gelassen: Jeder Persönlichkeitstyp bringt bestimmte Stärken und Schwächen mit sich, und diese Eigenschaften stehen nicht im Krieg miteinander. Sie werden sich nicht gegenseitig in Stücke reißen – Spoiler-Alarm –, wie Angelina Jolie es mit dem unheimlichen Abweichler auf dem Höhepunkt des Films getan hat. Du kannst Gegensätze haben, ohne gegensätzlich zu sein. Die Fähigkeit zu unglaublichem Organisationstalent steht nicht im Widerspruch zu einem Hang zu unbeugsamer Unnachgiebigkeit; sie nährt sich davon.

Wenn man das reinste Ideal eines jeden Persönlichkeitstyps nimmt und es dann verdreht, bis es nichts weiter ist als eine knorrige Monstrosität menschlichen Pathos, dann ist das eine abweichende Rolle. Und diese Abweichung als wesentlichen Teil unseres Wesens zu akzeptieren, ist wichtig, um zu verstehen, wer wir werden sollen. Um unsere Stärken und Schwächen ins Gleichgewicht zu bringen, müssen wir nicht nur anerkennen, dass es sie gibt (was normalerweise kein Problem ist, wenn es um unsere Stärken geht), sondern auch, dass sie nebeneinander bestehen müssen. Jekyll kann Hyde nicht töten. Wenn er das täte, würde sein wahres Ich aufhören zu existieren. Egal, ob du dich mit Robert Louis Stevenson, der Hegelschen Dialektik, Platons Formenlehre oder dem Tao beschäftigst, die Idee der Dualität, dass unsere Welt die Synthese zweier entgegengesetzter Kräfte ist, ist allgegenwärtig. Wir sehen sie in den Protonen und Elektronen eines Atoms. Wir sehen sie in den Einsen und Nullen des Binärcodes. Wir sehen sie in der Beziehung zwischen Gut und Böse, Leben und Tod, Licht und Dunkelheit, und wenn »wir uns an die Dunkelheit gewöhnen, wenn das Licht verschwindet«, wird uns auch klar, dass wir, egal, wer wir sind, ob

Kernphysiker, Software-Ingenieur oder Emily Dickinson selbst, sowohl Herr als auch Diener unserer dualen Natur sind (Dickinson, [1862] 1935). Und macht es nicht sowieso mehr Spaß, den Black Swan zu spielen?

Bei den Sammlern: Die Deindividualisierer

Im Folgenden findest du die abweichenden Rollen der Sammler. Ihr Wunsch nach Sicherheit wird im Grunde von Angst angetrieben, und die Struktur und Ordnung, die sie so verzweifelt suchen, kann in Konformismus und Autoritarismus umschlagen.

Der Faschist (auch bekannt als der Hirsch)

Du bist nicht perfekt und die Welt ist es auch nicht, aber wenn du das Sagen hättest, wäre der Planet ein bisschen mehr wie Nadia Comăneci und weniger wie eine Gesellschaft, die von einem bunten Haufen von Schwachköpfen, Lüstlingen und Schwächlingen geführt wird. Natürlich akzeptierst du, dass du aufgrund deiner Unvollkommenheit Grenzen hast. Eine deiner größten Schwächen, die du dir ständig – und in aller Bescheidenheit – eingestehst, ist deine mangelnde Geduld mit Menschen, die zu dumm sind, um zu erkennen, dass du dich nie irrst. Es ist nur logisch, dass sie dich hassen. Große Macht bringt großen Neid mit sich. Was soll's. Du bist hier, um zu führen, nicht, um dir Freunde zu machen. Wen kümmert es, wenn dich alle für herrisch halten? Solange sie darauf achten, dich mit »Chef« anzusprechen.

Der Flurwächter (auch bekannt als der Biber)

Ja, wir wissen, dass das englische *farther*, also *weiter*, sich auf eine konkrete Entfernung bezieht, und *further*, was auch *weiter* heißt, auf eine bildliche. Wir wissen auch, dass wir nicht wirklich jedes Mal 500 Dollar bekommen, wenn wir bei

Monopoly auf *Frei Parken* stehen. Und wir danken dir von ganzem Herzen, dass du uns auf unsere Verstöße hingewiesen hast. Regeln. Das Fundament einer jeden fortschrittlichen Zivilisation. Ohne sie würde die Gesellschaft in Gesetzlosigkeit verfallen. Gesetzlosigkeit in Chaos. Chaos in Verderbtheit. Und Verderbtheit führt zu einer Welt, in der die Menschen häufig Gerundien mit Partizipien verwechseln. Dem würdest du voll und ganz zustimmen, wenn da nicht die Tatsache wäre, dass Satzteile keine Sätze sind und man einen Satz niemals mit *und* beginnen sollte.

Die Erdmutter (auch bekannt als der Elefant)

Du hast einen der schwierigsten Jobs auf diesem Planeten. Deine Aufgabe ist es, dafür zu sorgen, dass jeder Mensch auf der Erde, oder besser gesagt, jeder Mensch, der dir etwas bedeutet (was vielleicht dasselbe ist), sich selbst verwirklicht, indem du alle schädlichen Einflüsse, wie Lebenserfahrung und Intuition, und alle lästigen Ablenkungen, wie eine Karriere oder die Suche nach dem Selbstwert, entfernst, damit jeder die unbestreitbare Wahrheit erkennt: Unsere Bestimmung als Menschen ist es, zu heiraten und Kinder zu bekommen. Mit unverhohlener Zuneigung, ständigem Nörgeln und taktischen »ungeplanten« sozialen Kontakten bekehrst du jeden geliebten Menschen, der sich in der erbärmlichen Situation befindet, Single zu sein. Und du hoffst, dass diese ehemaligen Heiden, die jetzt zu Mitgliedern des »Ich liebe die 50er-Jahre«-Fanclubs geworden sind, nach deinem Tod dein Werk fortsetzen werden.

Der Mafia-Vollstrecker (auch bekannt als der Bär)

Der deutsche Schäferhund unter den Persönlichkeitstypen. Du bist nicht nur der Inbegriff von Loyalität, sondern auch – herzlichen Glückwunsch – das Rädchen in einem Großteil der ungesunden Beziehungen der Welt. Du verteidigst deine Liebsten so standhaft und entschlossen, dass Tammy Wynette denkt, du seist zu treu. Es kann nicht besonders lustig sein, einen Mörder in den Nachrichten auftauchen zu sehen und festzustellen, dass du mit ihm verheiratet bist, aber hey, wir kennen ihn ja nicht so gut wie du, oder? Ich bin mir sicher, dass die Dinge anders sind, wenn ihr beide allein seid. Und natürlich sind eure Kinder über jeden Zweifel erhaben. Was macht es schon, wenn dein Sohn darauf besteht, sich ausschließlich von Chicken Nuggets zu ernähren, und deine Tochter sich weigert, auf ihren Englischlehrer zu hören? 16-Jährige können so viel rosa Schleim essen, wie sie wollen, und Shakespeare war ein Trottel, der nie gelernt hat, im SVO-Format (Subjekt – Verb – Objekt) zu schreiben.

Bei den Jägern: Die selbstsüchtigen Nervenkitzel-Sucher

Im Folgenden findest du die abweichenden Rollen der Jäger. Ihr Bedürfnis nach Erregung kann manchmal alles verzehren, und ihr Drang, an die Grenzen zu gehen, führt sie manchmal in selbstzerstörerische Bereiche.

Der Hochstapler (auch bekannt als der Fuchs)

Du weißt immer genau, was du sagen musst und wann du es sagen musst – und manchmal meinst du es sogar ernst. Schamlos, eigennützig und unaufrichtig zu sein, ist ein Rezept für finanziellen Erfolg und Sex, aber es bietet nicht immer die Möglichkeit, dich selbst zu verwirklichen; und wenn du nicht aufpasst, werden selbst deine engsten Freunde nie erfahren, wer du wirklich bist – und du auch nicht. Aber wenn sie sich darum streiten, wer auf der Beifahrerseite deines Porsche 911 auf dem Weg zur Bridgerton-Swingerparty zu deinen Ehren mitfahren darf, ist wohl alles in Ordnung.

Der Auftragskiller (auch bekannt als der Hai)

Natürlich hast du noch nie daran gedacht, jemanden umzubringen. Na ja, es gibt da diesen Idioten auf der Arbeit, der darauf besteht, dass du mit dem Rest des

Büros in der Mittagspause zu Chipotle gehst, und diese Mutter an der Kasse, die nicht bemerkt hat, dass ihr schleimabsonderndes Kleinkind ständig deine Äpfel und Erdbeeren anfasst. Ab und zu spielst du ihre Morde in deinem Kopf durch. Nichts Besessenes, nur die genaue Zeit, die Methode und den Ort. Was würdest du sonst mit deinem freien Tag anfangen? Das letzte Buch, das du versucht hast zu lesen, war *Die Kunst des Krieges*, was gelinde gesagt enttäuschend war, weil darin wirklich nicht viel Krieg vorkam und es definitiv keine Bilder hatte. So, wie du dachtest, dass dein Physikunterricht in der Schule supertoll sein würde, bis du gemerkt hast, dass er nichts mit körperlicher Physik zu tun hatte.

Der Narzisst (auch bekannt als der Pfau)

Wir alle sind die Stars in unserem eigenen Film. Enge Freunde, Eltern und Lebensgefährten können starke Nebenrollen spielen, aber niemand spielt die Hauptrolle. Es sei denn, du spielst in dem Film mit. Egal, ob du die beste Freundin, den Chef oder das »Flower Girl 2« spielst, du bist die Hauptattraktion, unabhängig davon, wie weit unten du auf der Besetzungsliste stehst. Es geht nicht darum, dass du rund um die Uhr Aufmerksamkeit willst (obwohl du das natürlich willst), sondern darum, dass du sie verdienst. Nach einer Weile könnte das Publikum deinen Auftritt, so brillant und fesselnd er auch sein mag, ermüdend und überwältigend finden. Aber sei dir sicher: Sie sind nur ein Haufen neidischer Hater, die dir dabei zusehen werden, wie du deinen Oscar entgegennimmst, während sie weiterhin kleine Rollen in Studentenfilmen spielen.

Der gequälte Künstler (auch bekannt als der Schmetterling)

Da ist das Selbstporträt, das Aquarell und Öl nahtlos miteinander verbindet. Oder das Sieben-Gänge-Menü mit Haifischflossen- und Gänseleber-Ersatz, das wie das Original schmeckt. Fantastische Projekte, die du vollenden könntest, wenn du nicht so sehr damit beschäftigt wärst, jedes Mal Ja zu sagen, wenn ein enger Freund dich fragt, ob du mit ihm frühstücken, ins Kino gehen oder ein Auto stehlen willst. Und wenn du nicht gerade ziellos im Wind flatterst wie die Feder aus *Forrest Gump*, ziehst du dich in der Regel auf die Vintage-Couch zurück, die du einem pensionierten Hipster in Silverlake geklaut hast, und liest das schicke Kunstbuch, das du zweifellos auf deinem Designer-Couchtisch liegen hast, oder sabberst bei den kulinarischen Orgasmen, die in der Serie *Chef's Table* stattfinden, während du dir wünschst, du hättest genug Zeit und/oder Talent, um selbst solche Meisterwerke zu schaffen.

Bei den Schamanen: Die selbstgerechten Weltverbesserer

Im Folgenden findest du die abweichenden Rollen der Schamanen. Ihr Wunsch nach Selbstidentität ist zwar grundsätzlich egozentrisch, kleidet sich aber häufig in Rechtschaffenheit und Altruismus.

Der Sektenführer (auch bekannt als der Delfin)

Du bist gut darin, Leute davon zu überzeugen, dir zu folgen. Wirklich gut. Schade, dass du an der Grenze zum Wahnsinn stehst. Stell dir vor, wie viel Positives du für die Welt bewirken könntest, wenn du nicht damit beschäftigt wärst, den Unwissenden eine Gehirnwäsche zu verpassen, damit sie glauben, dass die Polkappen in wenigen Wochen schmelzen, wenn wir alle am Netz bleiben, oder dass die Regierung bald unsere Häuser stürmen wird, um den gesamten Bestand an Waffen zu konfiszieren, die wir noch gar nicht gekauft haben. Vielleicht hast du es noch nicht geschafft, deine Follower in den sozialen Medien dazu zu bringen, sich mit deinen Initialen zu brandmarken, sich deinem sexlastigen Schneeballsystem anzuschließen oder, noch schlimmer, deine Vorträge über Selbstverbesserung zu besuchen. Was natürlich nicht bedeutet, dass du es nicht schon versucht hast.

Der Svengali (auch bekannt als der Panda)

Was ist schlimmer als ein Mensch, der mit der Vorsicht von Michael Jacksons Arzt und dem Eifer der BeyHive (Beyoncé-Superfans) Ratschläge erteilt? Die Person, die diesen Ratschlag gibt und dann zwei Stunden später ihre Meinung ändert (oder besser gesagt, ihre Stimmung, denn es ist ziemlich klar, dass sie gedanklich schon weit weg ist) und ihrer armen Marionette von Freund rät, das Gegenteil von dem zu tun, was sie ihm zuvor geraten hat. Aber mal ganz ehrlich: Ist es wirklich deine Schuld, dass die Welt ein Sündenpfuhl der Oberflächlichkeit und Degradierung ist? Und außerdem ist deine Beratung für einen guten Zweck: damit du sicher sein kannst, dass du eine Gruppe gleichgesinnter Freunde hast, die an deinem sonntäglichen Grillfest am Strand teilnehmen, um den Weltuntergang zu feiern.

Der Bombenwerfer (auch bekannt als der Pavian)

Ist es kleinlich, dass du immer noch einen Groll gegen deinen Deutschlehrer hegst, weil er deine Mitschüler mit angeberischen Übungsblättern und auswendig zu lernenden Klausuren indoktriniert hat? Wird dein Bestreben, den Massen ein Gefühl von Authentizität und Unabhängigkeit zu vermitteln, sinnlos, wenn es von luziden Träumen von Rache an jenen angetrieben wird, die dir in der Vergangenheit Unrecht getan haben? Du glaubst, dass deine Worte den menschlichen Geist erheben, inspirieren und zu edlem Handeln motivieren können. Meistens führen sie jedoch zu einem chaotischen Umsturz des Status quo, der nur Chaos und Trümmer hinterlässt. Um eine völlige Rücksichtslosigkeit zu vermeiden, hast du die Vor- und Nachteile gründlich durchdacht, bevor du die Rolle des Boten für die Unterdrückten und des Sprengers unsichtbarer Ketten übernommen hast. Geeeeenau. Wem machen wir etwas vor? Die Inspiration für deine neueste Revolution kam dir heute Morgen bei einer Schüssel Captain Crunch.

Der Märtyrer (auch bekannt als der Buckelwal)

Wenn du nicht zu Hause Trübsal bläst und deine Nick-Drake- und Elliot-Smith-Alben hörst, bist du normalerweise unterwegs und versuchst, alle von deinem Status als nächster Messias zu überzeugen, indem du von denen, die es wagen würden, dich zu verfolgen, emotional verprügelt wirst – also im Grunde von allen. Du fühlst sehr viel Schmerz. Du fühlst deinen Schmerz. Du fühlst unseren Schmerz. Du fühlst Anne Franks Schmerz. Wir wissen das, weil du kaum eine Gelegenheit auslässt, uns davon zu erzählen. Und du hast jedes Recht dazu; die Gesellschaft sollte dich mehr schätzen. Die Opfer, die du gebracht hast, damit wir die Abgründe der menschlichen Existenz verstehen können. Es ist wie in dem Film *Minority Report*: Du nutzt deine übernatürlichen, präkognitiven Fähigkeiten, um vorherzusagen, dass eine Person ein Arschloch ist und man deshalb nicht mit ihr verkehren sollte. Du brauchst keine Beweise. Wenn du diesen Vorgang oft genug wiederholst, kommst du mit niemandem mehr in Kontakt, weil du vorherbestimmt hast, dass wir alle Arschlöcher sind. Genial!

Bei den Schmieden: Die hochfunktionalen Soziopathen

Im Folgenden findest du die abweichenden Rollen der Schmiede. Ihr Wunsch nach Informationen hat seinen Preis: Manchmal verlieren sie die Verbindung zu der Welt, über die sie Informationen sammeln, einschließlich ihrer Menschen.

Der Dominator (auch bekannt als der Killerwal)

Kennst du den Freud'schen Satz (der meist Oscar Wilde zugeschrieben wird): »Alles auf der Welt dreht sich um Sex, nur nicht der Sex – beim Sex geht es um

Macht.« (Seelig, 2002) Natürlich tust du das. Für dich sind Begehren und Macht eng miteinander verbunden, vor allem, weil du alles, was du begehrst, erreichst, indem du diejenigen, die dir im Weg stehen, mit einem Ehrgeiz unterwirfst, der Macbeth erröten lassen würde. Du bist kein schüchternes Veilchen. Du bist auch keine Rose, abgesehen vielleicht von den Dornen, die du auch hast. Wenn die Gesellschaft ein Garten wäre, würdest du am ehesten einem Unkraut ähneln. Für dich ist die künstlerische Sensibilität der zierlichen »Blumen« eine unnötige Kleinigkeit (während der Französischen Revolution hättest du Notre-Dame niedergerissen) und die Menschen, die solche bürgerlichen Werte vertreten, sind für dich nur Hindernisse auf deinem Weg zur totalen Herrschaft.

Der Superschurke (auch bekannt als die Spinne)

Intrigen über Intrigen, Verschwörungen über Verschwörungen, dies sind komplexe ruchlose Machenschaften, die du hinter verschlossenen Türen (also hinter den Pupillen deiner Augen) ausheckst. Es ist eine Schande, dass du ständig als asoziale Kraft der kalten Bösartigkeit abgestempelt wirst. Es ist ja nicht so, dass du immer versuchst, menschlichen Kontakt zu vermeiden. Solange du die Dynamik kontrollieren kannst, kann ein Gespräch mit einer anderen Person durchaus nützlich sein. Du erträgst keine Dummköpfe, aber du verstehst, dass sie einen Zweck erfüllen – nämlich die Befehle zu befolgen, die du ihnen zugewiesen und in leicht verständlicher Aufzählungsform aufgeschrieben hast. Und nur, weil du bereitwillig zugibst, dass die Welt effizienter wäre, wenn sie von Robotern regiert würde, heißt das nicht, dass es dir an Wärme mangelt – obwohl, wenn du darüber nachdenkst, ist Wärme angesichts von globaler Erwärmung, Sonnenstichen und irrationalen Entscheidungen, die im Eifer des Gefechts getroffen werden, wirklich etwas, wonach wir streben sollten?

Der verrückte Wissenschaftler (auch bekannt als der Schimpanse)

Auf der guten Seite kannst du Nikola Tesla und Madame Curie zu deinen Seelenverwandten zählen. Auf der schlechten Seite gehören zu deiner Großfamilie auch Victor Frankenstein und Josef Mengele. Das wäre aber nur dann relevant, wenn dir der Begriff der Familie wichtig genug wäre, um das Labor, die Werkstatt oder das Bällebad zu verlassen, also Dinge, die du dir selbst geschaffen hast, um alle Rätsel zu erforschen, die das Leben zu bieten hat. Eines Tages wirst du lernen, dass du dich nicht jedes Mal, wenn die Glühbirne in deinem Kopf aufleuchtet, selbst zum Versuchskaninchen Nummer 1 machen musst, nur weil du im Selbstversuch herausgefunden hast, dass Mangosaft die perfekte Ergänzung zum Ganja-Rauchen aus einem Apfel ist (Bleistift erforderlich). Dafür sind andere Leute da.

Die 40-jährige Jungfrau (auch bekannt als die Eule)

Warte mal kurz. Zählt das Lesen eines Buches über das menschliche Bedürfnis nach Verbindung nicht als menschliche Verbindung? Wahrscheinlich nicht, wenn du darüber in der Abgeschiedenheit deiner Blockhütte tief im Wald liest, irgendwo zwischen Ted Kaczynskis Sommerhaus und dem unberührten See, den du nicht genießen willst. Um ehrlich zu sein, würdest du das Buch in jeder Situation hervorholen: mitten auf einer Party, während des siebten Innings im Dodger Stadium, mitten im Gespräch mit einem Freund, den du seit Jahren nicht mehr gesehen hast. Alles, um dem Lärm der überflüssigen Geräusche zu entfliehen (zum Beispiel den Gesprächen deiner Freunde über die Dinge, die in ihrem Leben vor sich gehen). Leider macht das das Zusammensein mit Freunden nicht gerade einfach und macht persönliche Kontakte fast zu einem Albtraum. Aber wenn der persönliche Kontakt zu anderen Menschen so wichtig wäre, hätte man das Internet für uns undankbare Menschen gar nicht erst erfunden.

KAPITEL 14
ABSCHLIESSENDE GEDANKEN

Elon Musk ist eine Anomalie

Als ich neulich einen Artikel über Elon Musk las, kam mir ein Gedanke (oder besser gesagt, er erinnerte mich an einen): Wenn es darum geht, unterschiedliche Persönlichkeiten zu verstehen, haben wir noch einen weiten Weg vor uns. Fairerweise muss man sagen, dass es sich bei dem Artikel nicht um einen gut recherchierten Aufsatz über menschliche Psychologie handelte, der in *The Atlantic* veröffentlicht wurde. Es handelte sich vielmehr um einen reißerischen Artikel mit Phrasen wie »Inselbegabter Unternehmer« und »Seine Gabe ist nicht die Empathie« (Sauer, 2021). Dennoch offenbart der Artikel fast zufällig einen gewissen blinden Fleck in der Gesellschaft.

Die Autorin und ihre Quelle, eine Autorin und Journalistin, glauben nicht an die Möglichkeit, dass Musk keine »zwischenmenschliche Empathie«, aber »Empathie für die Menschheit« haben könnte, und bezeichnen dies als »die seltsamste Art von Empathie«, weil »er eine ganz andere Art von Emotionen hat als der Durchschnittsmensch« (Sauer, 2021). Nachdem du den größten Teil dieses Buches gelesen hast, hast du wahrscheinlich schon festgestellt, dass die Eigenschaften, die Musk zugeschrieben werden, eindeutig von Schmieden stammen.

Und obwohl Schmiede etwa acht Prozent der Bevölkerung ausmachen (nicht gerade ein riesiger Anteil), behandeln die Autorin und ihre Quelle ihre Existenz als eine Abweichung, die »völlig anders« als die Norm ist.

Es ist, als hätten sie noch nie jemanden wie Musk getroffen und nie darüber nachgedacht, dass seine Persönlichkeitsmerkmale zwar von den üblichen Normen (auch bekannt als Sammler-Werte) abweichen, dass sie aber auch der Grund für seinen Erfolg als Unternehmer und Innovator sein könnten. In dem Artikel wird genau das Gegenteil behauptet, indem zufällige Umfragen zitiert werden, nach denen sich die Befragten bei »hoch empathischen Führungskräften« im Vergleich zu »weniger empathischen« Chefs« »durchweg innovativer bei der Arbeit« fühlten. Und gleichzeitig unterstellt wird, dass Musk zur letzteren Kategorie gehört – klar, denn wir alle wissen, dass Tesla kein Unternehmen ist, das mit Kreativität und Innovation in Verbindung gebracht wird. Ein Tipp: Wenn du einen Artikel schreibst, in dem du dich für Empathie in der Chefetage einsetzt, solltest du dich vielleicht selbst ein wenig in Empathie üben.

Das ist vielleicht die größte Gefahr, wenn man jemanden als *anders* bezeichnet: Abgesehen davon, dass dies der dämlichste aller Schachzüge ist, gelingt es der Gesellschaft mit dem Versuch, den anderen zu minimieren, nur, ihr eigenes Bewusstsein zu minimieren. Ich will nicht wie ein herablassendes Arschloch klingen; du hast in diesem Buch schon genug von diesem Feenstaub abbekommen. Ich weiß, dass die Persönlichkeitstypisierung ein kompliziertes Thema ist, mit dem sich nicht jeder auskennt, aber es ist ja nicht so, dass Theorien über verschiedene Menschentypen ein neues Konzept sind; immerhin habe ich ein ganzes Kapitel über die Geschichte der Persönlichkeitstypisierung geschrieben, in dem so viele Namen auftauchen, dass sie mit den Versen von The Game auf seinem Album *The Documentary* mithalten können. Vielleicht ist die Ignoranz von Persönlichkeiten gewollt, und so wie verschiedene Persönlichkeiten unterschiedliche Dinge schätzen, hat sich die Gesellschaft (also die herrschende Mehrheit unserer Mitmenschen) dafür entschieden, andere Prioritäten zu setzen. Das heißt aber nicht, dass die Gesellschaft recht hat.

Ich bin mir sicher: Wenn du den Durchschnittsamerikaner vor die Wahl stellen würdest, würde er den Tag auf der Couch verbringen und den neuesten Reality-Show-Müll auf Netflix schauen, während seine Fernbedienung von den Hot Cheetos, die er sich einverleibt hat, rot gefärbt wird. Ja, die Lebensentscheidungen des Durchschnittsmitglieds der Gesellschaft sind vielleicht nicht immer die besten, denen man nacheifern sollte, was mich immer daran erinnert, was George Carlin (2013) sagte: »Denke daran, wie dumm der Durchschnittsmensch ist, und stelle dann fest, dass die Hälfte von ihnen noch dümmer ist als er.« Mist. Ich schätze, ich bin ein herablassendes Arschloch.

Howard Gardner, ein Entwicklungspsychologe, der vor allem für sein 1983 erschienenes Buch *Frames of Mind: The Theory of Multiple Intelligences* bekannt ist, geht davon aus, dass es acht Formen von Intelligenz gibt. Die folgenden Beschreibungen sind lose Umschreibungen und wahrscheinlich in keiner Weise von Howard Gardner abgesegnet.

1. **Logisch-mathematische Intelligenz:** ermöglicht uns, irgendeinen Einstein-Quatsch zu wissen
2. **Linguistisch-verbale Intelligenz:** ermöglicht uns, elegantere, den kleinen Finger hebende, aufreizendere Wörter zu benutzen als *Scheiße*
3. **Visuell-räumliche Intelligenz:** ermöglicht uns, Bilder zu visualisieren, den Raum zwischen Objekten zu erkennen und mit angemessener Genauigkeit in die Toilette zu pinkeln (Haftungsausschluss: wenn wir nüchtern sind)
4. **Musikalisch-rhythmische Intelligenz:** ermöglicht denjenigen von uns, die wie Elaine aus *Seinfeld* tanzen, stattdessen mit dem Kopf im Takt zu wippen
5. **Körperlich-kinästhetische Intelligenz:** ermöglicht uns, einen Basketball zu werfen, einen Handstand zu machen und es all den Leuten auf der Tanzfläche zu zeigen, die nur mit dem Kopf im Takt wippen
6. **Zwischenmenschliche Intelligenz:** ermöglicht uns, andere Menschen zu verstehen (kommt dir das bekannt vor?), damit wir ihnen dann etwas über sie erzählen können
7. **Intrapersonale Intelligenz:** ermöglicht uns, uns selbst zu verstehen (auch bekannt?) und unseren Narzissmus zu rechtfertigen

   Hinweis: Die achte Intelligenz ist zwar nicht in *Frames of Mind* enthalten, wurde aber 1995 von Gardner vorgeschlagen:
8. **Naturalistische Intelligenz:** ermöglicht uns, mit Tieren und Pflanzen zu arbeiten, sei es, dass wir unseren Haustieren dumme Tierkunststücke beibringen oder wissen, wie man Gras im Keller anbaut

Ist dir aufgefallen, dass sich zwei der acht Intelligenzen ausschließlich darauf konzentrieren, Menschen zu verstehen? Und trotzdem bekommen sie selten die Aufmerksamkeit der anderen sechs. Sie sind nicht einmal wichtig genug, um einen eigenen Namen zu verdienen, zumindest in der Form, dass du nicht ständig vergisst, welche Intelligenz welche ist. Wenn du 25 Prozent der Intelligenzen auf der Liste repräsentierst und kaum so viel Aufmerksamkeit bekommst wie, sagen wir, logische und sprachliche Intelligenz (auch bekannt als das, was in einem IQ-Test getestet wird), dann stimmt angeblich eindeutig etwas mit deinem Markenauftritt nicht. Ich will die Bedeutung von logischem Denken oder Sprachkenntnissen nicht schmälern, aber warum sollten sie im Mittelpunkt stehen? Wenn du kein Einsiedler bist, lebst du vermutlich in einer Zivilisation, die aus Menschen besteht. Zu diesen Menschen gehören deine Familie, deine Freunde und die Verkäuferin im Supermarkt, die dich immer fragt, ob du eine Tüte möchtest, obwohl du nur ein paar Bananen und eine Tüte Linsen kaufst. Sie machen dein Leben mehr aus, als es Zahlen oder Bücher je könnten. Es ist nur logisch, dass du einen großen Teil deiner Zeit dem Studium der Menschen widmest.

Dennoch scheint die Gesellschaft die zwischenmenschliche und intrapersonelle Intelligenz wie einen Nebengedanken zu behandeln, ein Amuse-Bouche für einen bereits gesättigten intellektuellen Gaumen, eine amüsante Unterhaltung, bei der du über andere Leute lästern und deinen Philosophieabschluss rechtfertigen kannst, obwohl deine Eltern wollten, dass du Biologie studierst. Es ist deprimierend, wenn man bedenkt, wie viel mehr Zeit damit verbracht wird, sich in andere Bereiche zu vertiefen, und noch deprimierender, wenn man erkennt, wie viele Fortschritte in diesen Bereichen gemacht wurden – auf Kosten des Verständnisses von Persönlichkeitsunterschieden –, gerade weil man sich damit beschäftigt hat. Nehmen wir zum Beispiel Baseball. Vor zehn Jahren waren Begriffe wie *Launch Angle* (der vertikale Winkel, in dem der Ball den Schläger verlässt) und *Spinrate* (die Schleuderdrehzahl, die ein geworfener Ball hat, gemessen in Umdrehungen pro Minute) noch nicht einmal auf dem Radar, aber jetzt haben sie die Art und Weise, wie Spieler gescoutet und trainiert werden, revolutioniert. Es geht nicht nur um neue Entdeckungen; manchmal kommt es darauf an, auf die Details zu achten. Beim professionellen Poker verarbeitet ein Spieler jeden kleinen Faktor im Kopf. Wie hat mein Gegner vor dem Flop gesetzt? Nach dem Flop? Beim Turn? Beim River? Welche Karten lagen zu den jeweiligen Zeitpunkten aus?

Würde es uns umbringen, ebenso viel Sorgfalt darauf zu verwenden, Menschen zu verstehen? Wenn wir das täten, würden wir aufhören, Musk als brillantes Genie und gleichzeitig als Spinner zu fetischisieren. Wir würden erkennen, dass es überall um uns herum Menschen gibt, die wie er denken und ähnliche Werte teilen – fast zehn Prozent. Ich wette, dann würden wir eine völlig neue Dimension entdecken, von der wir nicht wussten, dass sie existiert.

Die vierte Dimension

Ich sprach mit einem Freund über die Serie *Hawkeye*, die in der Diskussion über Jäger in Kapitel 9 kurz erwähnt wurde, und darüber, wie sehr mir die Chemie zwischen den beiden Hauptdarstellern, gespielt von Hailee Steinfeld und Jeremy Renner (Thomas, 2021), gefällt. Schließlich lenkte ich die Diskussion auf die Persönlichkeitstypisierung, denn die Dynamik zwischen den beiden Protagonisten, die durch die erwähnte Chemie angeheizt wird, ist der Motor der Serie:

> Ich: »Es ist cool, dass Kate und Hawkeye so unterschiedlich sind und doch fast dieselbe Persönlichkeit haben.«
> Freund: »Was? Sie haben nicht einmal annähernd die gleiche.«
> Ich: »Nicht ganz, aber ziemlich nah dran.«
> Freund: »Sie sind total unterschiedlich. Sie ist sehr gesprächig und er ist introvertiert.«
> Ich: »Das stimmt, aber Extrovertiertheit und Introvertiertheit sind eigentlich nicht so wichtig, wenn es um Persönlichkeitsunterschiede geht.«
> Freund: »Sie sind das Wichtigste!«

Noch einmal mit der Betonung auf Extraversion und Introversion: Man könnte meinen, wir hätten uns über den Anfang des 20. Jahrhunderts hinaus entwickelt. Ich will das Thema nicht überstrapazieren (obwohl ich das vielleicht doch tue), aber Extrovertiertheit und Introvertiertheit sind keine besonders genauen Indikatoren für die Persönlichkeit eines Menschen. Und die Tatsache, dass die meisten Menschen immer noch glauben, dass diese beiden leicht zu identifizierenden, aber ziemlich oberflächlichen Eigenschaften wichtige Unterscheidungsmerkmale sind, zeigt, dass wir als Gesellschaft vielleicht nicht ganz begreifen, was Menschen wirklich einzigartig macht. Es gibt viel tiefgreifendere Unterschiede als die, dass jemand gesprächiger ist als eine andere Person, und es sind diese Unterschiede, die den Kern unseres Selbstverständnisses treffen; für einen Menschen, der die Familie über alles andere stellt, ist es fast unmöglich, sich eine Person vorzustellen, die das nicht tut, ohne sie als ketzerisch zu verurteilen. Ähnlich wie die Autorin des Musk-Artikels nicht verstehen konnte, wie er seine Angestellten wie Müll behandeln und sich gleichzeitig für die Gesundheit des gesamten Planeten einsetzen kann. Es ist schwer, Wertunterschiede nicht als etwas Fremdes zu betrachten, und bei vielen Menschen ist es sogar unwahrscheinlich, dass sie sie überhaupt wahrnehmen.

Als ich klein war, habe ich Carl Sagan dabei zugesehen, wie er – wahrscheinlich in einer seiner *Cosmos*-Sendungen – die Möglichkeit einer vierten Dimension demonstrierte. Er hatte Papierausschnitte auf einem Tisch ausgebreitet und behauptete, dass sie in einer zweidimensionalen Welt namens Flachland leben würden. Da sie zwei Dimensionen haben, können die Figuren Länge und Breite wahrnehmen, aber sonst nichts. Stell dir nun vor, wir, als dreidimensionale Wesen, würden das Flachland betreten und unsere zweidimensionalen Freunde ansprechen. Da sie die Höhe (die zusätzliche dritte Dimension) nicht wahrnehmen können, können sie uns nicht sehen. Sie könnten uns zwar hören und wüssten, dass wir da sind, aber wir wären jenseits ihrer visuellen Wahrnehmung. Alles, was sie sehen könnten, wäre unser Schatten, eine unvollkommene zweidimensionale Darstellung unserer dreidimensionalen Form (Malone, Canard und McCain, 1980).

Stell dir vor, wir dreidimensionalen Wesen leben in einer dreidimensionalen Welt und treffen auf jemanden aus der vierten Dimension. Ähnlich wie die Figuren in Flachland könnten wir unseren Freund aus der vierten Dimension hören und wüssten, dass er da ist, aber wir könnten ihn nicht sehen. Wir können eine vierte Dimension nicht wahrnehmen oder wissen, wie sie aussieht, aber wir können ihre Existenz theoretisieren. Sagan benutzte ein Modell eines Würfels in einem Würfel, um sie darzustellen. Aber natürlich ist dieses Modell nur ein unvollkommenes dreidimensionales Faksimile von einer vierdimensionalen Form – so wie unsere Schatten in Flachland. Mein Hawkeye-Gespräch weckte die Erinnerung an diese Demonstration von Carl Sagan, und das aus gutem Grund. Sie erinnerte mich daran, dass wir, wenn es um Persönlichkeitstypisierung geht, in einer zweidimensionalen Welt (Sammler und Jäger) leben, in der die Existenz der anderen Dimensionen zwar anerkannt wird, aber das Verständnis für sie so begrenzt ist wie der Blick auf einen Schatten.

Der Durchschnittsmensch, unabhängig davon, ob er etwas über Persönlichkeitstypen weiß, hat eine unterbewusste Vorstellung von den Typen Sammler und Jäger und davon, zu welchem Typ er gehört. Bei den anderen Typen ist das nicht so sehr der Fall. Sammler und Jäger machen etwa 85 Prozent der Bevölkerung aus. Das sind sehr viele Menschen. Es ist verständlich, dass die meisten Sammler und Jäger mit dem Gedanken aufwachsen, dass es nur zwei Typen von Menschen gibt. Gut möglich, dass auch die meisten Schamanen in diesem Glauben aufwachsen – und dass sie glauben, eine mangelhafte, zweitklassige Version des einen oder des anderen zu sein, nicht strukturiert genug, um ein Sammler zu sein, und nicht instinktiv genug, um ein Jäger zu sein. Und dieses zweidimensionale Denken ist die Wurzel vieler Missverständnisse, die wir über Menschen haben.

Als ich noch ein Bildungsunternehmen besaß, wurde von den Lehrkräften erwartet, an einer monatlichen Sitzung teilzunehmen, in der wir gemeinsam über ihre Schüler sprachen. In einem Fall sorgte die demografische Zusammensetzung der Gruppe für eine interessante Dynamik. Die Gruppe bestand aus einer Bärin (ca. zwölf Prozent der Bevölkerung) und drei Schimpansen (ca. zwei Prozent); das sind ein Sammler und drei Schmiede, aber daran muss ich dich an dieser Stelle wohl nicht erinnern, oder? Ich wage die Behauptung, dass die Bärenlehrerin, sofern sie nicht an einem Symposium über Gravitationsphysik oder einer Anime-Convention teilgenommen hat, noch nie so vielen Schmieden auf einmal begegnet ist, geschweige denn von ihnen zahlenmäßig dominiert wurde. Und die Schimpansen unter den Schmieden sind nicht besonders schüchtern, wenn es darum geht, ihre Meinung im Schnellfeuerverfahren zu äußern.

Die Gruppendiskussion wechselte von Thema zu Thema. In einem Moment analysierten sie die Unfähigkeit eines Schülers, Schlussfolgerungen zu ziehen, im nächsten diskutierten die Schimpansen über ihren Lieblingsfilm von John Carpenter (mein persönlicher Favorit ist *Big Trouble in Little China*, das wollte ich noch erwähnen, weil ich damals nicht wirklich in die Debatte einsteigen konnte). Der Blick der Bärin war völlig verwirrt. Es war, als hätte sie jemand in einem anderen Land abgesetzt, in dem alle eine andere Sprache sprachen und das Straßenessen aus völlig unbekannten Proteinen bestand. Wahrscheinlich fühlte sie sich zum ersten Mal wie eine Außerirdische.

Schubladendenken

Vielleicht habe ich deshalb beschlossen, ein Buch über Persönlichkeit zu schreiben. Das Beispiel der Bärin, die von Schimpansen umgeben ist, zeigt, dass es nicht ausgeschlossen ist, sich allein zu fühlen, auch wenn man nicht zu den zwölf Prozent der Bevölkerung gehört. Natürlich gibt es immer ein Hin und Her zwischen dem Wunsch, Teil einer Gruppe zu sein, und dem Wunsch, sich besonders und einzigartig zu fühlen. Deshalb wollte ich mich auf die Typisierung von Menschen konzentrieren, bei der zahlreiche Faktoren berücksichtigt werden, die sowohl tief als auch breit gefächert sind, und bei der man sich nicht in eine Schublade gesteckt fühlt. Es gibt einen Grund, warum manche Menschen das hassen, was ich auch verstehe. Wir assoziieren Kategorisierung häufig mit Ausgrenzung; selbst wenn wir in einzigartige Gruppen von Muttern, Schrauben und Bolzen sortiert werden, fühlt es sich immer noch so an, als wären wir alle nur unbedeutende Rädchen in einer riesigen, sterilen Maschine.

Das Erste, was ich Menschen gerne sage, die der Persönlichkeitstypisierung skeptisch gegenüberstehen, ist: Du tust es doch sowieso schon. Du tust es nur, um es noch einmal mit Sagan zu sagen, auf zweidimensionale Weise. Denk mal darüber nach. Wie viele Menschen akzeptieren bereitwillig einfache kulturelle Kategorisierungen – keine Stereotypen – als Tatsache? Ob amerikanischer Individualismus, europäischer Kollektivismus oder der Hass auf asiatische Autofahrer und die Sympathie für asiatische Studenten – wir stecken die Menschen ständig in Schubladen und bringen damit zwei ernste Probleme hervor:

1. Einige dieser »Fakten« sind überhaupt nicht differenzierbar. Ich habe genug Essenssendungen gesehen, um zu wissen, dass jede Kultur das Essen liebt, und jede Kultur scheint zu glauben, dass die Liebe zum Essen nur ihr eigen ist. Aber Vorsicht! Kultureller Stolz kann sich leicht in kulturelle Eitelkeit oder eine Art verdrehten nationalistischen Patriotismus verwandeln, den Oscar Wilde einmal als »Tugend des Lasterhaften« bezeichnete (zitiert in: Cooper-Prichard, 1931).
2. Nur weil eine Kultur bestimmte Eigenschaften als Teil ihrer Identität akzeptiert hat, heißt das nicht, dass jeder Mensch aus dieser Kultur dieser Realität entspricht. Eine solche Homogenität ist in gewisser Weise krude, wie der

alte Witz, dass im Himmel alle Polizisten Briten, alle Köche Franzosen, alle Ingenieure Deutsche, alle Liebhaber Italiener und die Regierung Schweizer sind, während in der Hölle alle Polizisten Deutsche, alle Köche Briten, alle Ingenieure Italiener, alle Liebhaber Schweizer und die Regierung Franzosen sind. Meistens übertrumpft der Persönlichkeitstyp die Kultur. Dein Persönlichkeitstyp wird nicht von der Kultur, in der du aufgewachsen bist, bestimmt oder beeinflusst. Stattdessen werden die Auswirkungen des Aufwachsens in dieser Kultur von deinem Persönlichkeitstyp bestimmt. Und glaub mir, diese beiden Dinge können miteinander kollidieren. Stell dir vor, ein Pfau, der empfindlichste aller Typen, wächst in einem traditionellen Haushalt in Japan auf, wo Berührungen in der Gesellschaft nicht üblich sind. Oder eine Eule, die, gelinde gesagt, ein großer Verfechter des persönlichen Raums ist, wächst in Lateinamerika auf, wo zwangloser Körperkontakt gang und gäbe ist. In beiden Situationen werden sich die jeweiligen Tierarten fast fremd fühlen. Wenn du dich jemals in einer ähnlichen Situation befindest, kann das Verständnis des Persönlichkeitstyps ein Segen für deine emotionale Gesundheit sein. Mit dir ist alles in Ordnung; du bist nur anders als die Kultur, in der du aufgewachsen bist – und das ist okay.

Wir sollten auch schnelle Verallgemeinerungen vermeiden. Sie mögen zwar lustig sein, sind aber oft unwahr (ich esse wirklich gerne Fleischpasteten, Cornish Pasties und Fish and Chips; und obwohl ich nicht aus Erfahrung sprechen kann, zögere ich ein bisschen zu sagen, dass alle Schweizer schlecht im Bett sind). Ich weiß, dass Stereotypen einfach und verlockend sein können, besonders wenn sie positiv sind. Wir wollen unbedingt persönlich bestätigt werden, deshalb sind alle Eulen Genies, alle Schmetterlinge sind Virtuosen und alle Pandas können die Gedanken anderer Menschen lesen. Und die Liste lässt sich beliebig fortsetzen. Aber genauso wenig, wie man als in Deutschland Geborener automatisch ein faschistischer Polizist ist (ich bin in den 1980er- und 1990er-Jahren in Los Angeles aufgewachsen; überaggressive Polizeiarbeit gibt es nicht nur in Deutschland), wird man auch nicht automatisch mit den besten Fähigkeiten eines bestimmten Persönlichkeitstyps geboren. Fähigkeiten werden einem nun mal nicht in die Wiege gelegt, und eine Veranlagung führt nicht immer zu Talent, zumindest nicht, wenn man sich nicht anstrengt.

Ich weiß, ich weiß, niemand mag einen superpessimistischen Menschen. Was schadet es schon, positiv zu denken? Nur weil jemand sein Potenzial noch nicht ausgeschöpft hat, heißt das nicht, dass er es nicht schaffen wird, und vielleicht hilft ein bisschen Anfeuerung bei der Verwirklichung. Möchte nicht jeder einen Anheizer haben? Es ist ein bisschen wie bei Timothy, der Maus (im Grunde der Flavor Flav der Disney-Figuren), als er Dumbo die Feder gibt und ihm sagt, dass er damit fliegen kann (Armstrong, Ferguson und Jackson, 1941). Es ist nichts Falsches daran zu glauben, dass man fliegen kann (es kostet mich all meine Selbstbeherrschung, nicht explizit auf einen bestimmten Humbert-Humbert-esken R&B-Sänger mit einer Vorliebe für goldene Duschen zu verweisen). Wir alle müssen jedoch aufpassen, dass wir die »Kräfte« unseres Persönlichkeitstyps nicht als selbstverständliche Gewissheit akzeptieren. Diese Art von fauler Befriedigung birgt eine Gefahr in sich. Sie wird mit einem Hauch von calvinistischer Prädestination erstickt, so als ob unsere Stärken und Schwächen bereits vorherbestimmt wären und es keine Rolle spielt, was wir tun.

Hier haben die Skeptiker der Persönlichkeitstypisierung und ich eine gemeinsame Basis. Sie würden argumentieren (das ist keine Hypothese; glaub mir, meine Ohren können das bestätigen), dass das ganze Verfahren die Lebenserfahrung außer Acht lässt. Ich meine, jeder, der *Batman Begins* gesehen hat, weiß, dass (gesprochen im Stil von Christian Bale mit seiner seltsamen, rauen Stimme) »es nicht das ist, was wir im Inneren sind, sondern das, was wir tun, das uns definiert«. Und wenn das nicht richtig ist und wenn es bereits vorherbestimmt ist, wer wir sind und was wir werden sollen, was ist dann überhaupt der Sinn des Lebens (Nolan, 2005)? All diesen Aussagen stimme ich eindeutig zu. Aber die Überzeugung, dass meine Handlungen für meine Identität entscheidend sind, hindert mich nicht daran, auch an zwei grundlegende Dinge zu glauben: (1) dass die Handlungen verschiedener Menschen wahrscheinlich durch unterschiedliche Werte motiviert sind und (2) dass die Akzeptanz dieser inhärenten Unterschiede die Bandbreite unserer Lebenserfahrungen eher erweitert als begrenzt. Wie Carl Sagan schon sagte, ist es sehr wahrscheinlich, dass es noch mehr Dimensionen gibt, die über das hinausgehen, was wir kennen. Auch wenn wir sie nicht sehen können, können wir ihre Existenz anerkennen und unser Bestes tun, um die Schatten der Realität zu verstehen, die sie uns offenbaren.

Bei der Persönlichkeitstypisierung geht es nicht darum, Menschen in Schubladen zu stecken. Es geht darum, die Menschen wissen zu lassen, dass es dir wichtig ist, sie wirklich zu verstehen – die wahren Menschen. Die Persönlichkeitstypisierung gibt uns allen das Gefühl, dass es in Ordnung ist, so zu sein, wie wir sind, und erinnert uns gleichzeitig daran, dass wir nicht allein sind.

Persönlichkeitstypisierung sinnvoll einsetzen

Eines der großartigsten Dinge am Erlernen der Persönlichkeitstypisierung ist, dass wir dadurch lernen, die Unterschiede anderer Menschen zu schätzen. Ich erwähne das jetzt zum tausendsten Mal, weil ich mit ganzem Herzen an der Studie festhalte, die besagt, dass ein Kind ein unbekanntes Essen mindestens zwölfmal probieren muss, um es zu mögen. Das rechtfertigt auch rückwirkend, dass mein Vater mich all die Jahre mit Koriander zwangsgefüttert hat, wofür ich ihm dankbar bin. Und glaub mir, auch du wirst mir für meine nörgelnde Besserwisserei zum Thema Toleranz gegenüber Persönlichkeiten dankbar sein. Sieh es doch mal so: Selbst wenn du das egozentrischste, selbstsüchtigste und transaktionsorientierteste Arschloch der Welt bist, musst du zugeben, dass es von Vorteil ist, etwas über Persönlichkeitstypen zu lernen; zumindest werden die Leute dann besser verstehen, warum du ein egozentrisches, selbstsüchtiges und transaktionsorientiertes Arschloch bist.

Ich habe ein Interview in der Sendung *Real Time with Bill Maher* gesehen, in dem Neil deGrasse Tyson, Astrophysiker und beliebter »Erklärer komplexer Theorien für einfache Leute«, von Albert Einstein schwärmte. Dass ein moderner Wissenschaftler überschwängliches Lob für Einstein ausspricht, ist nichts Neues, aber was mir auffiel, war die Besonderheit seiner Bewunderung – ein leuchtendes Beispiel dafür, dass ein Persönlichkeitstyp die einzigartigen und subtilen Unterschiede eines anderen voll und ganz zu schätzen weiß. Tyson ist höchstwahrscheinlich ein Schimpanse, ein charismatischer und wortgewandter Redner, der schwierige und manchmal obskure Theorien für den Durchschnittszuschauer in kleine intellektuelle Häppchen verwandeln kann; Einstein ist natürlich der Prototyp einer Eule. Theoretisch sind sich diese beiden Persönlichkeitstypen näher als alle anderen Typen. Umso aufschlussreicher ist Tysons Hommage, weil sie sowohl ihre Gemeinsamkeiten als auch ihre Unterschiede deutlich macht.

Wie in Kapitel 11 erwähnt, sind sowohl Schimpansen als auch Eulen neugierige Persönlichkeitstypen, die Wissen um seiner selbst willen suchen. Das kann dazu führen, dass sie mit denjenigen aneinandergeraten, die Lösungen für aktuelle Probleme gegenüber Innovationen mit ungewissen Zukunftsaussichten bevorzugen. Tyson sprach von diesen eher praktischen Typen, als er sagte: »Wenn du damals dabei gewesen wärst, hättest du gesagt: ›Warum verschwendest du deine Zeit? Wir können die Atome ja nicht einmal sehen. Mach lieber etwas Produktives, zum Beispiel den Ersten Weltkrieg verhindern‹.« Einstein schlug einen anderen Weg ein (oder eine Fluchtroute, wenn man bedenkt, dass er eine Eule war) und veröffentlichte 1917 eine Abhandlung mit dem Titel »Zur Quantentheorie der Strahlung«, laut Tyson eine »obskure Abhandlung mit einer seltsamen, komplexen Herleitung«. War auch nur der Hauch eines realistischen Nutzens in Sicht? Sicherlich nicht. War die stimulierte Emission (tief durchatmen ... Nicht. Den. Köder. Schlucken.) damals das wichtigste Anliegen? Vielleicht nur für Einstein. Aber »zu der Zeit denkt er nicht an Laser, niemand denkt an Laser, aber das [Papier] ist die geistige Grundlage des Lasers. Er denkt nicht an Strichcodes oder LASIK-Operationen. Niemand denkt an so etwas« (Maher, 2015).

Als Schimpanse weiß Tyson die Wertschätzung der Allgemeinheit für greifbare Erfindungen, die die Welt verändern, zu schätzen und, was in diesem Zusammenhang vielleicht noch wichtiger ist, zu verstehen. Ihre Vorteile können auf einer intuitiven Ebene gefühlt und verstanden werden. Am Steuer eines Tesla S Plaid kann es dir den Atem rauben, wenn er beschleunigt und einen McLaren mit 1000 PS in den Schatten stellt. Deine Tweets über die Schrecken des Kapitalismus und die Ausbeutung durch Konzerne kannst du bequem von deinem iPhone aus senden (das du mit einem 15-Prozent-Rabattcode bei Amazon gekauft hast). Die Theorie ist jedoch das abstrakte Reich der Akademiker, ein efeuumrankter Elfenbeinturm, dessen Wände laut Chuckie, dem sprichwörtlichen einfachen Mann aus *Good Will Hunting*, mit »einem Haufen Gleichungen und Scheiße« (Van Sant, 1997) bedeckt sind. Theoretische Physiker wie Einstein sind zwar häufig die Könige und Königinnen der physikalischen Fakultäten an den Universitäten (man denke nur an Sheldon aus *The Big Bang Theory*), aber im Vergleich zu bahnbrechenden Erfindern wie Elon Musk und Steve Jobs werden sie von der Öffentlichkeit kaum gelobt, obwohl die genialen Schimpansen-Kreationen häufig auf ebenso genialen Eulen-Formeln beruhen.

Diese gesellschaftliche Voreingenommenheit gegenüber Erfindungen und Theorien blieb von Tyson jedoch nicht unbemerkt. Er setzte sich für seine Schmied-Kollegen ein, indem er das Publikum von Bill Maher anflehte, »neuen Forschungen, die in neue Bereiche vordringen, nicht im Weg zu stehen, weil man nie weiß, welche Auswirkungen das haben wird« (Maher, 2015). Tyson zeigte nicht nur Ehrfurcht vor den einzigartigen Talenten eines anderen Typs, sondern demonstrierte auch, wie die Beiträge aller Typen miteinander verwoben sind. Eine wichtige Erinnerung daran, dass die Zivilisation nur überlebt, wenn unsere Unterschiede koexistieren, aber dass sie Fortschritte macht, wenn sie lernt, miteinander zu arbeiten.

Effektive Zusammenarbeit besteht aus zwei Dingen (es mag so aussehen, als würde ich alles aufzählen, aber wären dir lange Absätze wirklich lieber?):

1. **Verliere dich selbst.** Jeder Persönlichkeitstyp hat eine Vorliebe. Vergiss nicht, dass nicht jeder so ist wie du.
2. **Wirf das Buch weg.** Mit den unsterblichen Worten von Yoda: »Du musst verlernen, was du gelernt hast.« (Kershner, 1980)

Diese Dinge sind nicht immer leicht umzusetzen. Vor allem der zweite Punkt ist leichter gesagt als getan. Es gibt einen Grund, warum Menschen an der bewährten Methode festhalten: Sie haben sie in der Regel schon ausprobiert, und die Ergebnisse haben gestimmt. Aber ab einem bestimmten Punkt wird das Leben härter. Für die meisten von uns war das wohl der Moment in der Mittelstufe, als wir erkannten, dass Menschen schreckliche Monster sind und dass der moralische Charakter von Jungen und Mädchen aus viel zwiespältigeren Dingen besteht als aus wilden Lausbuben oder zuckersüßen, lieben Mädchen. Das Leben hat eine Art, uns zu demütigen, uns alles zu nehmen, was wir dachten darüber zu wissen, und diese Vorurteile in einen Mülleimer zu werfen – für einige von uns eine buchstäbliche Erfahrung aus der Junior High. Oder, um es mit den Worten von Mike Tyson (2018) zu sagen: »Jeder hat einen Plan, bis er eins aufs Maul bekommt.« Bei dieser Erkenntnis muss ich an Hermine Granger aus Harry Potter denken – das ist zwar äußerst willkürlich, aber wenn du bis hierher gelesen hast, solltest du inzwischen wissen, dass ich der Barry Bonds der Anspielungen aus dem linken Feld bin. Wie auch immer, bleib dran.

Im sechsten Harry-Potter-Buch, dem Halbblutprinzen, wird Hermine, die zweifellos die beste und klügste Schülerin in Hogwarts ist, von Harry in der Zaubertränke-Stunde in den Schatten gestellt. Ohne dass Hermine es weiß, benutzt Harry eine Art Schummelcode: Jemand hat die Rezepte für die Zaubertränke in seinem geliehenen Lehrbuch kunstvoll verändert. Ein zusätzlicher Pfefferminzzweig, ein zusätzliches Umrühren im Uhrzeigersinn, das Zerdrücken einer Bohne, anstatt sie zu zerschneiden, um ihren Saft besser zu verwerten – mit diesen Rezeptänderungen kann er sogar Hermine übertreffen, die ungläubig ist. Harry war schon immer furchtbar in Zaubertränken und sie, präzise wie immer, hält sich genau an das Lehrbuch. Aber das spielt keine Rolle. Sosehr sie sich auch anstrengt, Hermine kann aufgrund ihres Mangels an kreativer Risikobereitschaft im Klassenzimmer nicht mit Harrys alchemistischem Erfolg mithalten (Rowling, 2005).

Es gibt ein oft verwendetes, berühmtes lateinisches Sprichwort aus Vergils *Aeneis*: »Audentes fortuna iuvat« oder »Das Glück begünstigt die Mutigen«. Im Allgemeinen ist Hermine nicht abgeneigt, Risiken einzugehen, denn sie hat im Laufe der außerschulischen Abenteuer der Gruppe schon viele Regeln gebrochen, aber wenn es um die Schule geht, hat sie sich immer an die Regeln gehalten. Bis jetzt. Es erfordert ein gewisses Maß an Mut, die Grenzen dessen zu überschreiten, was wir für akzeptabel halten, aber wenn wir das tun, werden wir oft für unseren Wagemut belohnt. Wie Jonathan Swift sagte (während wir von Hogwarts ins antike Rom und ins augusteische Dublin reisen): »Es war ein mutiger Mann, der als Erster eine Auster aß.« (Swift, [1738] 2019)

Ich hatte einmal eine Schmetterling-Schülerin, die mir mitten in einer Nachhilfestunde anvertraute, dass sie an diesem Tag in der Schule einen Jungen ins Gesicht geschlagen hatte. Es gab mehrere Möglichkeiten, wie ich in diesem Moment reagieren konnte. Ich könnte den Satz wiederholen, mit dem mich Mr. Carroll, mein Grundschuldirektor, einmal in seinem Büro zurechtgewiesen hat, als ich zehn war: »Gewalt löst die Probleme der Welt nicht.« Oder ich könnte die Worte ganz ignorieren und nur missbilligend den Kopf schütteln. Stattdessen entschied ich mich für eine noch einfachere Reaktion: »Cool.«

Ich vermute, dass meine Antwort nicht gerade die Lösung ist, die in den meisten Lehramtsstudiengängen gelehrt wird, aber es ist genau die, die ich aus jahrelanger Erfahrung in der Persönlichkeitsanalyse gelernt habe. Meine Schülerin war 13 Jahre alt, die älteste von drei Schwestern, ein Titel, der absolut keine Bedeutung hatte, denn sie war ein Schmetterling. Um nicht redundant zu erscheinen: Schmetterlinge sind von Natur aus sanftmütig und respektvoll, vor allem, wenn sie mitten in der Pubertät sind, sodass es keinen Unterschied macht, wo sie in der Geschwisterreihenfolge stehen. Du kannst sicher sein: Wenn Persönlichkeit über Kultur siegt, dann auch über die Geburtsreihenfolge. Der Gedanke, dass das älteste Geschwisterkind in der Regel dasjenige ist, das die Verantwortung übernimmt, trifft nur dann zu, wenn dieses Geschwisterkind ein Sammler ist (das Rudel, das sich am ehesten an die Altershierarchie der Geschwister hält), was in etwa der Hälfte der Fälle der Fall ist (wahrscheinlich ist das der Grund, warum die Geburtsreihenfolge einfach als wahr akzeptiert wird). In diesem Fall waren die beiden jüngeren Schwestern meiner Schülerin beide Sammler: die eine, eine freundliche, unbekümmerte Elefantin, die gerne mit den anderen zusammen war und sich als Teil der Gruppe fühlte, und die andere, eine entschlossene, willensstarke Hirschin, die immer das Sagen hatte, obwohl sie die Jüngste der drei war. Diese zwischenmenschliche Geschwisterdynamik ist wichtig, um den Grund für meine Antwort zu verstehen.

Das größte Problem meiner Schülerin waren nicht ihre Noten, die nur mittelmäßig waren. Es war ihre Zaghaftigkeit. Täglich von ihrer jüngsten Schwester dominiert zu werden, war, um es mal so auszudrücken, erniedrigend, und dieser Machtverlust machte sich auch bei ihren Schularbeiten bemerkbar. Häufig ließ sie sich gedanklich von einem Thema zum nächsten treiben, ohne sich voll und ganz dem Lernen zu widmen, auch ergriff sie selten die Initiative. Sie wurde anscheinend ständig von diesem Jungen drangsaliert, der, seien wir ehrlich, wahrscheinlich in sie verknallt war, denn wir alle wissen, dass extrem reife Jungs das bei Mädchen, die ihnen gefallen, tun (eine andere Geschichte aus meinem eigenen Leben). Schließlich hatte sie genug vom »Flirten« und beschloss, eine körperliche Verbindung herzustellen: Ihre Faust küsste sein Gesicht.

Sie sah erleichtert aus, als ich ihr sagte, dass das cool sei. Ich bin mir sicher, dass sie erwartet hatte, dass ich sie zurechtweisen würde oder ihr die Antwort geben würde, dass Prügeleien falsch sind und dass sie das reiferen Erwachsenen überlassen sollte, die größer und gefährlicher sind und jahrelanges emotionales Gepäck haben, das in Wut gegärt ist. Stattdessen habe ich ihr gesagt, dass es gut ist, dass sie für sich selbst einsteht, und dass sie nie zögern sollte, etwas dagegen zu tun, wenn ihr eine Situation nicht gefällt, in der sie sich befindet. Vielleicht war es dieser Moment, zusätzlich zu all den Clips von Arya Stark, die wir zusammen analysiert haben, der meiner Schülerin geholfen hat, selbstständig zu werden. Ihre schulischen Leistungen verbesserten sich dramatisch – und der Junge war nie wieder respektlos zu ihr.

Arbeit

Ich liebe diese Geschichte über die Schmetterlingsschülerin. Sie verdeutlicht nicht nur, wie das Bestimmen von Persönlichkeitstypen uns ermöglicht, über reflexartige Reaktionen und »akzeptables« Verhalten hinauszudenken, sondern sie zeigt auch, dass unterschiedliche Persönlichkeitstypen auf ihre ganz eigene Weise behandelt werden sollten. Einfach ausgedrückt: Sie war ein Schmetterling. Eine typische Schmetterlingsschwäche ist Unentschlossenheit, die zur Untätigkeit führt. Ich ermutigte sie, keine Angst zu haben, für ihre Ziele zu kämpfen – im wahrsten Sinne des Wortes. Wäre sie ein Hai gewesen, wären mein Rat und meine Methode ganz anders gewesen; Haie haben manchmal das Problem, zu aggressiv zu sein, deshalb ermutige ich meine Hai-Schüler normalerweise, ihre Aggressionen zu kontrollieren, und das tue ich mit harter, geradliniger Disziplin.

In diesem Buch ging es hauptsächlich darum, wie man eine andere Person richtig einschätzt. Ich möchte es mit ein paar Beispielen abschließen, wie wir die Kenntnis des Persönlichkeitstyps einer Person zu unserem Vorteil nutzen können – und auch zu deren Vorteil!

Als ich noch ein Bildungsunternehmen hatte, schloss ich mehrere Verträge mit Schulbezirken, um unterprivilegierten Schülern kostenlos Nachhilfe zu geben. Mein Unternehmen war nicht das einzige. Wir hatten zahlreiche Konkurrenten (und mit zahlreich meine ich über 100 andere Unternehmen in manchen Bezirken), die alle darum kämpften, wer die Eltern am besten überzeugen konnte, sich bei ihnen anzumelden. Zu diesem Zweck veranstalteten die Schulbezirke Anwerbungsmessen, auf denen alle Unternehmen interessierten Eltern und Schülern höflich und im Geiste der Freundschaft ihre Programme vorstellen konnten. Geeeeenau. Das waren private Unternehmen. Die meisten von ihnen sahen keine Eltern und Schüler, sondern nur Dollarzeichen. Die Messen verwandelten sich unweigerlich in ein Durcheinander von Marktschreiern, Pharmareferenten und

Gebrauchtwagenverkäufern, mit der Lautstärke eines Gewürzmarktes in Marrakesch, aber ohne jegliche Kultur.

Mir war klar, dass ich eindeutig im Nachteil war. Ich verabscheue den Verkauf und bin grenzwertig inkompetent, wenn es um Marketing geht; wenn ich das Wort Markenpolitik höre, denke ich nicht an Logos und die Reichweite der sozialen Medien. Außerdem war ich damals 27 Jahre alt und Asiate (heute bin ich nicht mehr 27 Jahre alt, aber immer noch Asiate), sodass ich aussah, als wäre ich gerade in der fünften Stunde auf dem Weg zu meinem Spind im ersten Stock. Und die Direktorin des Unternehmens, die fünf Jahre jünger war als ich, sah sogar noch jünger aus. Ich schwöre, einmal kam ein Elternteil zu unserem Stand und fragte meine Direktorin, ob ihre Eltern wüssten, dass sie dort arbeite. Ja, wir waren schlecht im Marketing und sahen aus wie die Darsteller von *Degrassi*; es war ein harter Kampf. Gott sei Dank hatte ich meine Fähigkeit der Persönlichkeitstypisierung. Dadurch wussten wir, wie wir am besten mit den Eltern in Kontakt treten konnten. Da ich schnell typisieren musste, griff ich in diesem Fall auf breitere Rudelbezeichnungen zurück (Sammler, Jäger, Schamanen und Schmiede) anstatt auf einzelne Tierarten.

Zunächst einmal wusste ich, dass Sammler einen großen Teil der Messebesucher ausmachen würden. Die Bildungsbranche ist stark von Sammlern bevölkert (auch von Schamanen, zumindest im Verhältnis zu ihrem Anteil von etwa acht Prozent an der Gesamtbevölkerung), die im Großen und Ganzen großen Respekt vor den Institutionen und Traditionen der Branche haben: genau die Art von Eltern, die auf eine vom Bezirk organisierte Messe gehen würden, um Nachhilfe für ihr Kind zu finden. Die Sammler sind auch am schwersten zu überzeugen. Sie legen Wert auf anerkannte Zeugnisse, Erfahrung und Autorität, was sie nicht gerade dazu veranlasste, unseren jugendlich wirkenden Stand zu besuchen. Wir wussten, dass wir diejenigen, die mit uns reden wollten, mit Informationen überhäufen mussten; wie ein zu kleiner Defensivspieler wollten wir dem Quarterback mit ein bisschen mehr Pep zeigen, dass wir da waren. Wir ließen Begriffe wie »Blooms Taxonomie« und »kinästhetisches Lernen« fallen – also Begriffe, die nicht besonders komplex sind, aber für Eltern, die damit nicht vertraut sind, könnten wir genauso gut Dothraki sprechen. Für Sammler ist Jugend vielleicht nicht gleichbedeutend mit Fachwissen, aber ein wohlklingender Fachjargon schon. Nebenbei bemerkt: Blooms Taxonomie ist eigentlich ziemlich genial, auch wenn ich skeptisch bin, ob man sich strikt an eine Pädagogik halten sollte. Es mag vielleicht plump oder sogar manipulativ erscheinen, akademische Terminologie als Aufhänger für mehr Glaubwürdigkeit zu verwenden, aber ich dachte mir, dass es dann zwei mögliche Ergebnisse gibt, und beide sind positiv: Entweder waren die Sammler-Eltern mit den Konzepten vertraut und beeindruckt von unserem Wissen darüber, oder sie kannten die Konzepte nicht und waren trotzdem beeindruckt von unserem Wissen darüber. Es war eine Win-win-Situation. Sind wir manchmal ein bisschen zu weit gegangen? Wahrscheinlich. Ich bin mir ziemlich sicher, dass eine Erklärung der fünf wichtigsten pädagogischen Ansätze nicht gerade das ist, was Eltern nach einem Arbeitstag unbedingt hören wollen, aber hey, ein Mensch kann nur eine gewisse Anzahl von zweifelhaften Blicken aufgrund seines Aussehens ertragen, ob altersbedingt oder nicht, bevor er seinen Frust ablassen muss.

Die Jäger-Eltern waren anders. In der Vergangenheit hassten viele von ihnen wahrscheinlich die Schule. In der Gegenwart hassten viele von ihnen wahrscheinlich den Besuch der Schulmesse, umgeben von einem Haufen Sammlern, den Kindern, die sie in der Schule immer schlecht aussehen ließen, weil sie die Regeln befolgten und ihre Hausaufgaben machten, und die trotzdem 15 Jahre später buchstäblich an der gleichen Stelle landeten wie sie selbst. Doch trotz der verbliebenen Feindseligkeit lieben auch die Jäger ihre Kinder und sind immer offen für die Vorstellung, dass die Schulerfahrungen ihrer Kinder anders sein werden als ihre eigenen. Für die Jäger betonte ich anstelle des Fachjargons, dass wir unsere Lehrkräfte ermutigen, Unterrichtspläne zu erstellen, die sowohl kreativ sind als auch Spaß machen – eine Behauptung, die durch meine Vorführung von Zauberei (genauer gesagt Kartentricks) an unserem Stand untermauert wurde. Abgesehen davon, dass sie den Trick selbst genossen haben, haben die Jäger auch verstanden, dass wir unsere Philosophie des praktischen Wissens und der ansprechenden Gestaltung des Unterrichts in die Tat umsetzen. Ich denke, das war es, was sie überhaupt zu unserem Stand gelockt hat. Sie sahen einen Typen mit einer Weste, der den Leuten Karten in die Hand drückte, und dachten: »Der Stand sieht lustig aus!« Ganz im Gegensatz zu den Sammlern, die sich erst zu unserem Stand hingezogen fühlten, als wir anfingen, eine Menschenmenge anzuziehen. Obwohl sie aussah, als hätte sie gerade das Kostüm ihrer Mutter übergeworfen, kannte sich unsere Direktorin bestens mit Bildungskonzepten aus, und wenn ein Elternteil anhielt, um zuzuhören, führte das in der Regel zu weiteren Eltern.

Die Schamanen-Eltern fühlten sich natürlich von unserem Stand angezogen. Schamanen lieben Außenseiter und Querköpfe, und das waren wir: ein kleines Unternehmen, das auf die übertrieben fröhlichen Farben und Schulzimmerlogos verzichtete, die man normalerweise mit dem primären und sekundären Bildungsbereich verbindet. Unser Logo war ein Akronym unseres Firmennamens in Schwarz-Weiß. Nicht gerade Äpfel, Einser-Noten und Schulbusse. Die Schamanen erkannten die Eigenart und wir belohnten ihre Neugier, indem wir ihnen zeigten, wie wir ein Persönlichkeitstypisierungssystem – eine weniger entwickelte Version des Systems in diesem Buch – verwenden, um individuell mit unseren Schülern zu arbeiten. Es gibt nur eine Sache, die Schamanen mehr lieben, als über die Persönlichkeitsmerkmale einer Person zu sprechen, und das ist, über ihre eigenen Persönlichkeitsmerkmale oder die der Menschen, die ihnen am nächsten stehen, zu sprechen. Die Möglichkeit, sich über die Persönlichkeit ihres Kindes zu unterhalten und darüber, welche Unterrichtsmethode für ihr Kind am besten geeignet ist, war für die Schamanen das Sahnehäubchen auf ihrem Traum-Eisbecher.

Die Schmied-Eltern waren ein ganz anderes Tier (vier, um genau zu sein!) und hatten die Disziplin von tausend Spartanern und Samurai zusammen. Sie versuchten, jeden einzelnen Stand zu besuchen (auf manchen Messen waren das mehr als 50 Tische), nicht weil sie besonders begeistert waren, sondern weil sie dachten, wenn sie sich schon die Mühe machen, eine dieser grellen Veranstaltungen zu besuchen, dann sollten sie auch das Beste daraus machen. Einige Schmiede hatten ihre Vorgehensweise aus den Erfahrungen der vergangenen Jahre herausgefunden und konnten Zeit sparen, indem sie bestimmte Stände aufsuchten. Manchmal waren wir einer davon, manchmal nicht. Aber die Schmiede, die uns besuchten, waren fast immer zufrieden. Wir konzentrierten uns auf kritisches Denken und darauf, wie unser Programm ihrem Kind helfen würde, Probleme mit dem Verstand zu lösen. Das war ein leidenschaftliches Projekt unserer Direktorin, die selbst ein Schmied ist (eine Spinne, wenn du dich an frühere Anekdoten erinnerst). Und ihre Fähigkeit, konkrete Beispiele zu nennen und auf relevante Materialien zu verweisen, gab den Eltern die Gewissheit, dass dies mehr als nur ein Lippenbekenntnis war. Und ähnlich wie bei den Schamanen-Eltern war unser jugendliches und unorthodoxes Auftreten eher ein Segen als ein Hindernis, denn es verlieh uns einen rebellischen Charakter, der bei den beiden Gruppen gut ankam, die dem System am skeptischsten gegenüberstehen.

Liebe

Wahrscheinlich denkst du jetzt: »Wurde aber auch Zeit! Darauf habe ich gewartet!« In all den Jahren, in denen ich über Persönlichkeitstypisierung spreche und sie unterrichte, gab es kein Thema, nach dem mehr gefragt wurde als nach der romantischen Übereinstimmung. Ich kann also verstehen, wenn du ein bisschen frustriert bist, dass ich so lange gebraucht habe, um es explizit anzusprechen. Natürlich bist du wahrscheinlich noch frustrierter darüber, dass die Erörterung so kurz ist, aber das können wir ein paar Absätze weiter unten klären. Für den Moment sollten wir uns einfach darüber freuen, wie aufschlussreich die Persönlichkeitstypisierung sein kann, wenn es darum geht, verschiedene Menschentypen zu verstehen, und wie sie die Motivationen und Wünsche offenbaren kann, die sich hinter ihren Handlungen verbergen, vor allem, wenn sie in einer Beziehung mit einem anderen Typen deutlicher werden.

In Bezug auf Beziehungen sehen Sammler andere Sammler als Menschen, die bereit sind, sesshaft zu werden: beständig, verantwortungsbewusst, gewissenhaft – du weißt schon, die Art von Partner, über die sich deine Eltern (zu deiner Verlegenheit) riesig gefreut haben, als du sie zum Abendessen mit nach Hause gebracht hast. Das und die Tatsache, dass Sammler die häufigste Art sind, würde vermuten lassen, dass Sammler-Sammler-Paare am häufigsten vorkommen, aber das stimmt nicht. Die beliebteste Paarung ist Sammler-Jäger.

An dieser Stelle möchte ich eine Anmerkung machen: Jeder Persönlichkeitstyp kann mit jedem anderen Typ eine gesunde Beziehung führen. Ich sage das zum Teil, weil es wahr ist, aber vor allem, um zu verhindern, dass mir ein Haufen wütender Menschen Todesdrohungen schickt und schreit: »Willst du damit sagen, dass meine Frau, mit der ich seit zehn Jahren verheiratet bin, eine schlechte Partie ist?!« Die Sache ist die: Man muss kein Persönlichkeitsexperte sein, um zu wissen, dass alle Paarungen mit Schwierigkeiten zu kämpfen haben. So wie dein einzigartiger Persönlichkeitstyp dich mit bestimmten Stärken und Schwächen ausstattet, hängen die Stärken und Schwächen deiner Beziehungen stark von der Kombination aus deinem Typ und dem deines Partners ab. Das und dein persönliches Gepäck.

Ob eine Beziehung funktioniert, hat weniger mit den spezifischen Persönlichkeitsunterschieden zu tun als vielmehr mit der Bereitschaft von dir und deinem

Partner, sie zu akzeptieren und daraus zu lernen. So reifen wir als Individuen zu vollwertigen Menschen heran. Ich weiß, dass das Konzept nicht gerade originell ist, und wenn ich es schreibe, fühle ich mich irgendwie nachahmend, ganz zu schweigen von kitschig, schmalzig und schnulzig. Aber unabhängig von der sentimentalen Natur der Idee – und meiner Unfähigkeit, sie mit weiteren Adjektiven zu beschreiben – sagt mir etwas, dass wir alle im Unterbewusstsein wissen, dass es wahr ist.

Sammler fühlen sich mehr zu Jägern hingezogen als zu anderen Sammlern (das ist natürlich relativ, denn die Paarung Sammler-Sammler ist die zweithäufigste), weil sie Angst haben, dass eine Beziehung mit jemandem, der ihnen zu ähnlich ist, langweilig sein könnte. Jeder Sammler, der sich selbst gut kennt, weiß, dass seine fürsorgliche, aber vorsichtige und auf Nummer sicher gehende Art nicht gerade elektrisierend ist. Manchmal langweilen sie sich vielleicht sogar selbst. Warum in aller Welt sollten sie also eine Beziehung mit jemandem eingehen wollen, der ihnen ähnlich ist? Sie wollen die spontanen Jäger. Natürlich können Jäger flatterhaft sein, und der Versuch, sie zu einer Bindung zu bewegen, kann eine aussichtslose Angelegenheit sein, aber die meisten Sammler glauben, dass sie ihre Jäger eines Tages dazu überreden können, sich niederzulassen.

Jäger hingegen sehen andere Jäger und denken: »Wow, das ist es!« (Gibson und Glenn, 1993) Das sind ihre Partyfreunde, und sie wissen, dass eine Nummer mit ihnen Spaß machen würde – mit oder ohne Hip-Hop-Anspielungen aus den frühen 90ern. Aber genau wie die Sammler sind auch die Jäger vorsichtig damit, sich zu lange mit einem anderen Jäger zusammenzutun. Sie müssen instinktiv spüren, ob die Beziehung heiß und schnell wird, wie bei F. Scott und Zelda Fitzgerald, oder ob sie tatsächlich brennt, wie bei Andre Rison und Lisa »Lefteye« Lopes. Auch wenn sie zu dieser Erkenntnis vielleicht später kommen als andere Typen, wollen Jäger etwas Handfestes. Ihre natürliche Anziehungskraft auf Sammler, die dafür sorgen, dass das Haus sicher ist, die Kinder in Sicherheit sind und nie das Klopapier ausgeht, ist ein Zeichen für diesen unterbewussten Wunsch nach Wachstum.

Bei den abstrakten Typen ist eine Schamanen-Schmied-Paarung äußerst vorteilhaft. Der Hang des Schamanen zur Empathie gleicht die gelegentliche Unsensibilität des Schmied-Partners aus, und die objektive Weltsicht des Schmieds erweist sich als nützlich, wenn die Überempfindlichkeit des Schamanen-Partners in eine Neurose umschlägt. Im Grunde genommen sorgt ein Schmied dafür, dass ein

Schamane sich selbst nicht aus den Augen verliert, und ein Schamane verhindert, dass ein Schmied zum Soziopathen wird. Allerdings funktionieren Schamanen-Schamanen- und Schmiede-Schmiede-Paare häufig genauso gut – ein Geschenk des Himmels, wenn man bedenkt, dass ihr Anteil an der Bevölkerung relativ gering ist (insgesamt etwa 15 Prozent). Ähnlich wie bei den zuvor erwähnten gegensätzlichen Paaren funktionieren auch die Beziehungen zwischen zwei Schamanen und zwischen zwei Schmieden oft am besten, wenn sie von entgegengesetzten Polen ihres jeweiligen Spektrums stammen: der ehrgeizige, befehlshaberische Killerwal, der sich mit der auf das große Ganze ausgerichteten, nachdenklichen Eule verbindet, oder der wortgewandte, charismatische Pavian, der sich mit dem zurückhaltenden, einfühlsamen Riesenpanda zusammentut.

»Adieu, adieu, adieu, to you and you and you«

Ich weiß, dass diese Informationen unvollständig sind. Ich weiß, dass sie sich übereilt anfühlen müssen. Ich weiß, dass wir, wenn es um das Thema geht, wie uns der Persönlichkeitstyp in unserem Leben (Arbeit, Liebe, Familie usw.) helfen kann, kaum mit den Händen über die Oberfläche eines tiefen, dunklen Ozeans gestrichen haben. Und das ist auch gut so. Das Ziel dieses Buches ist es, dir beizubringen, wie du der Test werden kannst. Ich hoffe, dass du nach fast 80 000 Wörtern nicht nur die Fähigkeit erlangt hast, Menschen und ihre Persönlichkeitsunterschiede zu deuten, sondern auch das nötige Hintergrundwissen bekommen hast, um diese Unterschiede zu verstehen und zu erkennen, wie sie mit deinen eigenen einzigartigen Macken zusammenspielen.

Wenn du dieses Buch überflogen hast, weil du unbedingt deinen perfekten Seelenverwandten finden wolltest, muss ich dich leider enttäuschen. Aber was nützen dir diese Informationen, wenn du von vornherein alle Leute falsch typisiert hast? Machen wir uns nichts vor: Das Thema Liebe und Persönlichkeitstypen könnte leicht ein ganzes Buch füllen. Es wäre eine Ungerechtigkeit, ihm nur ein oder zwei Kapitel zu widmen. Daher möchte ich nicht weiter darauf eingehen, sondern nur sagen: Wenn du das Buch in irgendeiner bestimmten Form hättest haben wollen, betrachte den Kauf dieses Buches zumindest als eine Art Kickstarter. Außerdem bitte ich dich in aller Bescheidenheit, dieses Buch ein paar 100 Freunden weiterzuempfehlen. Und denk daran …

Abbildung 14.1 Nicht vergessen!

ANHANG

Quellen

Armstrong, Samuel, Norman Ferguson und Wilfred Jackson, dirs. 1941. *Dumbo*. Walt Disney Productions.

Baldwin, James. 1963. »A Talk to Teachers.« *Saturday Review*, 21. Dezember 1963.

Bazaar. 2017. »The World According to Coco Chanel.« 12. August 2017.

Benton, Robert, dir. 1991. *Billy Bathgate*. Touchstone Pictures.

Besson, Luc, dir. 1994. *Léon – Der Profi*. Gaumont Buena Vista International.

Bodhi. 1995. *The Middle Length Discourses of the Buddha: A New Translation of Majjhima Nikaya*. Wisdom.

Boyle, Danny, dir. 2019. *Yesterday*. Universal Pictures.

Byrne, David. 2012. *How Music Works*. McSweeney's.

Byron, Lord. (1821) 1833. »Observations on an Article in *Blackwood's Magazine*.« In: vol. 15 *Works of Lord Byron*, edited by John Wright. John Murray.

Callner, Marty, dir. 2008. *Chris Rock: Kill the Messenger*. HBO.

Carlin, George (@TheGeorgeCarlin). »Think of how stupid the average person is, and realize half of them are stupider than that.« Twitter, 7. Mai 2013, 17:59, https://twitter.com/thegeorgecarlin/status/331936277140230144?lang=en.

Carpenter, John, dir. 1986. *Big Trouble in Little China*. 20th Century Fox.

Cheney, Margaret. 2001. *Tesla: Man Out of Time*. Touchstone.

Cooper-Prichard, Arthur Henry 1931. *Conversations with Oscar Wilde*. Philip Allan.

Coppola, Francis Ford, dir. 1972. *The Godfather*. Paramount Pictures. Demme, Jonathan, dir. 1991. *Das Schweigen der Lämmer*. Orion Pictures.

Dickinson, Emily. (1862) 1935. »We Grow Accustomed to the Dark.« *Commonweal* 23 (November 29).

Doménech, Francisco. 2015. »Tesla vs. Edison: A Mythical Rivalry.« OpenMind BBVA. 18. Mai 2015. https://www.bbvaopenmind.com/en/technology/vision aries/tesla-vs-edison-a-mythical-rivalry/.

Dora Dore, Giovanna Maria, Jae H. Ku und Karl Jackson. eds. 2014. *Incomplete Democracies in the Asia-Pacific: Evidence from Indonesia, Korea, the Philippines, and Thailand*. Palgrave Macmillan.

Dutton, Denis L. 1988. »The Cold Reading Technique.« *Experientia* 44, no. 4 (April): 326–332.

Dylan, Bob. 1964. *The Times They Are a-Changin'*. Track 1, »The Times They Are a-Changin'.« Columbia.

Eames, Charles und Ray Eames, dirs. 1977. *Zehn Hoch*. IBM.

Ebert, Roger. 2002. »Film Review for Blade II.« *Chicago Sun-Times*, 22. März 2002.

Edison, Thomas. 2016. *Quotable Edison: An A–Z Glossary of Quotes from Thomas Edison*. Edited by Alex Ayres. Quotable Wisdom Books.

Einstein, Albert. 1973. *Albert Einstein: Creator and Rebel.* Compiled by Banesh Hoffman. Penguin.

EPMD. 1987. *Strictly Business.* Track 5, »It's My Thing.« Fresh/Sleeping Bag.

Favreau, Jon, dir. 2020. *The Chef Show.* Staffel 2, Episode 2, »Roy's Italian Cuisine.« Hosted by Roy Choi und Jon Favreau. Ausgestrahlt am 24. September 2020, auf Netflix.

Feynman, Richard. 1964. »What Is and What Should Be the Role of Scientific Culture in Modern Society.« Lecture, Galileo Symposium, Italy.

Freed, Fred und Len Giovannitti, dirs. 1965. *NBC White Paper.* »The Decision to Drop the Bomb.« Ausgestrahlt am 5. Januar 1965, auf NBC.

Gardner, Howard. 1983. *Frames of Mind: The Theory of Multiple Intelligences.* Basic Books.

Gardner, Howard. 1995. »Reflections on Multiple Intelligences: Myths and Messages.« *Phi Delta Kappan* 77, no. 3 (November 1995): 206–209.

Gibson, Stephen und Cecil Glenn. 1993. »Whoomp! (There It is).« Lite Records.

Gladwell, Malcolm. 2007. *Blink: The Power of Thinking without Thinking.* Back Bay Books. (Deutscher Titel: *Blink: Die Macht des unbewussten Denkens*)

Gore, Martin. 1985. *Black Celebration.* Track 1, »Stripped.« Mute.

Graves, Alex, dir. 2013. *Game of Thrones.* Staffel 3, Episode 4, »Und jetzt ist seine Wache zu Ende.« Geschrieben von George R. R. Martin, David Benioff und D. B. Weiss. Ausgestrahlt am 21. April 2013, auf HBO.

Habashi, Fathi. 2000. »Zoroaster and the Theory of Four Elements.« *Bulletin for the History of Chemistry* 25, no. 2: 109–114.

Hanson, Marilee. 2015. »Lord Byron and John Keats Rivalry and Dislike Summary.« *English History.* 6. Februar 2015. https://englishhistory.net/keats/lord-byron-john-keats-rivalry/.

Heraclitus of Ephesus. 2001. *Fragments: The Collected Wisdom of Heraclitus.* Übersetzt von Brooks Haxton. Penguin Classics.

Hoff, Benjamin. 1982. *The Tao of Pooh.* Dutton Books. (Deutscher Titel: *Tao Te Puh. Das Buch vom Tao und von Puh dem Bären*)

Iverson, Allen. 2002. Pressekonferenz, 7. Mai 2002.

Jordan, Killian. 1997. *Legends: The Century's Most Unforgettable Faces.* Little, Brown.

Jouanna, Jacques. 2012. »The Legacy of the Hippocratic Treatise The Nature of Man: The Theory of the Four Humours.« In: *Greek Medicine from Hippocrates to Galen: Selected Papers,* S. 335–359. Studies in Ancient Medicine, vol. 40. Brill.

Jung, C. G. (1921) 1971. *Psychological Types: Collected Works of C. G. Jung,* vol. 6. Übersetzt von Gerhard Adler. Princeton University Press.

Kalachanis, Konstantinos und Ioannis E. Michailidis. 2015. »The Hippocratic View on Humors and Human Temperament.« *European Journal of Social Behavior* 2, no. 2: S. 1–5.

Keats, John. 1819. Letter to George Keats, 17. September 1819.

Keirsey, David. 1998. *Please Understand Me II: Temperament, Character, Intelligence.* Prometheus Nemesis. (Deutscher Titel: *Versteh mich bitte*)

Kershner, Irvin, dir. 1980. *Star Wars: Episode V – Das Imperium schlägt zurück.* 20th Century Fox.

Landis, John, dir. 1988. *Der Prinz aus Zamunda.* Paramount Pictures.

Leary, Denis. 2008. *Why We Suck: A Feel Good Guide to Staying Fat, Loud, Lazy and Stupid.* Viking Adult.

Letterman, David, host. 2013. *Late Show with David Letterman.* Staffel 21, Episode 56, »Jennifer Lawrence; Taraji P. Henson.« Geschrieben von Doug Brady, R. J. Fried und Matt Kirsch. Ausgestrahlt am 20. November 2013, auf CBS.

Maher, Bill, host. 2015. *Real Time with Bill Maher.* Staffel 13, Episode 29. Ausgestrahlt am 2. Oktober 2015, auf HBO.

Malone, Adrian, David Kennard und Rob McCain, dirs. 1980. *Cosmos.* Staffel 1, Episode 10, »The Edge of Forever.« Hosted by Carl Sagan. Ausgestrahlt am 30. November 1980, auf PBS.

McTiernan, John, dir. 1988. *Stirb langsam.* 20th Century Fox.

Mischel, Walter, Ebbe B. Ebbesen und Antonette Raskoff Zeiss. 1972. »Cognitive and Attentional Mechanisms in Delay of Gratification.« *Journal of Personality and Social Psychology* 21, no. 2 (21. Februar): 204–218.

Myers, Isabel Briggs und Peter B. Myers. 1980. *Gifts Differing: Understanding Personality Type.* Davies-Black.

Myerson, Alan, dir. 1995. *Friends.* Staffel 1, Episode 13, »Der Superbusen-Express.« Geschrieben von David Crane, Marta Kauffman und Alexa Junge. Ausgestrahlt am 19. Januar 1995, auf NBC.

Nichols, Mike, dir. 2004. *Hautnah.* Columbia Pictures.

Nietzsche, Friedrich. (1883) 1961. *Thus Spoke Zarathrustra.* Übersetzt von R. J. Hollingdale. Penguin Books. (Deutscher Titel: *Also sprach Zarathustra*)

Nietzsche, Friedrich. (1886) 1998. *Beyond Good and Evil: Prelude to a Philosophy of the Future.* Übersetzt von Walter Kaufmann. Vintage. (Deutscher Titel: *Jenseits von Gut und Böse*)

Nolan, Christopher, dir. 2005. *Batman Begins.* Warner Bros.

Norrington, Stephen, dir. 1998. *Blade.* New Line Cinema.

Plato. (360 BCE) 2009. *The Republic.* Book 6. Übersetzt von Benjamin Jowett. Wayback Machine. (Deutscher Titel: *Politeia*)

Richet, Charles. 1910. »An Address on Ancient Humorism and Modern Humorism.« International Congress of Physiology, Vienna, 27.–30. September 1910.

Rose, Jalen. Postgame interview. 22. Januar 2006.

Rowland, Ian. 2002. *The Full Facts Book of Cold Reading.* Full Facts Books.

Rowling, J. K. 2005. *Harry Potter and the Half-Blood Prince.* Bloomsbury. (Deutscher Titel: *Harry Potter und der Halbblutprinz*)

Russell, Bertrand. 1991. *History of Western Philosophy.* Routledge.

Salinger, J. D. 1961. *Franny und Zooey.* Little, Brown.

Salinger, J. D. 1963. *Raise High the Roof Beam, Carpenters and Seymour: An Introduction.* Little, Brown.

Santayana, George. (1905) 2013. *The Life of Reason: The Phases of Human Progress.* Critical ed. MIT Press.

Sauer, Megan. 2021. »Elon Musk Is a Business ›Savant‹, but ›His Gift Is Not Empathy‹, According to His Brother Kimbal.« CNBC. 28. Dezember 2021. https://www.cnbc.com/2021/12/28/elon-musk-business-savant-with-limited-empathy-says-brother-kimbal.html.

Schumacher, Joel, dir. 1987. *The Lost Boys.* Warner Bros.

Scorsese, Martin, dir. 2006. *The Departed – Unter Feinden.* Warner Bros.

Seelig, Beth J. 2002. *Constructing and Deconstructing Woman's Power.* Karnac Books.

Silver, Carole B. 1999. *Strange and Secret Peoples: Fairies and Victorian Consciousness.* Oxford University Press.

Singer, Peter. 1979. *Practical Ethics.* Cambridge University Press.

Swift, Jonathan. (1738) 2019. *Polite Conversation.* Alpha Editions.

Tarantino, Quentin, dir. 1994. *Pulp Fiction.* Miramax.

Thomas, Rhys, dir. 2021. *Hawkeye.* Staffel 1, Episode 2, »Versteckspiel.« Geschrieben von Elisa Lomnitz Climent, Jonathan Igla und Katrina Mathewson. Ausgestrahlt am 24. November 2021, auf Disney+.

Thoreau, Henry David. 1854. *Walden.* Ticknor and Fields.

Tipoe, Eileen, Abi Adams und Ian Crawford. 2022. »Revealed Preference Analysis and Bounded Rationality.« *Oxford Economic Papers* 74, no. 2 (April): 313–332.

Tyson, Mike (@MikeTyson). 2018. »Everyone has a plan till they get punched in the mouth.« Twitter, 17. Oktober 2018, 14:01 https://twitter.com/MikeTyson/status/1052665864401633299.

Van Sant, Gus, dir. 1997. *Good Will Hunting – Der gute Will Hunting.* Miramax.

Venkatesan, Satish. 2013. *Ayurvedic Remedies: An Introduction.* Vyiha.

Washington, George. 1776. Letter to the president of Congress, Heights of Harlem.

Watterson, Bill. 1991. *Calvin and Hobbes.* 26. Mai 1991.

Weir, Peter, dir. 1989. *Der Club der toten Dichter.* Touchstone Pictures.

Whedon, Joss, dir. 2012. *The Avengers.* Walt Disney Studios.

Winfrey, Oprah, host. 2011. *Oprah's Lifeclass.* Staffel 1, Episode 13, »When People Show You Who They Are, Believe Them.« Ausgestrahlt am 26. Oktober 2011, auf OWN.

Wise, Robert, dir. 1965. *The Sound of Music.* 20th Century Fox.

Zhao, Chloé, dir. 2021. *Eternals.* Walt Disney Studios.

Zucker, Jerry, dir. 1995. *Der 1. Ritter.* Sony Pictures.

Über den Autor

© Eric Gee

Seit über 20 Jahren berät Eric Gee Klient*innen mithilfe von Persönlichkeitstypen und hat mit seinem erfolgreichen Bildungsunternehmen mehr als 20 000 Schüler*innen, Eltern und Lehrer*innen unterstützt. Als Schöpfer des Onlinemagazins »Youtopia« gibt er seine Erfahrungen und Methodiken an über eine halbe Million Nutzer*innen weiter. An Universitäten hält er Vorträge über Persönlichkeitstypisierung und greift dabei auf seine Forschung und Erkenntnisse zurück, die er im Laufe seiner Karriere bei der Typisierung von mehr als 50 000 Menschen gewonnen hat.